JN335981

民事法実務の理論研究 I

倒産法実務の
理論研究

岡 伸浩
Nobuhiro Oka

Bankruptcy Law: Theory and Practice

慶應義塾大学出版会

はしがき

　本書は、筆者が実務法曹として関与した様々な倒産事件における諸問題や重要な裁判例等について、理論的側面から考察を加えた論文集である。全体として 11 本の論文からなり、筆者にとって初めての単独での論文集となる。

　実務の世界には絶えず新たな法律問題が発生する。そのことの理由を問うとき、1 つの解は時代の変化にあるといえよう。法改正を経て新たな制度が世に登場した折に、既存の法律関係では想定していなかった事象が発生することとなるのはその例である。さらに別の解としては、利害関係人の利益追求の態様の変化を挙げることができよう。様々な異なる利益を背景とする利害関係人が、それぞれの立場から各自の利益を実現しようと行動するとき、これらの人間の所為が法の想定を超えた新たな状況を生み出す。そこに既存の議論の枠を超えた新たな法律問題が生じる。こうして実務上新たに生じた法律問題について、合理的かつ妥当な対応への指針を与えるのが、理論研究の役割の 1 つであることに異論はなかろう。また、先行する理論研究の進化が実務上の諸問題の解決に糸口を与える場面も多く、法律学自体の未来への発展に大きな影響を及ぼす。ここに法律学における実務と理論研究の架橋が重視され、法律学の進歩・発展の在り方として実務と理論研究の融合が求められる。かような視座のもと本書が目指すところは、倒産法実務の理論研究にある。

　本書を上梓するにあたり、この場を借りて感謝の気持ちを示すことをお許しいただきたい。

　まず、実務法曹である筆者に研究と教育の場を与えて下さっている慶應義塾、とりわけ慶應義塾大学大学院法務研究科（現・片山直也委員長）に深く感謝したい。思えば、倒産法を含む民事手続法に魅せられたのは、約 30 年前に慶應義塾大学法学部法律学科の石川明教授の主催する研究会（ゼミナール）への所属をお許しいただいたことから始まる。当時、石川明教授の研究会には、常に問題点を深く考察し、議論を交えるという学風が存在し、活気ある研究会が毎週実施されていた。石川明教授には、問題について自由に思考を巡らせ、多数説か少数説か、それが通説と呼ばれているか否かにかかわらず正々堂々と真理を追究する独立自尊の学風を学んだ。石川明教授をはじめ石川研究会にてご指導いただいた西澤宗英教授（青山学院大学法学部教

授)、三木浩一教授（慶應義塾大学大学院法務研究科教授）、河村好彦教授（関東学院大学大学院法務研究科教授）、今日までお世話になっている慶應義塾大学大学院法務研究科の関係各位、とりわけ三田法曹会の諸先生方や倒産法に関する科目を共同で担当している三上威彦教授、中島弘雅教授の日頃のご指導に感謝したい。

　弁護士として独立してから執務の傍ら通った筑波大学大学院ビジネス科学研究科（夜間社会人大学院）では、修士課程において春日偉知郎教授（現・関西大学大学院法務研究科教授）、博士課程において新井誠教授（現・中央大学法学部教授）にご指導を賜ることができた。昼間の日々の実務で疲弊した自分に、絶え間なく知的な刺激と好奇心を与えてくれた夜の茗荷谷の校舎を懐かしく思う。その後、第一東京弁護士会総合法律研究所倒産法研究部会を通じ、伊藤眞教授（現・日本大学大学院法務研究科客員教授）にご指導を賜ることができたことに改めて感謝申し上げたい。伊藤眞教授の深淵で精緻な思考と研究者としての矜持、そして崇高な志を垣間見る機会を得たことは、著者にとって精神の財産である。
　さらに、司法研修所修了20周年を機に第45期の盟友と『倒産と訴訟』（商事法務）を上梓することができたことに感謝したい。共に編者であった島岡大雄判事（大阪高等裁判所判事・大阪簡易裁判所判事）、住友隆行判事（札幌地方裁判所岩見沢支部長・札幌家庭裁判所岩見沢支部長・岩見沢簡易裁判所判事）、小畑英一弁護士、そして、同じ時期に東京三弁護士会の倒産法関連部会の部会長を務めていた進士肇弁護士（前東京弁護士会倒産法部部長）、三森仁弁護士（前第二東京弁護士会倒産法研究会代表幹事）をはじめ、全国にいる同期の俊英達が寄せた数々の玉稿を目前にして大きな刺激を受けた。

　弁護士会においては、司法修習時代の指導担当としてご指導いただいた才口千晴弁護士（元最高裁判所判事）、弁護士登録後、勤務弁護士として弁護士の基礎をご教示いただいた梶谷玄弁護士（元最高裁判所判事）をはじめ、紙面の関係上逐一お名前を掲げることは叶わないものの、多くの諸先生方に今日までご指導を賜っている。また、伊藤尚弁護士、服部明人弁護士をはじめとする第一東京弁護士会総合法律研究所倒産法研究部会に所属する諸先生方に深甚の感謝を申し上げたい。初代事務局長から部会長まで務める機会に恵まれ、多くの諸先輩や心を許しあえる仲間達と出会うことができた。
　平成25年4月より第一東京弁護士会総合法律研究所倒産法研究部会の部会長を拝命したことから、2年間の自らの任期中に対外的活動に真摯に取り組むことは当然のこととし、さらに、いままでの拙稿を自己の歩みの一里塚として取り纏めるという課題を自分自身に課した。今日このような形で本書を世に出すことができたことを大変幸せに思う。

また、慶應義塾大学出版会の岡田智武氏に特別の御礼の気持ちを表したい。同氏には、慶應義塾大学大学院法務研究科の紀要である慶應法学に掲載した筆者の拙稿をお読みいただき、論文集発刊の機会を与えていただいた。

　こうしてみると事あるごとに、浅学菲才な自身の身の丈を思い知らされながらも優れた恩師や信頼できる諸先輩や仲間に囲まれ、どうにか今ここに在る。

　齢 50 を過ぎたが未だ確たる天命がわからずにいる。しかし、実務で遭遇した問題を提起して理論的分析を行い、その考察の結果をさらに実務に生かすことで法律学の発展に少しでも貢献できるならば、そのような法律家としての生き方にどこか導かれるような感覚を覚えるのも事実である。これからも実務、理論、そして法学教育の場にあって地道に日々の努力を尽くして生きたいと願っている。最後に今日まで常に愚息を見守ってくれている最愛の父良作、母弘子に感謝し、本書を捧げたい。

　平成 27 年 4 月

岡　　　伸浩

目 次

はしがき　i

序論　理論の支えある実務と実務に生きる理論 …………… 1
- Ⅰ　理論の支えある実務と実務に生きる理論　3
- Ⅱ　各章の成り立ちと主題　5
  - 1　各編について　5
  - 2　各章について　6
- Ⅲ　まとめ　18

第1編　破産法実務の理論的課題

第1章　賃借人破産における原状回復請求権の法的性質 ……… 21
- Ⅰ　はじめに　21
- Ⅱ　賃借人破産の場合の解除権の行使　22
  - 1　破産管財人からの解除　22
  - 2　賃貸人からの解除――法定解除権・倒産解除特約に基づく約定解除権　22
- Ⅲ　破産手続開始決定前の解除と原状回復請求権　26
- Ⅳ　破産手続開始決定後の解除と原状回復請求権　27
  - 1　財団債権説と破産債権説　27
  - 2　財団債権説とその根拠　27
  - 3　破産債権説とその根拠――私見　30
- Ⅴ　東京地判平成20年8月18日　34
  - 1　事案の要旨　35
  - 2　判旨　35
  - 3　検討　36
- Ⅵ　まとめ　41

v

第2章 ファイナンシャルアドバイザリー会社の法的責任に関する考察
——否認権行使の対象となった事業譲渡の助言をした FA に対する破産管財人からの損害賠償請求の可否　　43

- Ⅰ 事案の概要　43
  - 1 事案の概要　43
  - 2 争　点　46
  - 3 第1審判決（東京地判平成 25 年 7 月 24 日）の判断　47
- Ⅱ 控訴審（東京高判平成 26 年 1 月 23 日）における X の主張　48
  - 1 債務不履行又は不法行為に基づく損害賠償請求　48
  - 2 不当利得に基づく報酬の返還請求　49
- Ⅲ 本判決の判旨　49
  - 1 本件①損害に関する判断　49
  - 2 本件②損害に関する判断　50
- Ⅳ 考　察　52
  - 1 助言に際し FA が負担する義務の内実　52
  - 2 相当因果関係論による画一的処理の不合理　54
  - 3 FA の責任制限規定の適用の有無　56
  - 4 否認対象行為該当性の判断　57
- Ⅴ まとめ　58

第3章 破産管財人の情報提供努力義務　59

- Ⅰ はじめに——本章の目的　59
- Ⅱ 法的性質　60
- Ⅲ 情報提供努力義務違反の効果　61
- Ⅳ 破産手続開始決定前の使用者の情報開示義務との関係　67
- Ⅴ 破産管財人の善管注意義務との関係　74
- Ⅵ 提供すべき情報の内容　76
- Ⅶ 具体的事例の検討　80
  - 1 年俸制における時間外手当の取扱い　80
  - 2 インセンティブ報酬の取扱い　80
- Ⅷ おわりに　82

第4章　役員責任追及訴訟 ... 83

Ⅰ 役員責任査定の申立て、査定決定に対する異議訴訟、役員責任追及訴訟の概要　83
1 はじめに　83
2 破産手続における役員責任査定制度　84
3 再生手続における役員責任査定制度　90
4 更生手続における役員等責任査定制度　98

Ⅱ 役員責任査定の申立て、査定決定に対する異議訴訟、役員責任追及の訴えの請求の趣旨の記載方法　101
1 はじめに　101
2 役員責任査定の申立ての趣旨　102
3 査定決定に対する異議訴訟の請求の趣旨　102
4 役員責任追及の訴えの請求の趣旨　102

Ⅲ 管財人等からみた主張立証上の留意事項、相手方等からみた主張立証（反論反証）上の留意事項　103
1 はじめに　103
2 役員等の会社に対する任務懈怠責任　107
3 取締役の行為類型ごとの考察　113

第5章　預り金の破産財団帰属をめぐる信託的構成に関する考察 ... 137

Ⅰ はじめに　137
Ⅱ 問題設定　138
Ⅲ 預金者の認定をめぐる解釈論　138
1 学　説　138
2 定期預金の事案における客観説の採用　140
3 平成15年の2つの最高裁判例　141
4 預金口座の名義に関する考察　147

Ⅳ 救済法理としての信託的構成　150
1 預金者の認定からの帰結——信託的構成の必要性　150
2 信託的構成からの帰結　150
3 信託の成立要件の検討　152

Ⅴ 考　察　158
1 問題の所在　158
2 信託成立の場合の効果からのアプローチ　158
3 信託の本質——信認関係に基づく財産主体と利益享受主体の分離　168

Ⅵ 弁護士の預り金との関係　172

第2編　濫用的会社分割をめぐる理論的課題

第6章　濫用的会社分割と民事再生手続 …………………………………… 177
- Ⅰ　問題提起——濫用的な会社分割　177
- Ⅱ　会社分割手続における債権者保護手続との関係　179
- Ⅲ　民事再生手続上の諸問題　181
  1. 会社分割無効の訴えとの関係　181
  2. 詐害行為取消権・否認権との関係　182
  3. 民事再生法25条4号の「不誠実な申立て」との関係　184
  4. 再生債務者の公平誠実義務との関係　186
  5. 民事再生手続の廃止事由との関係　187
  6. 役員の損害賠償請求権の査定との関係　188
  7. 再生計画案の不認可事由との関係　188
- Ⅳ　まとめ　189

第7章　濫用的会社分割と破産法上の否認権
　　　　——詐害行為取消権との対比からの考察 ………………………… 191
- Ⅰ　はじめに　191
- Ⅱ　裁判例の概観　191
  1. 主な裁判例　191
  2. 動　向　193
- Ⅲ　会社分割の性質　193
  1. 包括承継（一般承継）　193
  2. 検　討　195
- Ⅳ　濫用的会社分割と詐害行為取消権　196
  1. 詐害行為取消訴訟の要件事実　196
  2. 濫用的会社分割に対する詐害行為取消権の可否　196
  3. 詐害性の有無について　204
  4. 受益者の悪意について　205
  5. 詐害行為取消権行使の効果について　206
- Ⅴ　濫用的会社分割に対する否認権行使の場面との対比　207
  1. はじめに　207
  2. 詐害行為取消権との対比　207
  3. 最判平成17年11月8日　209
  4. 考　察　210
- Ⅵ　おわりに　218

第 8 章　濫用的会社分割に関する改正提言 ……………………………219
- Ⅰ　はじめに　219
- Ⅱ　従来の議論　220
  - 1　濫用的会社分割の概念　220
  - 2　債権者保護との関係　220
  - 3　否認権行使に関する裁判例　221
- Ⅲ　濫用的会社分割に対する否認権行使の根拠に関する学説の対立　226
  - 1　破産法 160 条説　226
  - 2　破産法 161 条説　227
  - 3　破産法 162 条説　229
  - 4　小　括　231
- Ⅳ　会社法（平成 17 年 7 月 26 日法律第 86 号）改正　231
  - 1　承継会社等に対する債務の履行請求　231
  - 2　倒産手続との関係　231
- Ⅴ　考　察——あるべき制度設計について　232
  - 1　新たな否認類型の創設というアプローチの当否　232
  - 2　訴訟手続の受継規定の整備というアプローチの当否　233
  - 3　改正会社法の提起した課題——破産法上の直接履行請求権の創設　234

第 3 編　民事再生法実務の理論的課題

第 9 章　再生債務者の法的地位と第三者性
——公平誠実義務に基づく財産拘束の視点から ……………………241
- Ⅰ　はじめに　241
- Ⅱ　大阪地判平成 20 年 10 月 31 日（判時 2039 号 51 頁）　242
- Ⅲ　大阪高判平成 21 年 5 月 29 日（判例集未登載）　245
- Ⅳ　両判決のアプローチの違い　247
- Ⅴ　再生債務者の法的地位をめぐる議論——手続機関説　251
- Ⅵ　公平誠実義務の内実——個別執行禁止と財産拘束　253
- Ⅶ　再生債務者の第三者性　257
- Ⅷ　実体法上の「第三者」該当性　268
- Ⅸ　まとめ　273

第10章　別除権協定の効力をめぐる考察 …275
- I　はじめに　275
- II　別除権協定の意義と必要性　278
- III　別除権協定の内容　281
- IV　裁判例の概観と考察　284
  - 1　事案の概要　284
  - 2　第1審判決（松山地判平成23年）の判旨　286
  - 3　第2審判決（高松高判平成24年）の判旨　289
  - 4　最高裁判決（最判平成26年）の判旨　291
  - 5　考察　293
- V　受戻合意に基づく請求権の法的性質について　301
  - 1　問題の所在　301
  - 2　学説の対立　301
  - 3　考察　302

第11章　小規模個人再生手続における巻戻しと競売費用の法的性質 …305
- I　事実　305
  - 一　事案の概要　305
  - 二　前提事実　305
  - 三　争点　307
  - 四　当事者の主張　307
    - 1　争点(1)（共益債権該当性）について　307
    - 2　争点(2)（再生計画による権利変更の有無）について　308
- II　判旨　309
- III　評釈　311
  - 一　争点(1)（共益債権該当性）について　311
    - 1　住宅資金貸付債権　311
    - 2　巻戻しの意義　311
    - 3　巻戻しと競売手続　313
    - 4　本判決の判断　315
    - 5　住宅資金特別条項中に競売費用の支払について定めることの可否　317
  - 二　争点(2)（再生計画による権利変更の有無）について　318
    - 1　問題の所在　318
    - 2　本判決の判断　319
    - 3　将来給付の判決　320

三　控訴審の判断　320
    1　控訴人（第 1 審原告）の補充主張　320
    2　控訴審の判断　321

初出一覧　322
事項索引　324
判例索引　327

序　論
理論の支えある実務と
実務に生きる理論

I　理論の支えある実務と実務に生きる理論

　司法制度改革によって法科大学院が法曹養成の中核を担い、実務法曹養成機関としての役割を期待されている。このような中で、従来ともすれば独立し、互いに無関心ともいうべき状況さえもあった理論研究と実務が相互に意識し、検証する機会を得るに至っている。今日では、理論と実務はそれぞれが孤高の存在として成り立ちうるものでないことは周知の事実であるといえよう。

　現に近時も多くの論考や書籍によって、「理論と実務の架橋」が提唱されている。このような状況のもと、今一度、なぜ理論と実務の架橋が求められるのか、そこにいう架橋とは何を意味するのか、といった最も根源的な問に対して正面から考察することが求められよう。

　本書では、法の本質から以下のように考察することが可能であると考える。すなわち、法は一定の強制力を伴う社会規範である。社会は利害関係を異にする多数の人間によって構成され、人間はそれぞれの利益を追求し行動する。この際、法が提示した規範は行為規範として人間に予測可能性を付与する。合理的人間像によれば、規範に直面した人間は提示された規範に適合するよう行動を選択し、法規範は究極的には人間の行動の自由を保障することとなる。

　実務とは、かような社会規範としての法が現実に生起した事象の解決に向かって機能する法の実践である。理論研究は、ある時は実務を批判し、実務の在り方に再考を迫る。またある時は、実務の在り方を理論的側面から追認する[1]。こうして理論研究によって検証され理論に支えられた実務は、多様な利害をめぐる関係人の納得とともに正しき法を実践しているという正当化根拠を獲得する。ここにいう正しさとは、究極には法の根底にある正義を意味するといえよう[2]。法の理念についてラートブルフは、正義とともに合目的性、そして法的安定性を掲げ、相互の矛盾・緊張関係を説く[3]。私見は、これらは相互独立の存在ではなく、合目的性や法的安定性は正義に支えられた理念であり、

---

1)　実務と理論の在り方につき、伊藤眞「学会と実務―日本民事訴訟法学会の紹介をかねて」自由と正義55巻3号（2004年）14頁以下。同『千曲川の岸辺』（有斐閣・2014年）74頁以下。特に81頁以下参照。
2)　団藤重光『法学の基礎〔第2版〕』（有斐閣・2007年）29頁以下。

法の根底にはあくまでも正しさとしての正義が深沈するべきと考えるものである[4]。

　法の実践としての実務が理論研究によって正当化根拠を得たとき、実践の法と理論の法が融合し、社会に法的安定性を生み出し、正しき法の実践として社会秩序維持機能を発揮する。本書にいう「理論の支えある実務」とは、かような理論研究によって正当化根拠を獲得した実務を意味する。法の実践としての実務とその正当化根拠を検証する理論研究は、相互に影響を及ぼし、法の社会規範性を支えるのである。

　理論研究によって実務が批判的検証を経て修正され、あるいは、正当化根拠を得て正しき法の実践として法の社会秩序維持機能を発揮するに至ったとき、そのような正当化根拠をもたらした理論を本書では「実務に生きる理論」と表現する。本書の全体を貫くテーマである「理論の支えある実務」と「実務に生きる理論」とは、こうして法の本質である社会規範性から導くことができるのである。

　福澤諭吉は、その『学問のすゝめ』で「實なき學問ハ先づ次にし專ら勤むべきハ人間普通日用に近き實學なり」[5]といい「実学」の重要性を説く。社会規範としての法律学は、法の実践としての実務と理論研究からなる実学としての学問に他ならない。実学としての法律学が成熟し進化発展するためには、「理論の支えある実務」と「実務に生きる理論」の双方が必須の要素として求められるのである。

---

3)　ラートブルフ（田中耕太郎訳）『法哲学（ラートブルフ著作集・第 1 巻）』（東京大学出版会・1961 年）177 頁以下「第 7 章・法の目的」、207 頁以下「第 9 章・法理念の相互矛盾」参照。

4)　井上達夫『自由論（双書哲学塾）』（岩波書店・2008 年）41 頁は、ラートブルフの正義・合目的性・法的安定性が相互に緊張関係にあるとする見解を紹介し、「私自身はこの三理念は相互に独立したものではなく、合目的性と法的安定性の基底には正義理念がある、法は基本的には『正義への企て』であるという立場」であることを説くが、私見もこの立場に賛成するものである。なお、井上達夫『法という企て』（東京大学出版会・2003 年）3 頁以下「第 1 章〈正義への企て〉としての法」参照。特に 6 頁以下「法の正義要求」及び 12 頁以下「正義の論争性」参照。また法的安定性と合目的性に関し、団藤・前掲注 2) 232 頁以下。

5)　『福澤諭吉著作集 第 3 巻』（慶應義塾大学出版会・2002 年）222 頁。

II　各章の成り立ちと主題

1　各編について

本書は、3編からなり各章として合計11本の論文を掲載している。

第1編は、破産法実務の理論的課題である。

第1章「賃借人破産における原状回復請求権の法的性質」、第2章「ファイナンシャルアドバイザリー会社の法的責任に関する考察——否認権行使の対象となった事業譲渡の助言をしたFAに対する破産管財人からの損害賠償請求の可否」、第3章「破産管財人の情報提供努力義務」、第4章「役員責任追及訴訟」、第5章「預り金の破産財団帰属をめぐる信託的構成に関する考察」からなる。

第2編は、濫用的会社分割をめぐる理論的課題である。

第6章「濫用的会社分割と民事再生手続」は、濫用的会社分割について筆者が民事再生手続における監督委員として対応した事案を経て初めて問題を提起したものを、あえてそのままの内容で掲載したものである。第7章「濫用的会社分割と破産法上の否認権——詐害行為取消権との対比からの考察」は、主に詐害行為取消権との対比から濫用的会社分割に対する破産法上の否認権行使の可否について考察し、第8章「濫用的会社分割に関する改正提言」では、平成26年の会社法改正によって創設された詐害的会社分割における直接履行請求権（平成26年改正会社法759条4項、761条4項、764条4項、766条4項）を踏まえて破産管財人に対しても同様の制度を創設すべきこと、その場合の要件論や改正会社法上の直接履行請求権との関係を立法論として提言したものである。第6章、第7章、第8章は、濫用的会社分割に対応した実務家として問題を提起し、理論的考察を加え、立法論的提言を行ったものとして連続的に位置づけることができる。

第3編は、民事再生法実務の理論的課題である。

第9章「再生債務者の法的地位と第三者性——公平誠実義務に基づく財産拘束の視点から」は、従来ともすれば破産管財人と同様の包括的差押えといった

視点のみから肯定されていた感のあった再生債務者の第三者性について、民事再生法の根本から考察を試みたものである。第10章「別除権協定の効力をめぐる考察」は、民事再生手続上、極めて重要な役割を担う別除権協定の効力について考察を加えたものである。さらに最判平成26年6月5日（民集68巻5号403頁）について従来の学説との関係でもその位置づけを試みたものである。第11章「小規模個人再生手続における巻戻しと競売費用の法的性質」は、個人再生手続における個人再生委員としての経験も踏まえ、小規模個人再生手続において住宅資金特別条項を定めた再生計画の許可がされ、保証会社である原告の住宅資金貸付債権に係る保証債務の履行がなかったとみなされた場合（いわゆる巻戻しの場合）に保証会社である原告が既に支出した競売費用の請求権が共益債権か否かなどが争点となった大阪地判平成25年1月18日（判時2204号52頁）について考察を加えたものである。

2　各章について

次に各章の成り立ちと主題は以下のとおりである。

第1章は、「賃借人破産における原状回復請求権の法的性質」である。

本章は、筆者が筑波大学大学院ビジネス科学研究科法曹専攻の准教授として奉職中に執筆したものである。破産手続開始決定を受けた賃借人の破産管財人として管財業務を遂行する過程で必然的に発生し極めて重要な問題であるにもかかわらず、賃貸人の原状回復請求権ないし原状回復費用請求権の法的性質について東京地方裁判所と大阪地方裁判所で異なる扱いがなされている。この背景には、一般的に関西地方では関東地方に比して賃借人が負担すべき原状回復費用その他の一切の費用を担保する敷金の額が高額であることが少なからず影響しているものと推察する。もっとも、実際上、東京地方裁判所では、賃借人破産における原状回復請求権ないし原状回復費用請求権の法的性質について基本的には財団債権と位置づけつつも破産管財人と賃貸人の間における和解交渉等によって事案に沿った柔軟な解決を実現しているのが実情である。本章では、この問題の理論的根拠について検証し、破産債権説が妥当であるとの結論を導いている。その内容は、基本的には当時の内容をそのまま掲載しているが、V

の3⑷に「明渡請求権と原状回復請求権の関係における1個説との整合性」を加筆した。明渡請求権と原状回復請求権の関係におけるいわゆる1個説からは、賃借人は目的物を原状に回復した上で賃貸人に明け渡すという1個の義務となり、賃借人の原状回復義務は明渡義務に包摂される関係になること、しかも明渡請求権が財団債権であることを前提にすると原状回復請求権も財団債権となるのが論理的帰結なのではないかという問題が生じる。私見では、1個説か2個説かという問題は、主として所有権に基づく建物収去土地明渡請求権の訴訟物の把握に際して議論される問題であり、破産手続開始決定があった後の破産手続上の権利の法的性質（破産債権か財産債権か）の問題とは必ずしも論理必然の関係にはなく、たとえ1個説に立脚し、かつ、明渡請求権を財団債権として位置づけたとしても原状回復請求権の法的性質を破産債権として理解することも可能であり、1個説は必ずしも破産債権説に対する有効な批判足り得ないのではないか、というものである。本章では、かかる私見を加筆している。

第2章は、「ファイナンシャルアドバイザリー会社の法的責任に関する考察──否認権行使の対象となった事業譲渡の助言をしたFAに対する破産管財人からの損害賠償請求の可否」である。

本章では、ファイナンシャルアドバイザリー会社（以下「FA」という）が破産手続開始申立て直前に行った助言により、支払不能状態にあった会社が行った事業譲渡が、その後、破産管財人によって否認された事案で破産管財人のFAに対する債務不履行又は不法行為に基づく損害賠償請求が認められるかが争われた事案を取り上げて考察した。第1審である東京地判平成25年7月24日（金法1984号144頁）がFAの債務不履行責任を肯定したのに対し、第2審である東京高判平成26年1月23日（金法1992号65頁）はこれを否定している。本章では、これらの裁判例を考察し、公刊物によって知り得る事実関係を前提にした上であるものの、私見ではFAに法令遵守義務違反が認められ、委任の本旨に従った債務の履行の提供がなく不完全履行である可能性があること、具体的事情については、過失相殺の法理等を用いて妥当な結論を導くべきであるとして、東京高判の因果関係論を一律に適用する解決に疑問を提起したものである。

第3章は、「破産管財人の情報提供努力義務」である。
　本章は、平成24年3月29日に実施した東京三弁護士会倒産法関連部会共催のシンポジウム「倒産と労働」のパネリストとして登壇した折に検討したテーマを取りまとめたものである（当時のシンポジウムの内容につき『概説倒産と労働』〔商事法務・2012年。特に筆者との関係では、同書32頁以下参照〕）。破産管財人として破産会社の元従業員の労働債権を適切に調査し、対応することは労働者の保護という観点は勿論、破産手続全体の信頼を維持するという制度論的に見ても極めて重要な業務であると認識している。この点について破産法86条が破産管財人の情報提供努力義務を規定しているのは、かかる認識に基づくものと考える。もっとも、この規定は、あくまでも破産債権者である給料の請求権又は退職手当の請求権を有する者に対する破産管財人の努力義務として定められており、しかも、提供の対象とする情報につき「破産手続に参加するのに必要な情報」とのみ定めている。その意味で規定の内実は必ずしも明確とはいえない。また、破産法86条は、破産管財人の情報提供努力義務を法的義務ではなくあくまで努力義務として位置づけるものの同85条の規定する破産管財人の善管注意義務との関係をいかに解するかといった問題も残る。そこで本章では、破産管財人の情報提供努力義務が求める提供すべき情報の内容はいかなるものか、提供する情報の範囲や程度をどのように理解すればよいか、破産管財人が情報提供を行わなかった場合の効果等について考察した。さらに比較的新しい問題意識としては、破産手続開始決定前の使用者の情報提供努力義務を破産管財人が承継するか、承継するとした場合、破産法86条の情報提供努力義務との関係はどのように理解すべきか、実体法上債務者が負担する担保価値維持義務と破産管財人の善管注意義務を取り上げた最判平成18年12月21日（民集60巻10号3964頁）の射程範囲との関係で、どのように整合的に理解すべきかという点について検討の必要性を感じた。そこで、本章はこれらについて考察した私見を取りまとめるとともに破産管財人として執務した経験に照らして実務上の具体的処理を紹介したものである。

　第4章は、「役員責任追及訴訟」である。
　本章は、司法研修所第45期の修習修了満20年を記念して上梓した『倒産と

訴訟』(商事法務・2013 年) に掲載したものである。

『倒産と訴訟』は、「司法研修所第 45 期の弁護士・裁判官のうち、倒産処理や事業再生に携わる東京・大阪・京都の弁護士、東京地裁民事第 20 部 (破産・再生部)・大阪地裁第 6 民事部 (破産部) に在籍し、又はかつて在籍した裁判官の有志が、これまでの業務経験を踏まえ、倒産事件の処理の過程で遭遇する各種訴訟手続上の諸問題について、平成 25 年 4 月に司法修習修了満 20 年という節目を迎えることを記念に論じた論文集である。」(同書「はしがき」より引用)。同書の編集委員として同期の俊英達の経験に裏づけされた論考を読み、大変良い刺激を受けたことは本書「はしがき」に記載したとおりである。同書中の役員責任追及訴訟の項目については、島岡大雄判事執筆による「裁判所からみた審理・判決上の留意事項、和解」という論考と合わせて掲載しているが、本章はそのうち筆者の執筆にかかる部分である。

本章では、各種倒産処理手続における役員責任査定の申立て、査定決定に対する異議訴訟、役員責任追及訴訟を取り上げ、その構造を検討するとともに破産管財人の善管注意義務との関係、再生手続における役員責任査定制度においては、DIP 型倒産手続における再生債務者の公平誠実義務との関係、弁護士職務基本規程 27 条との関係で弁護士倫理上の問題点について言及した。また査定の裁判と心証の程度について検討を加え、査定の申立てに際しては疎明で足りるとしても、査定の裁判には損害賠償請求権を基礎づける事実についての証明が必要であると解した上で、査定の裁判の特殊性を考慮して、その証明度は民事裁判一般の高度の蓋然性という確信レベルと必ずしも同様である必要はなく、相当の蓋然性ないし優越的蓋然性で足りると解すべきであると結論づけている。さらに本章では、役員責任追及訴訟においては会社法上の役員の責任原因に関する考察が不可欠であるとの観点から、会社法上の役員の会社に対する任務懈怠責任の法的性質、とりわけ任務懈怠と過失の関係、取締役の会社に対する善管注意義務、経営判断の原則、信頼の原則、過失相殺法理の類推適用に関する近時の裁判例、違法配当、利益供与、監視義務、内部統制システム構築義務等を踏まえて、主張立証の構造について考察を加えたものである。なお、平成 26 年会社法改正にともない従来の「委員会設置会社」との表記について「指名委員会等設置会社」と修正している。

第 5 章は、「預り金の破産財団帰属をめぐる信託的構成に関する考察」である。

　本章は、平成 27 年 3 月 25 日に実施された東京三会倒産法関連部会の共催による「倒産と契約」をテーマとするシンポジウムに際して出版した論文集『現代型契約と倒産法』(商事法務・2015 年) に掲載した拙稿に若干の字句の訂正を施したものである。本章の問題意識としては、近時、弁護士が破産手続開始決定を受ける事案が生じることもあり、その際、当該弁護士が依頼者から預り金を受領している場面が存在する。この預り金が破産財団に属するか、信託の設定を認めて信託の倒産隔離機能によって破産財団に帰属せず（信託法 25 条 1 項）、委託者兼受益者である依頼者が当該預り金について取戻権を行使できるか（破産法 62 条）は、破産債権者にとって重大な問題となる。そこで「債務整理事務の委任を受けた弁護士 A が委任事務処理のために依頼者 B から受領した金銭を預け入れるために銀行口座を開設した場合、その後、弁護士 A が破産手続開始決定（破産法 30 条 1 項）を受けたときは、銀行口座に預金した預り金は、弁護士 A の破産管財人が管理処分権を専有する（同 78 条 1 項）破産財団に帰属するか」という問題を設定し、かかる場面をもとにいかなる場合に信託の設定が認められるかを考察した。その際、預金者の認定をめぐる判例・学説の検討が不可欠であると考え、これらの内容を踏まえて検討したものである。

　本章では、預金者認定における議論としては、従来の客観説は揺らぎ、今日では契約の一般法理による事実認定のアプローチが採用されていると分析した。その上で、かかる預金者の認定というアプローチのみでは正当に預金者を保護できない場合に、救済法理としての信託構成が必要であるという観点から考察を加えることとした。かかる観点からは、利害関係人の利害調整をめぐる法的安定性のためにいかなる場合に信託の設定が肯定できるかのメルクマールが検討されなければならないであろう。かかる問題意識のもとで本章では、信託法が規律する信託の成立要件としての信託設定意思がいかなる場合に認定できるかを最判平成 14 年 1 月 17 日（民集 56 巻 1 号 20 頁）を参考に分析し、信託成立の場合の効果からアプローチするという手法によって考察したものである。その上で、信託契約が成立するためには、信託法が明文上要求した要件のほかに信託設定の効果として発生する倒産隔離を正当化できるような具体的事情とし

て信託設定に向けられた信託設定意思が必要であり、その際は、受託者に移転した目的物が特定され、分別管理義務が課されていることが特に重要な要素となると考察したものである。

　第6章は、「濫用的会社分割と民事再生手続」である。
　本章と後に続く第7章、第8章は、実務で対処した新たな問題を提起して、議論が展開し、裁判例が登場し、やがては立法に繋がったという意味で筆者にとって思い出深いテーマとなった。第6章は、いまだ濫用的会社分割について議論が展開されていなかった状況のなかで問題を提起したものである。当時は、文献もなく筆者の知見も及ばず濫用的会社分割が否認権の対象となるか、という根本的問題について従来の「組織法上の行為」という観点を乗り越えることができず否定的な内容となっている。その後の考察は、第7章に掲載しているが、第6章は、濫用的会社分割について問題を提起したこと自体に意義があったものと考え、あえて当時の内容を維持して掲載したものである。

　第7章は、「濫用的会社分割と破産法上の否認権――詐害行為取消権との対比からの考察」である。
　本章は、第一東京弁護士会総合法律研究所叢書である同研究所倒産法研究部会編の『会社分割と倒産法』（清文社・2012年）に掲載したものである。第6章の問題提起に対して、その後の裁判例や学説の展開等を踏まえて私見を考察したものと位置づけられる。当時の状況については、前掲『会社分割と倒産法』に「おわりに――実務の理論化と理論の実務化を目指して」と題するあとがきを執筆する機会を与えていただいた。本書の根底にある実務と理論の関係について筆者の考えに繋がるものであり、第2編の濫用的会社分割における実務と理論の架橋の意味合いを説明するため以下に引用して紹介したい。
（以下、第一東京弁護士会総合法律研究所倒産法研究部会編著『会社分割と倒産法』〔清文社・2012年〕321頁より引用）

　「法律実務家が遭遇する実務の現場は、絶えず変化し進歩し続けており、既存の法律と従来の価値観のみでは、到底解決できない未知の問題に直面することがあ

ります。

　この場を借りて、やや個人的な体験に及ぶことをお許しいただきたいと思います。平成21年2月に、初めて民事再生手続における監督委員の立場から、濫用的会社分割の問題に直面しました。会社法上、何ら手続的な瑕疵は存在していないものの、倒産法の基本原理である債権者平等に反するのではないか、偏頗的であり、さらに責任財産も全体として減少しているから詐害的でもあると感じました。現に秘密裡に行われた新設分割によって分割会社に残された債権者は、大きな不平等感を抱いていました。当時、民事再生法上の監督委員の立場から、否認権の付与を受けて、これを行使できるのか、この場合の否認の対象は何か、否認権を行使すれば問題は抜本的に解決できるのか、未知の問題を目の前にして、どうにかしたいという素朴な感情のみが浮かび上がってきました。裁判所のご指導や関係者のご協力のもと、最終的にどうにか解決に至ることができたものの、このような事案において抜本的解決を実現するためには、理論的な検討が不可欠であり、これを避けて通れないと実感し、NBL922号に『濫用的会社分割と民事再生手続』として問題を提起しました。その後、ほぼ時を同じくして、各種の論考や裁判例が登場し、実務で遭遇した未知の問題がその解決に向けて、立法に向けて歩みを続ける過程を実感することができました。今日では、詐害行為取消権や否認権を柔軟に認め、価額賠償によって事案を解決するという実務上の方向性が打ち出されたといえるでしょう。

　しかし、詐害行為取消権や否認権を認めるいずれの裁判例も、本書に取り上げた理論的には未解決である種々の法的問題を残しているものと考えます。この問題が立法的解決に向けて歩みを進めることとなったのは、まさにその証左であると考える次第です。

　この濫用的会社分割という倒産法と会社法が交錯する未知の問題と格闘すべく、研究会では、様々な議論をぶつけ合いました。あるときは、結論が出ず、最終的には、個人の価値観に依拠した区々の結論を甘受せざるを得ない場面もあり、まだ届くことのできないこの問題の奥深さを突きつけられました。また、具体的な執筆に際しては、その場において思うままの意見を発信することに比して、自らの思考を文章化することの困難さと深遠さに直面し、真の思考とは文章化することにより初めてその姿を現すものであろうことを実感いたしました。本書を上梓

し、世に問うことの意味を問われれば、本書は、このような研究過程を実直にふまえたものであり、現時点の研究の成果であるとともに、再度、新たな問題提起の意味を持つものであるという点にあると信じております。

（略）

　法律学が実学である以上、実務と理論は、相互に補完しあって支えあうべき関係にあると考えます。このような認識は、研究者か実務家かを問わず、法律学の永遠の課題であり、また、実務と理論の架橋を実現し、両者の発展に携わることは共通の目標であるといえるでしょう。

　伊藤眞教授は、実務と理論の架橋を目指す法学の徒を『学界に身を置くか、実務界に属するかにかかわりなく、実務の理論化と理論の実務化を目指す者』（『書斎の窓』612号・10頁（有斐閣、平成24年））と表現されております。わたしたち研究会のメンバーがこの『実務の理論化と理論の実務化を目指す者』としての法学の徒にふさわしいか否かは、今後のひとりひとりの努力と研鑽にかかることとなりましょう。ただ、本書を上梓するに際しては、執筆者のひとりひとりが例外なく内面において、このような志をもって真摯に、そして正面から問題の本質に向けて取り組んだことは、ここに記すべき事実であろうと考えます。」

　以上が、当時の『会社分割と倒産法』所収の著者の「あとがき」である。濫用的会社分割をめぐる問題は、実務で遭遇した問題について問題提起をし、その後の判例・学説の展開を踏まえて会社法における直接履行請求権の創設という立法に繋がった意味で実務と理論の架橋を実現できた1つのテーマとして印象に残っている。なお、前掲『会社分割と倒産法』には、伊藤眞教授（当時・早稲田大学大学院法務研究科客員教授）、神作裕之教授（東京大学法学政治学研究科教授）と平成24年3月26日に実施した座談会を収録している。濫用的会社分割をめぐる、組織法上の行為と否認権、会社分割の一部である資産移転行為のみを切り離して否認の対象とすることの可否、包括承継概念との関係、詐害行為取消権の場合と否認権の場合の対比、詐害性と偏頗性に関する議論、否認権行使の際の根拠条文等の諸問題について極めて有益なご教示を賜ったことをここに記して御礼申し上げたい。

第 8 章は、「濫用的会社分割に関する改正提言」である。

本章は、平成 26 年 3 月 24 日に実施した東京弁護士会倒産法部と大阪弁護士会共催の第 3 回東西倒産法改正シンポジウム「倒産実務の諸課題と倒産法改正」の発表者として登壇した折に検討したテーマを取りまとめたものである（同シンポジウムの内容につき金法 1995 号〔2014 年〕6 頁）。濫用的会社分割（改正会社法上の詐害的な会社分割）に関して、平成 26 年 6 月 20 日に成立した会社法の一部を改正する法律（平成 26 年法律第 90 号）は、吸収分割会社又は新設分割会社（以下「分割会社」という）が吸収分割承継会社又は新設分割設立会社（以下「承継会社等」という）に債務の履行の請求をすることができない債権者（以下「残存債権者」という）を害することを知って会社分割をした場合、残存債権者から承継会社等に対して、承継会社等が承継した財産の価額を限度として当該債務の履行を請求することができる旨を規定した（改正会社法 759 条 4 項、761 条 4 項、764 条 4 項、766 条 4 項）。

破産法をはじめとする倒産法のもとでは、現在、様々な法律構成を採用することによって濫用的会社分割に対処しているものの特に破産法上の否認権の根拠規定をめぐる議論等の点で問題の抜本的解決に繋がる立法的手当てはなされていないのが実情である。そこで、本章は、改正会社法のもとで濫用的会社分割の規律に関する倒産法の改正の提言を行うことを目的としたものである。倒産法上のあるべき制度設計について、新たな否認類型の創設というアプローチは、濫用的会社分割の本質が偏頗行為に繋がる可能性が高い財産減少行為、もしくは、偏頗行為の準備行為としての詐害行為であることに照らし、現在の破産法の否認権の体系と連続性を持って捉えることは困難であると考察した。さらに訴訟手続の受継規定を整備して破産管財人が改正会社法上の残存債権者の承継会社等に対する直接履行請求権を受継するという制度設計については、個々の債権者の個別的権利行使としての個別財産の回復という直接履行請求権の本質と破産財団の増殖を通じて総破産債権者の代表として破産手続を遂行する破産管財人の地位と相いれないことから、このアプローチも困難であると位置づけた。最終的には、破産管財人に破産法上の直接履行請求権を認める規定を創設すべきであり、その際の要件論や効果論について考察し、言及したものである。今後の破産法改正を通じて、濫用的会社分割をめぐる理論上の諸問題

が立法的に解決に至ることに期待する。

　第 9 章は、「再生債務者の法的地位と第三者性——公平誠実義務に基づく財産拘束の視点から」である。

　本章は、慶應義塾大学大学院法務研究科開設 10 周年記念論文集である慶應法学 26 号（2013 年）に掲載したものである。

　本章のテーマである再生債務者の法的地位と第三者性に関しても民事再生法の立法当初から議論が展開されており、民事再生法をめぐる根本的問題であることに加えて、近時、関連する裁判例も登場している。この問題については多数説といわれる第三者性を肯定する立場が主張されているものの、その論拠は様々であり議論の射程についても曖昧さが残っていると考えた。裁判例においても、その論拠が必ずしも明確でなく統一した理由づけがなされていないのが実情である。本章は、大阪地判平成 20 年 10 月 31 日及びこの控訴審判決である大阪高判平成 21 年 5 月 29 日の両判決を契機に再生債務者の法的地位、とりわけ第三者性と呼ばれる問題について従来の学説上の議論を踏まえて考察したものである。通説的見解は、再生手続開始決定を包括的差押えと位置づけ、再生債務者の第三者性を肯定している。しかし、破産管財人が破産手続開始決定と同時に破産財団帰属財産について管理処分権を専有する（破産法 78 条 1 項）のと異なり、民事再生法は DIP 型倒産処理手続として、再生手続開始決定後も再生債務者が業務遂行権、財団管理権及び財産処分権を有する（民事再生法 38 条 1 項）。その意味で破産法における破産管財人の第三者性を基礎づける議論をそのまま並行して導入することは困難であり、また、再生手続申立代理人の経験からも再生手続開始決定をもって包括的差押えと理解することには疑問が残る。そこで、本章では、再生債務者の公平誠実義務（民事再生法 38 条 2 項）に基づく財産拘束という視点から説明することが有用であると考察したものである。

　第 10 章は、「別除権協定の効力をめぐる考察」である。

　本章は、春日偉知郎教授（現・関西大学大学院法務研究科教授）の慶應義塾大学大学院法務研究科退職記念号における拙稿「牽連破産における別除権協定の帰

趣」を加筆・修正し、その後最判平成26年6月5日（民集68巻5号403頁）が出されたことから、これを踏まえたものである。別除権協定は、担保権者を手続内に取り込まない民事再生手続上、極めて重要な役割を担うものである。しかし、民事再生法は、別除権協定に関する規律を用意していない。そこで、別除権協定の法的性質としては、手続外における任意の当事者の和解契約としての側面を否定できないといえよう。もっとも、私見では、別除権協定の重要性に照らして、可能な限りこれを民事再生法上の根拠を見出すべきという価値判断から「別除権の目的である財産の受戻し」という民事再生法自体が認めた再生債務者の対応の一種であり、裁判所の許可（民事再生法41条1項9号）又は監督委員の同意（同54条2項）を得ることによって、再生債権の弁済禁止の例外として「この法律に特別の定めがある場合」（同85条1項）に該当すると位置づけた。

さらに再生債務者が別除権協定を締結し、約定弁済の途中で再生債務者が準自己破産の申立てをして再生債務者に破産手続開始決定があった事案で、松山地判平成23年3月1日（金判1398号60頁）と高松高判平成24年1月20日（金判1398号50頁）が異なる判断をした事案をもとに別除権の目的物の受戻価格の合意は、別除権で担保された被担保債権を受戻価格に減額する効力を有するか、再生債務者による分割弁済が完済する前の段階で再生債務者が牽連破産に至ったり、別除権協定が解除・失効した場合に被担保債権減額の効力は維持されるか（いわゆる固定説か復活説か）、別除権協定における受戻合意に基づく請求権の法的性質は再生債権か共益債権か、といった問題について考察したものである。私的自治の原則のもと一旦合意した協定の効力が消滅する旨の特段の合意のない以上、被担保債権減額の効力は維持されるとの高松高判の立場に賛成し、いわゆる固定説を妥当であると結論づけた。もっとも、その後、高松高判の結論は、最判平成26年6月5日（民集68巻5号403頁）によって覆されるに至っている。ただし、最高裁平成26年判決は、本章でも紹介したように本件の事案における特定の解除条件条項の合理的意思解釈という手法によって結論を導いており、判示事項のなかに規範を定立したものでない。よって、事例判決と位置づけるのが合理的であると考えた上で、その内実に照らして復活説に親和性を有すると考察し位置づけた。今後の実務における別除権協定は、別除権協定

における再生債務者の約定弁済が完了する前の段階で破産手続に移行したり、牽連破産に至った場合の手続の帰趨を想定して既払弁済金の処理、被担保債権の復活の有無等、具体的条項をより精査して明確化していくことが求められることになろう。また本章では、別除権協定における受戻合意に基づく請求権の法的性質に関し考察した。この問題については、再生債権説と共益債権説の争いのあるところであるが、私見は、共益債権は法が政策的理由その他の観点から法が優先権を付与して創設した権利であり、当事者が合意によって作出できないという観点から、再生債権説が妥当であると考えるものである。

第11章は、「小規模個人再生手続における巻戻しと競売費用の法的性質」である。

本章は、大阪地判平成25年1月18日（判時2204号52頁）に対する判例批評であり、判例時報2226号（判例評論667号）を転載したものである。本判決は、小規模個人再生手続において住宅資金特別条項を定めた再生計画の認可がされ、保証会社である原告の住宅資金貸付債権に係る保証債務の履行がなかったとみなされた場合（いわゆる巻戻しの場合）に保証会社である原告が既に支出した競売費用の請求権が共益債権か否かなどが争われたものである。再生債権と解する見解、共益債権と解する見解を踏まえ考察し、共益債権性を否定した大阪地裁の判断に賛成している。さらに本判決では、競売費用に係る請求権が再生債権であるとして再生計画による権利変更を受けるかという点も争点となった。この問題は、個人再生手続における再生計画での権利変更の効力は個人再生手続において再生債権の届出をしていない債権者に対しても及ぶかという問題と関連する。本判決は、個人再生手続では、再生計画案の認可により再生計画に定められた一般的基準に従って変更するとされていること（民事再生法232条2項）、民事再生法232条2項括弧書において非免責債権や再生手続開始前の罰金に同項の適用がないことを規定していることの反対解釈から権利変更の効力は、個人再生手続において再生債権の届出をしていない債権者に対しても及ぶという結論に賛成したものである。

Ⅲ　まとめ

　以上が本書の成り立ちである。
　破産管財人、再生手続における再生債務者申立代理人、監督委員、個人再生委員といった倒産処理実務の経験を踏まえて考察したものであり、いずれの章も筆者が実務上遭遇した諸問題や事業再生や倒産処理の実務上、理論上、重要な問題点を取り上げたものと考えている。

第 1 編
破産法実務の理論的課題

第1章

賃借人破産における
原状回復請求権の法的性質

I　はじめに

　本章では、賃借人の破産手続開始決定後に賃貸借契約が解除により終了した場合、賃貸人の賃借人に対する原状回復請求権を破産法上の破産債権（破産法2条5項）として扱うべきか、それとも財団債権（同2条7項）として扱うべきかという問題を検討する。この問題については、東京地方裁判所民事第20部（破産再生部）では基本的に財団債権として扱っている[1]のに対して、大阪地方裁判所第6民事部（倒産部）では破産債権として扱っており[2]、破産手続上、頻繁に生じる問題でありながら、実務上、両裁判所における運用が全く異なるという事態が生じている。こうした違いは、どのような理解から生じるのか、いずれの結論が妥当かについて検討を加えることとする。

　上記問題を検討するにあたって、「賃借人が破産者となり、破産手続開始決定直後に賃借人の破産管財人が破産法53条1項により賃貸借契約を解除して、賃貸人に対して賃借目的物をそのままの状態で明け渡した場合、賃貸人が有す

---

1)　東京地方裁判所民事第20部（破産再生部）の運用では、基本的に破産手続開始決定前に契約が終了していた場合には、原状回復費用は破産債権となるが（破産法103条2項）、開始決定後に契約が終了した場合は、財団の範囲内で財団債権（同148条1項4号又は8号の類推適用）として支出するとしている。また、実務では、費用負担以外の方法で義務を清算する旨の和解をする例が多いといえる。
2)　大阪地方裁判所第6民事部編『破産・個人再生の実務Q&A──はい6民です　お答えします』（大阪弁護士協同組合・2008年）146頁以下。

る原状回復請求権ないし原状回復費用請求権は財団債権となり、破産管財人は賃貸人に対して原状回復費用全額を支払わなければならないか」という問題を設定する[3]。

II 賃借人破産の場合の解除権の行使

1 破産管財人からの解除

賃貸借契約において、賃貸人には契約期間中賃借人に目的物を使用収益させる義務及びその他の付随的義務（修繕義務等）が発生し、賃借人には賃料の支払や目的物の返還その他の義務が発生する（民法601条、616条、597条等）。賃貸借期間中に賃借人について破産手続開始決定がなされた場合、残りの期間について両当事者の上記義務が残存することとなり、当該賃貸借契約は双方未履行の双務契約となるものと解される。

よって、賃借人が破産した場合、破産管財人は、破産法53条1項に基づき双方未履行の双務契約の規律に従って当該賃貸借契約を解除するか、又は破産者の債務を履行して相手方の債務の履行を請求するかの選択権を有することとなる。

2 賃貸人からの解除──法定解除権・倒産解除特約に基づく約定解除権[4]

(1) 法定解除権──破産手続開始決定前に既に賃借人の債務不履行がある場合

破産手続開始決定前に既に賃借人の賃料不払等の債務不履行を理由に民法上の法定解除権が発生している場合がある（民法415条、541条）。このような場合

---

3) 一般に賃貸借契約が終了した場合、賃借人には原状回復義務が生じるが、この原状回復義務を賃借人自身が履行して原状回復を実施する場合と賃貸人が原状回復を実施してその費用を賃借人に請求する場合がある。原状回復請求権とは、賃借人が負う原状回復義務の履行を賃貸人が請求する場合を意味するのに対して、いったん賃貸人が実施した原状回復によって生じた費用を賃借人に請求する場合は、原状回復費用請求権の行使の場面であり、厳密には両者は区別されるべきであると考える。もっとも、これらは賃貸人と賃借人のいずれが原状回復を実施するかの違いはあるものの本質的な相違は認められないことから、本文中では、原状回復請求権ないし原状回復費用請求権、又は原状回復請求権としてまとめて記述しているが、その法的性質を論ずるにあたっては、いずれも同様の意味として位置づけている。なお、同様の位置づけとして、大阪地方裁判所第6民事部編・前掲注2) 146頁。

には、賃貸人は破産手続開始決定後にこれを行使することが可能である[5]。

(2) 約定解除権──倒産解除特約による解除

① 実務上、多くの賃貸借契約は、例えば「破産手続開始申立て、再生手続開始申立て、更生手続開始申立て、又は特別清算手続開始申立てがあったとき」は、「催告を要せず直ちに本契約を解除することができる」といった定めを用意している。このような倒産処理手続開始申立て等を契約の解除事由とする特約を倒産解除特約や倒産解除条項という[6]。

② 倒産解除特約の効力をめぐっては、これを有効とする見解、無効とする見解、再建型倒産処理手続では無効とするという折衷的見解等が対立している[7]。

③ 倒産解除特約の効力をめぐっては、以下のような判例がある。

(a) 最判昭和57年3月30日（民集36巻3号484頁、金法992号38頁）

この判決は、会社更生手続との関係で倒産解除特約が無効である旨を判示したものである。

すなわち、同判決は機械の所有権留保付売買の事案において、「買主たる株式会社に更生手続開始の申立の原因となるべき事実が生じたことを売買契約解

---

[4] 賃貸人からの解除については、旧民法621条が特則を規定し、民法上賃借人の破産宣告（現：破産手続開始決定）があった場合は、賃貸人と賃借人の破産管財人の双方が賃貸借契約の解約申入れをすることができ、解約によって生じた損害の賠償を請求することができないとされていた。このような建前に対して、不動産の賃貸借で賃借人の破産のみを理由に賃貸借契約を解約できるとすると賃借人は不利益を被る、破産財団は賃借権という財産的価値を喪失してしまう、賃借人が破産した場合であっても破産手続開始決定後の使用収益に対する賃料は財団債権になるから特段賃貸人を保護する必要性は乏しい、さらに損害賠償が請求できなくなるという点は破産管財人に萎縮的効果を及ぼし妥当でない、といった批判がなされていた。そこで多数説や判例は、賃借人破産の場合、賃貸人に信頼関係を破壊する事由や解約の正当事由がない限り、賃借人が破産したという一事をもっては、賃貸借契約を解除することはできないとして旧民法621条を制限的に解釈していた（最判昭和48年10月30日民集27巻9号1289頁）。平成16年破産法改正によって、旧民法621条は削除され、賃借人破産の場合の処理は、双方未履行の双務契約に関する破産法の規定の適用によると解されている。

[5] 伊藤眞『破産法・民事再生法〔第3版〕』（有斐閣・2014年）357頁、全国倒産処理弁護士ネットワーク編『論点解説破産法（上）』（金融財政事情研究会・2005年）107頁〔小林信明〕。

[6] 山本和彦ほか『倒産法概説〔第2版〕』（弘文堂・2010年）239頁〔沖野眞已〕。

[7] 山本克己ほか編『新破産法の理論と実務』（判例タイムズ社・2008年）239頁〔深山雅也〕。

除の事由とする旨の特約は、債権者、株主その他の利害関係人の利害を調整しつつ窮境にある株式会社の事業の維持更生を図ろうとする会社更生手続の趣旨、目的（会社更生法1条参照）を害するものであるから、その効力を肯認しえない」として倒産解除特約にもとづく売買契約の解除は効力を有しないと判示している。

　　(b)　最判平成20年12月16日（民集62巻10号2561頁）

　この判決は、民事再生手続との関係で倒産解除特約が無効である旨を判示した。具体的には、フルペイアウト方式によるファイナンス・リース契約中のユーザーについて民事再生手続開始の申立てがあったことを契約解除事由とする倒産解除特約の効力につき、「少なくとも、本件特約のうち、民事再生手続開始の申立てがあったことを解除事由とする部分は、民事再生手続の趣旨、目的に反するものとして無効と解するのが相当である」とする。

　そして、その理由を民事再生手続の趣旨・目的と民事再生手続における責任財産や担保目的物の取扱い等に求めている。すなわち、「民事再生手続は、経済的に窮境にある債務者について、その財産を一体として維持し、全債権者の多数の同意を得るなどして定められた再生計画に基づき、債務者と全債権者との間の民事上の権利関係を調整し、債務者の事業又は経済生活の再生を図るものであり（民事再生法1条参照）、担保の目的物も民事再生手続の対象となる責任財産に含まれる。ファイナンス・リース契約におけるリース物件は、リース料が支払われない場合には、リース業者においてリース契約を解除してリース物件の返還を求め、その交換価値によって未払リース料や規定損害金の弁済を受けるという担保としての意義を有するものであるが、同契約において、民事再生手続開始の申立てがあったことを解除事由とする特約による解除を認めることは、このような担保としての意義を有するにとどまるリース物件を、一債権者と債務者との間の事前の合意により、民事再生手続開始前に債務者の責任財産から逸出させ、民事再生手続の中で債務者の事業等におけるリース物件の必要性に応じた対応をする機会を失わせることを認めることにほかならないから、民事再生手続の趣旨、目的に反することは明らかというべきである」と判示している。

　④　このように判例はいずれのケースにおいても倒産解除特約を無効であると判示したが、上記判例の射程範囲をどのように理解すべきかが問題となる。

上記判例は、いずれも会社更生手続や民事再生手続といったいわゆる再建型倒産処理手続における判断であり、これを清算型倒産処理手続の典型である破産手続においてもそのまま妥当するとして倒産解除特約を一律に無効とする解釈には、疑問が残る。仮に倒産解除特約を一律に無効とするのであれば、倒産状態になる前に私的自治・契約自由の原則のもとで当事者双方が自由な意思に基づき合意した内容が、なぜ倒産という局面において当然に無効を来すのかという点を合理的に説明する必要がある。本章では、この問題を中心論点として扱うものではないが、私見は、会社更生手続、民事再生手続といった再建型倒産処理手続については、更生手続開始申立て又は再生手続開始申立てを理由とする倒産解除特約は、再建というそれぞれの手続の目的（会社更生法1条、民事再生法1条参照）に抵触する限りにおいて無効[8]であるのに対し、清算型倒産処理手続である破産手続については（破産法1条参照）、破産手続開始申立てを理由とする倒産解除特約は、契約自由の原則に照らし依然として有効であると解するものである[9]。実際上、例えば、売買契約や賃貸借契約において買主や賃借人について破産手続開始の申立てがされた場合、売主や賃貸人はもはや売買代金や賃料の支払を受けることができなくなる蓋然性が高いのであって[10]、そのような場合に備えて契約関係を解除して破産による損害の極小化を図ろうとすることには十分な合理性があるし、その必要性も認めることができる[11]。し

---

[8]　最判平成20年12月16日は、別除権としての担保権の実行に対して、責任財産の範囲、再生手続の趣旨・目的との関係で倒産解除特約の効力を無効としている。

[9]　いわゆる折衷説であり、本章で紹介した最判昭和57年3月30日（会社更生手続の場合）、最判平成20年12月16日（民事再生手続の場合）は、いずれも再建型倒産処理手続に関して倒産解除特約の効力を否定しており、私見と同様の文脈に理解されるべきものであると考える。なお、同様の立場として、園尾隆司ほか編『新・裁判実務体系・新版破産法』（青林書院・2007年）216頁〔富永浩明〕。また、破産手続の場合であっても倒産解除特約を有効とすると相手方は常に破産管財人に対して解除権を主張できることとなるが、それは、破産法が破産管財人に履行か解除かの選択権を付与した破産法53条1項の趣旨に反するとして無効であるとする立場も主張されている（伊藤・前掲注5）357頁）。なお、伊藤眞教授は、同様の理由で民事再生法49条1項又は会社更生法61条1項との関係で、民事再生手続又は会社更生手続の場面でも解除権の行使は制約されるべきであるとする。仮にこのように解するのであれば、例えば破産法53条1項を強行法規と解する必要があろう。

[10]　破産手続開始決定後の賃料債権は財団債権（破産法2条7項）となるものの、破産手続開始決定前の未払賃料が生じた場合等、一定の不利益を被る可能性は否定できないといえよう。

たがって、倒産解除特約は、破産手続との関係では有効であると解すべきである[12]。

⑤　以上の倒産解除特約の効力に関する私見によれば、賃借人に破産手続開始の申立てがあった場合は当該倒産解除特約は有効であり、賃貸人と賃借人の間では解除の効果が生じることとなる。賃貸借契約解除の効果がいつの時点で生じるかは、個々の倒産解除特約の文言の解釈に帰着すると解されるが、例えば、破産手続開始申立てを解除原因とする場合であれば申立てと同時に破産手続開始決定前に既に解除の効果が生じていることとなる。倒産解除特約に基づく解除の効力が発生した時点で原状回復請求権が発生するとすれば、当該原状回復請求権は破産手続開始決定前の原因に基づいて生じた財産上の請求権に該当するから破産債権（破産法2条5項）となるものと解する。

III　破産手続開始決定前の解除と原状回復請求権

破産手続開始決定前に賃料不払の債務不履行や倒産解除特約等を理由に賃借人が既に賃貸人から賃貸借契約を解除されていた場合には、賃貸人の賃借人に対する原状回復請求権は破産手続開始決定前に発生していると認めることができる[13]。

---

11)　これに対し、東京地裁破産再生実務研究会『破産・民事再生の実務〔第3版〕破産編』（金融財政事情研究会・2014年）349頁は、破産手続においても担保目的物を当面利用する必要がある場合は存在し、破産管財人にその必要性に応じた対応をする機会を失わせることは相当でないことから、倒産解除特約の効力は否定すべきとする。

12)　名古屋地判平成2年2月28日（金判840号30頁）は、ユーザーに和議開始の申立てがあったことをリース契約解除の理由とする特約の効力につき、会社更生手続との関係で倒産解除特約を無効とした最判昭和57年3月30日を挙げた上で、「会社更生法は企業を解体清算させることが利害関係人の利害のみならず広く社会的、国民経済的損失をもたらすことを考慮して制定されたものである。これと異なる趣旨、目的をもつ和議法に照らし本件特約が無効であるということはできないし、他に本件特約を無効とする理由を見出すことはできない。」とする。なお、原則として反対の立場として、伊藤・前掲注5）358頁。また、伊藤眞教授は、売買契約の買主等が持つ不安の考慮は、いわゆる不安の抗弁の問題として配慮されるべきであると指摘する（伊藤眞「更生手続申立と契約の解除」『新版会社更生法』（金融・商事判例増刊719号）（1985年）75頁）。また、東京地判平成10年12月8日（金判1072号48頁）は、売主が倒産した場合には買主は従前の売買契約を解除できる旨の特約がある場合でも、買主は、売主の破産管財人からの代金請求に対して、当該特約に基づく解除を主張して代金の支払を拒むことはできないとした。

この破産手続開始決定前に既に発生している原状回復請求権は、破産手続開始決定によって金銭化されることになり（破産法103条2項1号イ）、破産債権（同2条5項）として、届出によって行使することになる（同100条1項）[14]。

IV　破産手続開始決定後の解除と原状回復請求権

　では、賃借人の破産手続開始決定後に賃借人の破産管財人が破産法53条1項に基づいて当該賃貸借契約を解除した場合、賃貸人の賃借人に対する原状回復請求権は、破産法上いかなる法的性質を有すると理解すべきであろうか。

1　財団債権説と破産債権説

　この問題について、賃貸人の有する原状回復請求権は財団債権であると考える立場（以下「財団債権説」という）と破産債権であると考える立場（以下「破産債権説」という）が対立している。冒頭でも指摘したとおり、実務の運用においても東京地方裁判所民事第20部が財団債権として扱うのに対して、大阪地方裁判所第6民事部は破産債権として扱う点で大きく異なる。

2　財団債権説とその根拠

　この問題について、私見は破産債権説に賛成するものであるが、まず反対の立場である財団債権説をその論拠とともに概観する。
　財団債権説は、賃貸人が有する原状回復請求権を財団債権であるとする根拠規定を財団債権について定めた破産法148条に求め、個別の場面に応じて同条

---

[13]　賃貸人が賃借人に代わって賃貸物件の原状回復を実施していれば、破産手続開始決定前に既に金銭債権としての原状回復費用請求権が発生していることとなる。
[14]　実務上は、賃貸目的物についての物理的な意味での原状回復は、目的物が破産管財人の管理に服していれば破産管財人が業者に発注して行うか、賃貸人と賃借人の破産管財人が協議の上、複数の業者から費用の見積もりの提出を受けて、より低廉な費用で対応可能な業者に原状回復を委託して処理するのが一般的である。西謙二＝中山孝雄編『破産・民事再生の実務（上）〔新版〕』（金融財政事情研究会・2009年）261頁〔山﨑栄一郎〕。なお、賃貸目的物に特殊な仕様の設備が存在する等の理由で、軀体の損傷を避けるため賃貸人が指定する特定の業者でなければ、原状回復工事を実施できないといった事情がある場合には、賃貸人指定の業者が対応し、原状回復費用について賃借人の破産管財人と協議の上、処理を決する場合もある。なお、園尾ほか編・前掲注9）214頁〔富永〕。

1項各号にあてはめている。

(1) 破産法148条1項各号の制度趣旨

破産法上、財団債権は破産債権に先だって、破産手続外で随時弁済を受けることができる（破産法2条7項、151条。なお、財団不足の場合の弁済方法等について同152条）。財団債権説を検討する前提として、関連する財団債権（同148条1項各号）の趣旨を確認すると次のとおりである。

① 破産法148条1項4号

破産法148条1項4号は、「破産財団に関し破産管財人がした行為によって生じた請求権」を財団債権とする。この趣旨は、破産債権者の利益の実現をその職務とする破産管財人の行為によって生じた請求権である以上、破産債権者全体にこれを負担させ公平を図るべきであるという点にある。

例えば、破産財団のために破産管財人が行った借財、賃借、雇用、和解等の私法上の行為によって生じた請求権、破産管財人の不法行為によって生じた損害賠償請求権等がこれに該当する[15]。なお、破産管財人の不作為によって第三者に損害が生じたときも、当該損害に係る損害賠償請求権は財団債権となると解されている[16]。

② 破産法148条1項7号

破産法148条1項7号は、破産管財人が破産法53条1項の規定により債務の履行を選択する場合において相手方が有する請求権を財団債権とする。この趣旨は、破産管財人が履行を選択した場合、相手方が有する請求権は破産者と締結していた双務契約に基づくものであり、本来であれば破産債権となるところ、相手方は破産財団に対してその義務を履行しなければならないのに、その対価としての請求権が破産債権として割合的満足しか得られないとすると双務契約の本質に反して不公平であるため[17]財団債権として保護し公平を図った点にある[18]。

---

[15] 加藤哲夫『破産法〔第6版〕』（弘文堂・2012年）279頁。
[16] 伊藤・前掲注5) 303頁。
[17] 破産法53条1項に基づき破産管財人が履行を選択した場合、相手方はそれに応じて債務を履行しなければならず、相手方はこれを拒絶することはできないと解されている。加藤・前掲注15) 236頁参照。

③ 破産法 148 条 1 項 8 号

破産法 148 条 1 項 8 号は、破産手続の開始によって双務契約の解約の申入れ（破産法 53 条 1 項又は 2 項の規定による賃貸借契約の解除を含む）があった場合に破産手続開始後その契約の終了に至るまでの間に生じた請求権を財団債権とする。この趣旨は、例えば賃貸借契約や雇用契約等といった継続的契約の場合、破産管財人による解除（同 53 条 1 項）や相手方からの解約申入れがなされても（民法 631 条）直ちに契約関係が終了するわけではなく、一定期間契約関係が存続することがあり得るが、このような契約関係が存続する期間内は破産財団が相手方からの給付を受けるので反対給付である相手方の請求権を公平の見地から財団債権とした点にある[19]。

(2) 以上を前提に財団債権説は、それぞれの場面における原状回復請求権の財団債権性を次のように説明する。

① 賃借人の破産管財人が破産法 53 条 1 項により賃貸借契約の履行を選択し、破産者（賃借人）の債務を履行して相手方（賃貸人）の債務の履行を請求した後に当該賃貸借契約が終了した場合は、原状回復請求権は破産法 148 条 1 項 7 号の適用（又は類推適用）により「第 53 条第 1 項の規定により破産管財人が債務の履行をする場合において相手方が有する請求権」として、財団債権となる[20]。

② 賃借人の破産管財人が破産法 53 条 1 項により賃貸借契約を解除した場合は、原状回復請求権は破産法 148 条 1 項 4 号、8 号[21]の適用（又は類推適用）により財団債権となる[22]。

---

18) 竹下守夫編『大コンメンタール破産法』（青林書院・2007 年）583 頁〔上原敏夫〕。
19) 伊藤・前掲注 5) 305 頁。中島弘雅『体系倒産法Ⅰ』（中央経済社・2007 年）188 頁。
20) 園尾ほか編・前掲注 9) 215 頁〔富永〕。全国倒産処理弁護士ネットワーク編・前掲注 5) 111 頁〔小林〕。
21) 桜井孝一ほか編『倒産処理法制の理論と実務』（別冊・金融・商事判例）（2006 年）288 頁〔瀬戸英雄〕は、賃借人の破産管財人が解除を選択した場合の原状回復義務について、「目的物返還義務が破産手続開始前に抽象的に発生していることを理由に破産債権とする考え方もあり得ようが、破産管財人のなした解除を原因として発生した債務であるから、原状回復請求権は財団債権になると解されている（破産法 148 条 1 項 4 号、8 号）」と紹介する。

③　賃貸人と賃借人の破産管財人が賃貸借契約を合意解除した場合には、原状回復請求権は破産法148条1項4号の適用（又は類推適用）により財団債権となる[23]。

合意解除という行為を破産法148条1項4号の定める「破産財団に関し破産管財人がした行為」と捉え、原状回復請求権はこれによって生じた請求権に該当するとする。

④　賃借人の破産手続開始後に賃貸人から破産法53条2項に基づいて賃借人の破産管財人に対して確答の催告があり、期間内に破産管財人から確答がないため解除となった場合は、原状回復請求権は破産法148条1項8号により財団債権となる[24]。

3　破産債権説とその根拠——私見

(1)　私見の立場は、賃借人が破産手続開始決定を受け、賃借人の破産管財人が破産法53条1項に基づき賃貸借契約を解除した場合に賃貸人が有する原状回復請求権は、破産債権と解すべきであると主張するものである。

(2)　根拠としては、以下の各点を挙げることができる。

①　発生原因事実が破産手続開始決定前である点

本章で設定した問題の場面のように破産手続開始決定の直後に破産管財人が破産法53条1項に基づき賃貸借契約を解除する場合には、原状回復請求権の発生原因事実である毀損行為や設備設置行為等は、すべて破産手続開始決定前に生じている。それにもかかわらず、破産債権（破産法2条5項）でなく財団債権（同2条7項）とすることは不合理である[25]。

---

22)　伊藤・前掲注5）362頁注83。伊藤眞教授は、破産管財人が賃借人の原状回復義務を履行せず、賃貸人自らが原状回復を行う場合の費用請求権について、破産管財人の行為に起因する債務である以上、破産債権者が共同で負担することを受忍しなければならないから、破産法148条1項4号又は8号の財団債権になると解すべきであるとする。他に園尾ほか編・前掲注9）215頁〔富永〕。西＝中山編・前掲注14）261頁〔山﨑〕（ただし、類推適用とする）。全国倒産処理弁護士ネットワーク編・前掲注9）111頁〔小林〕。
23)　園尾ほか編・前掲注9）215頁〔富永〕。西＝中山編・前掲注14）261頁〔山﨑〕。
24)　園尾ほか編・前掲注9）215頁〔富永〕。

② 解除の時期による不均衡

　破産手続開始決定の前の時点で賃借人が賃借目的物に通常損耗を超える損耗を与えたり、設置物を設置したという事実は同じであるにもかかわらず、解除による賃貸借契約終了の時期が破産手続開始決定の前であれば原状回復請求権は破産債権となり、開始決定の後であれば財団債権となるのは明らかに均衡を失する[26]。破産手続開始決定の前か後かというわずかな時間的先後によって、原状回復請求権が破産債権となったり、財団債権となったりすることとなるが、この理由を合理的に説明するのは困難である。仮に財団債権説のように解すると、破産手続開始決定前に破産申立代理人等が賃貸借契約を事前に解除していたか否かによって開始決定後の破産財団の負担が軽くなったり重くなったりして異なる事態が生じることとなり、明らかに不合理である。

③ 財団債権の共益的性質との抵触

　破産法148条1項各号所定の財団債権は、破産手続全体の利益のための債権又は破産債権者全体の利益になるものとして公平の観点に照らして共益的性質を有するものであり、破産手続の遂行に必要な費用や第三者の負担において破産財団が利益を享受する場合の第三者の反対給付請求権等であると解されている。このような財団債権の基本的な特質に照らして考えると、賃借人による目的物の原状変更を発生原因とする原状回復請求権は、破産債権者全体の犠牲において破産財団が負担すべき共益的性質を有するものとはいえない[27]。特に問題となる破産法148条1項4号及び8号との関係では以下のように主張することができる。

　(a)　破産法148条1項4号（類推）適用（財団債権説の根拠）への批判

　破産法148条1項4号は、「破産財団に関し破産管財人がした行為によって生じた請求権」を財団債権としている。既に検討したとおり、この趣旨は、破産債権者の利益を代表する破産管財人の行為に起因して生じた請求権である以上、破産債権者全体すなわち破産財団で負担するのが公平であるという点にあ

---

25)　全国倒産処理弁護士ネットワーク編・前掲注9）111頁〔小林〕。園尾ほか編・前掲注9）215頁〔富永〕。
26)　全国倒産処理弁護士ネットワーク編・前掲注9）111頁〔小林〕。
27)　大阪地方裁判所第6民事部編・前掲注2）146頁。園尾ほか編・前掲注9）215頁〔富永〕。

る。しかし、原状回復請求権は破産手続開始前の時点での賃借人が行った賃借目的物に対する通常損耗を超える原状変更に起因するものであり、破産手続開始決定と同時に選任される破産管財人の行為によって発生したものとはいえない。したがって、これを財団債権として破産債権者全体すなわち破産財団が負担すべき合理的理由はない[28]。

　　(b)　破産法148条1項8号（類推）適用（財団債権説の根拠）への批判

　破産法148条1項8号は、「破産手続開始後その契約の終了に至るまでの間に生じた請求権」を財団債権とする。既に検討したとおり、この趣旨は、賃貸借契約をはじめとする継続的契約関係においては破産管財人による解除（破産法53条1項）や相手方からの解約申入れ（民法631条）がなされても直ちに契約関係が終了するわけではなく、一定期間契約関係が存続する場合があり得ることを想定し、この間に破産財団は相手方から給付を受けることとなるので、この給付と反対給付の関係に立つ相手方の請求権を公平の見地から財団債権とした点にある。このような趣旨に照らして考えると破産法148条1項8号にいう「破産手続開始後その契約の終了に至るまでの間に生じた請求権」とは、その発生原因との関係では、「破産手続開始後その契約の終了に至るまで［の原因］に［よって］生じた請求権」であると解釈すべきである[29]。しかし、賃貸人の原状回復請求権は破産手続開始決定前にその発生原因が存在するものであり、これに該当しない。

　　④　価値判断の当否

　さらに価値判断としても破産債権説が妥当であると考えられる。賃借人破産の場合における賃貸人の原状回復請求権は破産債権か財団債権かという問題は、要は、原状回復費用の負担を賃貸人に負わせることが妥当か、破産債権者全体すなわち破産財団に負わせることが妥当かという問題に帰着することになる。

　一般に建物賃貸借契約における賃貸人は、賃貸借契約の締結に際して、一種の約定担保である敷金を取得している状況にある[30]。契約自由の原則に照らせ

---

28)　大阪地方裁判所第6民事部編・前掲注2）146頁。
29)　大阪地方裁判所第6民事部編・前掲注2）146頁。なお、加藤・前掲注15）279頁注9は、破産法148条1項8号の財団債権の例として、「たとえば賃借人破産で、手続開始から解約申入れのときまでの賃貸人の賃料請求権および引渡時までの損害金などである。」と説明する。

ば、賃貸人としては、賃貸借契約を締結するにあたり敷金をどの程度確保しておくかを賃借人と協議し決定することができるし、賃貸借契約が正常に機能している時点で将来の原状回復費用を賄えない可能性があると考えた場合は、賃借人に対して敷金の積み増し請求を行う等して不測の事態に対応し得る状況にある。賃貸人にとっては、原状回復請求権ないし原状回復費用請求権が発生した場合は、敷金の範囲では、実質的にこれを相殺して回収できる立場にあり、敷金から控除してもなお超過分が生じた場合に初めて現実の回収の場面が生じることとなる。このような場面で仮に財団債権説に立つと、賃貸人は敷金という担保の範囲内の原状回復費用分を実質的に回収した上で超過分をさらに財団債権として一般破産債権者全体に優先して破産財団から回収することを意味する。しかし、そのような優先性を基礎づける根拠は見当たらない。むしろ賃貸人にとって敷金という約定担保の範囲を超過した原状回復費用分は、いわば別除権不足額と同様の位置づけにあるといえ別除権不足額を破産債権であるとする不足額責任主義（破産法108条1項本文）の趣旨に照らし破産債権とすべきであり、特別の優先性を基礎づける根拠は見出し難い[31]。

⑤ **破産法53条1項の解除権の行使との関係**

財団債権説は、破産管財人による破産法53条1項の解除権の行使が破産法148条1項4号の「破産管財人がした行為」に該当すると主張する。しかし、仮にこのように解すると破産管財人としては、自らが破産法53条1項によって解除権を行使することによって原状回復請求権を財団債権とする確定的な根拠を付与することを意味する。しかし、このような解釈は、破産管財人にとっ

---

[30] 判例は、敷金返還請求権の法的性質について、賃貸借契約終了後家屋明渡義務の履行までに生ずる賃料相当額の損害金債権その他賃貸借契約により賃貸人が賃借人に対して取得する一切の債権を担保するものであり、敷金返還請求権は賃貸借契約終了後家屋明渡完了時までに生じた右被担保債権を控除してなお残額がある場合に、その残額につき具体的に発生するものとする（最判昭和48年2月2日民集27巻1号80頁）。
[31] 同様の趣旨として、堀政哉「敷金が未払賃料や原状回復費用等全部を賄うに足りない場合における処理について」銀法704号（2009年）〔大阪倒産実務交流会コメント〕。同論文は、「大多数の債権者が低率の配当に甘んじ、貸倒れを計上している中、賃貸人は敷金により、債権のうち、かなりの割合を回収することができているのである。その賃貸人を他の一般債権者らの負担においてさらに財団債権として保護するのが、はたして公平なのかについても検討を要するところ」であると指摘する。また、中西正「賃貸借契約と破産手続」銀法704号（2009年）〔大阪倒産実務交流会コメント〕。

ては自らの解除権行使によって財団債権を増殖し破産財団を減少させることを意味し、多額の原状回復費用の発生が予測される等の場面によっては、萎縮的な影響を与えかねない[32]。実務上、破産管財人が破産法53条1項による解除を選択することなく、賃貸人側との交渉によって和解する例が多いのも破産管財人が解除権行使の前段階での話し合いによる決着を望むからといえよう[33]。

V　東京地判平成20年8月18日[34]

　以上のとおり、私見は、賃借人破産の場合の賃貸人の原状回復請求権を破産債権として位置づけるべきであると主張するものである。しかし、近時の裁判例として、東京地判平成20年8月18日（以下「本判決」という）は、賃借人破産の場合の原状回復費用請求権について、一定の場面で財団債権とすべきであるとし、その根拠を「破産法148条1項4号及び8号の適用又は類推適用」に求めている[35]。私見の立場からは、本判決には、以下のとおり種々の疑問がある。

---

[32]　全国倒産処理弁護士ネットワーク編『破産実務Q&A 200問』（金融財政事情研究会・2012年）250頁〔伊山正和〕は、破産法53条により破産管財人に与えられた選択権の行使には時間的な制約はないものの、破産債権者に対する関係で善管注意義務に違反するという問題が生じる可能性があることを指摘して、注意を喚起する。

[33]　西＝中山編・前掲注14）261頁〔山﨑〕は、「破産手続開始決定後に賃貸借契約が終了する場合は、破産管財人が原状回復義務を負い、原状回復費用は財団債権（破148条1項4、8号の類推適用）として弁済されることになる。」とした上で、「破産財団の規模いかんによって全額を負担して原状回復をするのが困難という場合もあり、法人破産の場合で事業用の賃借土地上ないし賃借建物内の残置物を撤去するための費用を支出できないようなときは深刻な問題になる。」と指摘する。筆者も実務家として同様の感想を持つ。さらにこのような状況があることから、「実務上は、そのような場合でも安易に残地物の管理処分権を破産財団から放棄するのではなく、破産管財人が賃貸人との間で原状回復に関する和解をし、自然人である代表者に当該物を譲渡するなどして、現実に原状回復を行える者を明確にしておくというようなこともある。」として、破産管財人による和解処理を紹介する。このような和解交渉の見込みとの関係で、破産管財人は莫大な原状回復費用が発生する場合に破産法53条1項の解除権を明確に選択して行使する前に交渉に臨み、和解によって原状回復費用の処理の問題を解決するのが実務の通常の感覚であるといえよう。

[34]　判時2024号37頁、判タ1293号299頁、金法1855号48頁。なお、本判決は、賃貸借契約中の解約予告期間に関する条項や敷金等の放棄条項、違約金条項等が解除に際して破産管財人を拘束するかという別の問題も含んでいる。

1　事案の要旨

(1)　破産者 A 株式会社（平成 19 年 9 月 7 日破産手続開始決定。以下、破産手続開始決定の前後を通じて「破産会社」という）の破産管財人である原告が、破産会社が賃借していた建物（以下「本件建物」という）の賃貸人であった被告に対し、本件建物の賃貸借契約は、破産法 53 条 1 項に基づく解除により終了したとして、保証金返還請求権に基づき、破産会社が契約締結時に預託した保証金から未払賃料及び遅延損害金ならびに原状回復費用の合計を控除した残額及びこれに対する訴状送達の日の翌日から支払済みまで民法所定の年 5％の割合による遅延損害金の支払を求めて訴えを提起した。

(2)　これに対して、被告が原告に対し、破産手続開始決定日以降の未払賃料及び原状回復費用は財団債権であり保証金返還請求権から控除されないとして、その未払賃料及び原状回復費用ならびに各履行期から支払済みまで約定利率年 14％の割合による遅延損害金の支払を求めて反訴を提起した。

2　判　旨

「破産法 148 条 1 項 4 号及び 8 号は、破産管財人が破産手続の遂行過程でした行為によって発生した債権を財団債権としているが、これは、破産手続上、発生することが避けられず、債権者全体の利益となる債権、又は破産管財人が債権者全体のためにした行為から生じた債権であるから、これを財団債権として優遇することにあると解される。……賃借人は、本件賃貸借契約が終了した場合、終了後 1 か月以内に本件建物を原状回復して賃貸人に明け渡さなければならないという原状回復義務を負っているところ（同契約 20 条 1 項）、原告は、破産手続開始決定後、本件建物を約 1 か月間使用した後、破産法 53 条 1 項に

---

35)　なお、敷金返還請求権に債権者のために質権を設定していた不動産賃借人の破産手続開始決定後、破産管財人が破産財団から賃料等を支払わず、賃貸人との間で未払賃料等及び原状回復費用に敷金を充当する旨を合意した結果、質権が消滅した場合、質権設定者としての義務違反が問題となった事案で、東京高判平成 16 年 10 月 19 日（金判 1258 号 41 頁、判時 1882 号 33 頁）は、「原状回復費用については、本件宣告［現：開始決定］後賃料と同様財団債権となるが」として、特に根拠を示すことなく、原状回復費用の法的性質を財団債権であるとする。

基づき平成19年10月23日をもって本件賃貸借契約を解除し、同日、原状回復義務を履行しないまま本件建物を明け渡したのであるから、このような場合、原告は、本件建物を明け渡した時点で、原状回復義務の履行に代えて、賃貸人に対し原状回復費用債務を負担したものと解するのが相当である。その結果、賃貸人である被告が原告に対して取得した原状回復費用請求権は、原告が破産管財人として、破産手続の遂行過程で、破産財団の利益を考慮した上で行った行為の結果生じた債権といえるから、破産法148条1項4号及び8号の適用又は類推適用により、財団債権と認められる。よって、原状回復費用請求権が破産債権であるとする原告の本案前の主張は理由がない。」

3 検 討
(1) 破産法148条1項4号との関係

まず本判決は、破産手続開始決定後、破産管財人が管財業務のため賃借目的物である本件建物を約1か月の間使用していたことが破産手続遂行上破産財団の利益を考慮した破産管財人の行為によるものであるとして、原状回復請求権は、「破産財団に関し破産管財人がした行為によって生じた請求権」であるから破産法148条1項4号に基づき財団債権であるとする。

しかし、本判決は、破産管財人が使用していた期間に対応する本件建物の賃料の問題と原状回復請求権の扱いを混同するものであり賛成できない。すなわち、破産管財人が破産手続開始決定後、約1か月の間本件建物を使用していたのが管財業務遂行のためであれば、その間の目的物使用の対価である賃料は破産財団の共同の利益のために要した費用といえるから破産法148条1項4号により当然に財団債権となると解すべきである。もっとも、このような理解と賃貸人の有する原状回復請求権が財団債権となるかは別個の問題である。なぜなら、原状回復請求権の本質は、賃貸借契約において賃借人が行った目的物の使用から通常損耗を超える費用が発生した場合にこれを賃借人に負担させる請求権であり、破産管財人の行為によって生じた請求権とはいえないからである。原状回復請求権は、破産管財人による建物の使用の事実の有無や使用期間の長短によってその内容が変わるものではなく、破産管財人の行為（本判決では、約1か月使用後、解除・明渡し）が原状回復請求権を根拠づけるわけではない。原状

回復請求権の本質に照らせば、あくまでも賃借目的物を原状に回復させる必要が生じるのは、賃借人が賃借目的物に通常損耗を超える変更を加えたからに他ならない。したがって、破産管財人が行った目的物の約1か月間の使用の事実やその後の解除・明渡しといった行為自体が原状回復請求権の基本的形成やその額の多寡に影響を与えるものではないのである。

　この点に関連して、本判決が破産管財人の行為のうち、何をもって破産法148条1項4号の「破産管財人がした行為」と捉えているか、必ずしも明らかではないが事案に即して考えると次の3点のいずれかであると考えられる。

　①　第1に、破産管財人が約1か月間本件建物を使用した事実である。しかし、このことは破産手続開始決定以後の目的物使用の対価である賃料（又は賃料相当損害金）が破産法148条1項4号に基づいて財団債権となることを意味するにとどまり、破産法148条1項4号に基づいて原状回復請求権を財団債権とすることまでを正当化する根拠とは解されない[36]。

　②　第2に、破産管財人の行った解除とその後の明渡しを破産法148条1項4号の「破産管財人がした行為」と考える立場もあり得よう。しかし、同号は、もともと破産債権者全体の利益を代表する破産管財人の行為に起因する以上、破産財団で負担するのが公平であるという趣旨で規定されたものである。ところが、後に検討するように原状回復請求権は、破産手続開始決定前の賃借人の原状変更行為に起因するものであり、破産管財人の行為に起因するものではない。原状回復請求権は、解除・明渡しを停止条件とする権利であり、解除・明渡しは原状回復請求権が顕在化するための契機となる行為であるに過ぎず、原状回復義務自体の基本的要素は既に賃借人によって破産手続開始決定前に発生していると考える。したがって、原状回復請求権は、破産法148条1項4号にいう「破産管財人がした行為によって生じた請求権」とはいえない。

　③　第3に、破産管財人が管財業務のため本件建物を約1か月間使用した後、解除し明け渡したという一連の行為を破産法148条1項4号の「破産管財人が

---

[36] この事実から原状回復費用の財団債権性を基礎づけることができるとすれば、破産管財人が破産手続開始決定後、1か月間の管財業務の遂行のため目的物を使用した際に通常損耗を超える原状回復の対象が発生した場合であろう。しかし、その場合であっても破産手続開始決定前に生じた原状回復の対象までもすべて財団債権とすることには、やはり疑問がある。

した行為」と考えることもあり得よう。しかし、管財業務のために使用していた期間に相当する賃料を破産財団のために拠出した共益的性質を有する費用として破産法148条1項4号によって財団債権とすることは可能であっても原状回復請求権の財団債権性を根拠づけることはできないと考える。

(2) 破産法148条1項8号との関係

次に本判決は、原状回復請求権が賃借人の破産管財人が行った本件賃貸借契約の解除・明渡しによって発生することを前提として、賃借人の破産手続開始決定後に破産管財人が破産法53条1項に基づいて本件賃貸借契約を解除し本件建物の明渡しを行っていることから、これによって発生した賃貸人の原状回復費用請求権は、「破産手続開始後その契約の終了までの間に生じた請求権」（破産法148条1項8号）に該当するとしている。ここでは、賃貸人の原状回復費用請求権の発生時期をいかに解するかが問題となる。この点を検討するためには、原状回復請求権ないし原状回復費用請求権の本質に遡る必要がある。原状回復請求権は、賃借人が賃貸借契約の目的物を使用していた期間に生じた通常損耗を超える損傷や自ら付設した造作等を対象とするものである[37]。その意味で原状回復義務は賃貸借契約に付随する用法遵守義務や善管注意義務といった賃借人の義務に違反した場合に生じる損害賠償債務の実質を有しており、破産手続開始決定前の時点で当該義務違反行為によって通常損耗を超えた損耗が発生した場合は、その時点で原状回復義務の発生原因事実は生じており、解除・

---

[37] 原状回復義務の範囲として通常損耗までも敷金の範囲から充当する旨の通常損耗負担特約の効力について最判平成17年12月16日（判時1921号61頁）は、「賃借人は、賃貸借契約が終了した場合には、賃借物件を原状に回復して賃貸人に返還する義務があるところ、賃貸借契約は、賃借人による賃借物件の使用とその対価としての賃料の支払を内容とするものであり、賃借物件の損耗の発生は、賃貸借という契約の本質上当然に予定されているものである。それゆえ、建物の賃貸借においては、賃借人が社会通念上通常の使用をした場合に生ずる賃借物件の劣化又は価値の減少を意味する通常損耗に係る投下資本の減価の回収は、通常、減価償却費や修繕費等の必要経費分を賃料の中に含ませてその支払を受けることにより行われている。」として、建物の賃貸人が賃貸中に生ずる通常損耗についての原状回復義務を負わせることは「賃借人に予期しない特別の負担を課すことになる」と判示する。本章でもこのような理解に基づき、原状回復請求権ないし原状回復費用請求権という場合、賃借人の通常の使用形態に基づく通常損耗を超える損傷や賃借人が付設した設備等の造作を撤去することやそれに要する費用を想定するものである。

明渡しを停止条件としているにすぎないと考える。したがって、原状回復請求権の基本的な要素は、賃借人が目的物について通常損耗を超える損耗を発生させたり、造作を付設する等の行為をした時点で既に存在していると考えるべきである。賃借人の破産手続開始決定後に行われた破産管財人の解除とその後の目的物の明渡しは、この原状回復請求権を顕在化させる契機であって原状回復請求権が行使可能な状態になったことを意味するにすぎない。また、既に述べたとおり破産法148条1項8号が「破産手続開始後その契約の終了に至るまでの間に生じた請求権」を財団債権とした趣旨は、賃貸借契約をはじめとする継続的契約では、破産管財人が解除権を行使する等しても一定期間契約が存続し、その間、相手方から給付を受けることを前提にこの給付にかかる相手方の破産財団に対する反対給付請求権を公平の観点から財団債権とした点にある。しかし、賃貸人が賃借人（破産管財人）に対して有する原状回復請求権は、その発生時期に照らして考えても一定の給付と破産財団に対する反対給付請求権という関係に立たず、この趣旨があてはまらない。したがって、賃貸人の原状回復請求権を破産法148条1項8号を根拠に財団債権とすることはできないと考える。

(3) 財団債権とする条文の適用関係の当否

本判決は、原状回復請求権を財団債権とする根拠を「破産法148条1項4号及び8号の適用又は類推適用」に求めている。しかし、このような法条の適用関係は極めて曖昧かつ不明確である。果たして、4号と8号を「及び」で繋げる意味はどこにあり、それぞれの対象となる破産管財人の行為は何か、「適用又は類推適用」とは何か、適用なのか、類推適用なのか、類推適用であるとすれば、類推の基礎を何に求め、どの点で適用ではなく類推とするのか明らかではない。このような条文の適用は、判決理由中の判断として検証可能性を見出すことが困難であり、不合理であるといわざるを得ない。

(4) 明渡請求権と原状回復請求権の関係における1個説との整合性

さらに私見のように破産手続開始決定後に賃借人の破産管財人が破産法53条1項により賃貸借契約の解除を選択した場合の原状回復請求権の法的性質を破産債権（破産法2条5項）とする見解に立脚すると、賃貸人の明渡請求権が財

団債権であることを前提に明渡請求権と原状回復請求権の関係について改めて考察する必要が生じよう。すなわち、賃貸人が賃借人に対して原状に回復して明渡しを求めた場合の訴訟物の把握に関して、明渡請求権と原状回復請求権は1個の訴訟物であるという1個説[38]からは原状回復義務は明渡義務に包摂される以上、全体が財団債権となるのではないか、という問題が生じることとなる[39]。

しかし、もともと1個説とは、民事訴訟における審判対象としての訴訟物をいかに把握するかという問題設定における議論であり、倒産時に債権の法的性質を把握する際の議論とは議論の場面が異なるといえる。したがって、訴訟物の把握において1個説を採用したとしても破産手続開始決定後の債権の法的性質を考察する際に包摂関係を維持することが論理必然の関係にあるとはいえないであろう。さらに、仮に賃貸人がすでに原状回復を行い賃借人に対して原状回復費用を請求した場合は、明渡請求権と金銭債権としての原状回復費用請求権は別個の2個の訴訟物と解するのが自然かつ合理的であると考えるが、賃貸人が先に原状回復を自ら行った場合と賃借人に対して原状回復を求めた場合で実質的内容は異ならないはずである。そうだとすれば、1個説は、あくまでも「原状に回復して明け渡せ」という場合の訴訟物の把握に関する議論であり、賃借人破産の場合の原状回復請求権のみならず原状回復費用請求権についての

---

[38] 建物収去土地明渡請求の場合であるが、訴訟物を所有権に基づく返還請求権としての土地明渡請求権1個であるとする（旧）1個説、2個説、新1個説の紹介については、司法研修所編『改訂 紛争類型別の要件事実』（法曹会・2006年）58頁以下参照。

[39] 伊藤・前掲注5）363頁・注21は、「賃貸人の取戻権または財団債権となる目的物の返還請求権と賃借人の原状回復義務との関係が問題である。」と指摘する。問題の検討として、大阪地方裁判所第6民事部編・前掲注2）Q46・147頁は、明渡請求権と原状回復請求権との関係について1個説を採用するとしても、倒産法理によって2つの請求権が破産債権と財団債権という性質の異なる請求権として扱われることになった以上は、包括関係が解消されるべきであると指摘する。三森仁「原状回復請求権の法的性質に関する考察」岡正晶＝林道晴＝松下淳一監修『倒産法の最新論点ソリューション』（弘文堂・2013年）3頁。特に12頁以下も同旨。私見も同様の結論を導くものであるが、その際、実体法の規律の変容を導く概念として「倒産法理」という手法を用いるのであれば、実体法からの理解を獲得し、単なるテクニカルワードにとどまらないためにも、その具体的内実を精査分析する必要性を感じるものである。「倒産法的再構成」につき、伊藤眞「証券化と倒産法理（上）（下）」金法1657号（2002年）6頁以下・1658号（2002年）82頁以下、山本和彦「倒産手続における法律行為の効果の変容—「倒産法的再構成」の再構成を目指して」伊藤眞先生古稀祝賀論文集『民事手続の現代的使命』（有斐閣・2015年）1181頁以下。

破産法上の債権の性質を考察する場面においてまでも厳格に維持されなければならない理由に乏しいと解さざるを得ない。そこで私見では、訴訟物の把握において1個説を採用し、明渡請求権と原状回復請求権が1個の訴訟物であると理解したとしても賃借人破産における賃貸人の原状回復請求権もしくは原状回復費用請求権の破産法上の法的性質を、破産債権として理解することに支障は生じないと考えるものである。

(5) 小 括

以上のとおり、本判決の事案において、破産法148条1項4号・8号のいずれについても原状回復請求権を財団債権とする根拠とならないものと解する。

VI まとめ

以上検討したように賃借人破産の場合における賃貸人の原状回復請求権の法的性質は、破産債権(破産法2条5項)であると解する。個別の事情によって、財団債権性を主張する場合は、破産法148条1項各号の趣旨に照らして検討し、いずれかに該当する場合にはじめて財団債権となると解すべきである。このような解釈から、賃借人の通常損耗を超える場合に生じる賃貸人の原状回復請求権や原状回復費用請求権が賃借人の破産手続開始決定によって破産債権となるのは、賃貸人に不利益なのではないかという疑問が生じ得る。しかし、この点については、本章で検討したように、通常、賃貸人は契約自由の原則のもとで賃貸借契約から生じる一切の債務を担保すべく一種の約定担保としての敷金契約を締結している。したがって、賃貸人はその範囲で保護されるべきであり、むしろ敷金の範囲を超えた原状回復請求権ないし原状回復費用請求権を財団債権として破産債権者全体(破産財団)に負担させ、賃貸人が一般破産債権者よりも優先的地位に立つことを合理的に説明することは困難であると考える。

第 2 章

ファイナンシャルアドバイザリー会社の法的責任に関する考察
――否認権行使の対象となった事業譲渡の助言をした FA に対する破産管財人からの損害賠償請求の可否

東京高判平成 26 年 1 月 23 日（金法 1992 号 65 頁）

　ファイナンシャルアドバイザリー会社（以下「FA」という）が破産手続開始申立ての直前に行った助言により、支払不能状態にあった会社が行った事業譲渡が、その後、同社の破産手続で破産管財人に否認された事案で、破産管財人の FA に対する債務不履行又は不法行為に基づく損害賠償請求が認められるか否かが争われた。
　第 1 審判決（東京地判平成 25 年 7 月 24 日金法 1984 号 144 頁）は、FA の債務不履行責任を肯定したが、東京高判平成 26 年 1 月 23 日（金法 1992 号 65 頁。以下「本判決」という）はこれを覆し否定した。その理由は、主に FA による助言と破産会社に生じた損害の間には相当因果関係を欠くという点にある。しかし、以下に考察するように本判決の論理と結論には疑問があり、私見は、第 1 審判決に賛成するものである。そこで本章は、第 1 審判決を必要な範囲で踏まえつつ、第 1 審を含む判決文から読みとれる事実関係をもとに本判決について考察を加えることを目的とする。

I　事案の概要

1　事案の概要

　本件は、株式会社 A 興産（以下「A 社」という）が FA である Y 社との間で A 社が Y 社から事業譲渡等に関する助言を受けることを内容とするアドバイザリー契約を締結し、A 社が Y 社の助言に従って事業譲渡を実行した後、破産

手続開始決定を受けた事案である。A社の破産管財人であるXは、Y社にはアドバイザリー契約に基づきA社に損害を生じさせない内容の助言を行う義務又は助言業務の提供にあたって法令を遵守すべき義務の違反があったと主張し、Y社に対して債務不履行又は不法行為に基づく損害賠償を請求した。

事実関係の概要は、以下のとおりである。

(1) 当事者

A社は、塗装及び塗装用機械器具の販売等を目的とする株式会社であり、事業譲渡のあった平成21年2月17日に現商号に商号を変更した。A社の事業は、大別して、創業当時からの事業のうち本業として営む塗装工事事業(以下「本業」という)と、平成5年ころから営むM社等を取引先とする塗装及び建築資材等の販売事業(以下「M社関連事業」という)に分かれていた。

Y社は、企業の事業譲渡、資産売買、資本参加、業務提携及び合併に関する調査、企画ならびにそれらの斡旋、仲介に関する業務等を目的とする株式会社である。Y社は、従業員として弁護士、公認会計士等の企業再生の専門家を擁し、未上場企業を中心に企業再生業務を含む各種ファイナンシャルアドバイザリー業務を中心としたサービスを提供している。

(2) 事実経過

(a) Y社は、A社の顧問弁護士L(後のA社破産申立代理人)を通じてA社の紹介を受けた。その際、A社の代表取締役HはY社に対して、M社関連事業の入金が滞納しており満期の到来する手形が不渡りとなる可能性があること、その場合には、A社の本業を含む全事業が停止して破綻するおそれがあること、A社としては、できる限り本業である塗装工事事業等を存続させ従業員の雇用や取引先を守りたいという意向を有していることを伝えた。

(b) 平成21年1月30日、A社は、Y社との間でアドバイザリー契約(以下「本件アドバイザリー契約」という)を締結した。本件アドバイザリー契約は、損害賠償の請求額について上限規定を設け、合計で業務委託報酬相当額までと定めていた(第9条1項)。また、A社がY社に対して損害賠償を請求する場合には、当該業務委託報酬額はY社が受領済みの業務委託報酬相当額を意味するもの

とし、Y社は受領済みの業務委託報酬相当額の全部又は一部を返還することを超えて損害賠償の支払義務を負わないことを定めていた（第9条2項）。

(c) Y社は、A社と打合せをする中でA社の本業と本業以外のM社関連事業とを切り分ける手法として、新設分割により本業に係る資産、債務、雇用契約その他の権利義務を新設分割設立会社に承継させる方法と本業に係る事業を事業譲渡により新設会社又は関連会社に譲渡する方法をA社に伝えた。これに基づいてA社は事業譲渡を選択し、また、譲渡先をA社の完全子会社であるB社とすることを決定した。

(d) Y社の提案したいずれの方法による場合もA社に破産手続開始決定がなされることを前提としており、Y社が各手法について比較検討のために作成した説明資料には、事業譲渡による場合、A社が法的倒産手続に移行した後、当該事業譲渡が否認されるリスクがある旨の記載があった。

Y社は、本件アドバイザリー契約に基づく助言等を提供する前提として、本件アドバイザリー契約締結後直ちにA社の財産状況等の調査を実施した。

(e) 平成21年2月6日、A社の顧問弁護士Lは、取引先のM社を訪問し、同月13日までの支払を求めた。しかし、M社からは支払えるよう努力しているという曖昧な内容の回答しか得られず、支払の確約を得ることはできなかった。そこで、A社及びY社は、同月20日満期の手形が不渡りになることを前提とした措置をとることとし、Y社は、同月10日、A社に対して、以下の事業譲渡（以下「本件事業譲渡」という）をすることを助言した。

① A社は、B社に対して、全資産のうち本業に係る資産（約28億円）を譲渡し、本業に従事するA社の従業員はB社が引き継ぐ（第2条1項）。
② B社がA社の本業に係る債務（約29億円）について、重畳的債務引受けをする（第2条1項・2項）。
③ B社は、A社に対して、事業譲渡資産の対価として100万円を支払う（第3条1項）。

(f) 平成21年2月17日、A社及び顧問弁護士Lは、Y社同席のもと、顧問弁護士Lの事務所にてA社の債権者である金融機関に対して、M社の資金繰りが悪化しA社の継続が危ぶまれる状況が発生していること、法的手段も視野に入れていること、及び本件事業譲渡のスキームを説明し、同日に本件事

業譲渡を行う予定であることを説明した。

　(g)　説明会が終了した後、A社はB社との間で、平成21年2月17日付けで本件事業譲渡契約を締結した。同日、A社は商号を甲野塗装株式会社から株式会社A興産に変更し、B社は商号をBエレクトロニクス株式会社から甲野塗装株式会社に変更した。同月19日、本件事業譲渡に係る移転手続が完了した。

　(h)　平成21年2月20日、A社は1回目の不渡りを出した。不渡りとなった手形の被裏書人又はその取立委任を受けた者の中には、前記説明会に出席した金融機関等が含まれていた。同月23日、A社は2回目の手形不渡りを出し、同月26日、銀行取引停止処分を受けた。

　(i)　平成21年12月19日、A社は破産手続開始の申立てをし、平成22年1月6日午後5時、破産手続開始決定を受けてXがA社の破産管財人に選任された。

　なお、破産管財人Xは、本件事業譲渡は詐害行為であるとして[1]B社に対して否認請求を行い約20億円の支払を命ずる決定がなされている[2]。

　(j)　本件で、Xは、Y社は本件アドバイザリー契約に基づいてA社の財務を悪化させ、又はA社に損害を与える内容の助言等をしてはならないという債務ないし注意義務（以下「本件義務①」という）、もしくは、法令を遵守し適法かつ有効な行為を助言すべき債務ないし注意義務（以下「本件義務②」という）を負っていたにもかかわらず、Y社がこれに違反したことによりA社は本件事業譲渡の対象となった資産のうち担保が付けられていた部分を差し引いた残額相当の資産（約18億円）を喪失したとして、Y社に対して債務不履行又は不法行為に基づき喪失した資産の時価相当額及び報酬相当額に係る損害の一部（5億円）の賠償及び遅延損害金の支払を求めて訴訟を提起した。

2　争　点

　第1審判決の摘示する本件の争点は、以下のとおりである。

---

1)　岡伸浩「事業譲渡と否認権行使（Q96）」全国倒産処理弁護士ネットワーク編『破産実務Q&A 200問』（金融財政事情研究会・2012年）参照。
2)　東京地決平成22年11月30日（金判1368号54頁）。

㋐　Y社は、A社の財務を悪化させ、又は破産会社に損害を与える内容の助言等をしてはならないという債務ないし注意義務（本件義務①）に係る債務不履行責任を負うか。

㋑　Y社は、法令を遵守し適法かつ有効な行為を助言すべき債務ないし注意義務（本件義務②）に係る債務不履行責任を負うか。

㋒　Y社の債務不履行責任に係る損害及び責任制限合意の適用の可否。

㋓　Y社の不法行為に基づく損害賠償責任の有無及びその損害。

3　第1審判決（東京地判平成25年7月24日）の判断

　第1審判決は、以下のとおり本件義務①の存在を否定し、本件義務②の存在を肯定した。

　まず、本件義務①については、「本件アドバイザリー契約は、A社の企業再生を目的として、A社が行う、財務改善、会社分割、事業譲渡、資産譲渡等に関する事項について、Y社が事務処理および助言等を行うと定めているから、契約書の記載に照らせば、一般的抽象的には、Y社は、A社が財務改善を行う際には、その財務を悪化させ、または損害を与える内容の助言等をしてはならないということができる」として、一般的抽象的なレベルでは本件義務①の存在を一応認めた。

　もっとも、「本件アドバイザリー契約書の記載から、直ちに、助言等を必要としている企業の具体的状況やどのような財務改善を目的として助言を求めているのかにかかわらず、財務を現状から悪化させることがなく、あるいは、一切の損害を与えない内容の助言をすべき具体的義務を負っているということはできない」として、具体的義務のレベルではこれを否定している。

　次に、第1審判決は、FAであるY社は、企業再生を目的とするアドバイザリー契約に基づいて助言を行うにあたり、法令を遵守した適法かつ有効な行為を助言する義務（本件義務②）を負い、少なくとも破産手続で破産管財人から否認権の行使を受けることのないよう助言する義務を負うと判示した。

　第1審判決は、本件義務②の存在を前提に、Y社は、否認権行使の対象となる行為（本件事業譲渡）の提案ないし助言をしたという点で助言業務の提供にあたって法令を遵守すべき義務に違反した債務不履行があり、A社は約18億円

相当の資産を喪失して同額の損害を被ったと認定した。もっとも、本件アドバイザリー契約上、Y社は受領済みの業務委託報酬相当額を返還することを超えて損害賠償義務を負わない旨を合意していたこと（第9条2項）を理由に、破産管財人Xが求めることのできる損害は業務委託料相当額である4387万4653円に制限されるとして、破産管財人Xの請求を一部認容した。

これに対して、破産管財人X及びY社の双方が自己の敗訴部分を不服として控訴した。

II 控訴審（東京高判平成26年1月23日）におけるXの主張

控訴審において、破産管財人Xは従前の主張に加え以下の主張を行っている。

1 債務不履行又は不法行為に基づく損害賠償請求

本件アドバイザリー契約に基づく業務委託報酬は、本件事業譲渡の実行を条件とする成功報酬である。したがって、本件事業譲渡がなければ報酬支払請求権の発生要件である「成功」が存在せず、A社がY社に対して業務委託報酬4387万4653円を支払うことはなかった。

Y社の義務違反行為、すなわちY社が否認権を行使されるような本件事業譲渡の提案ないし助言をしなければ本件事業譲渡は存在しなかった。

したがって、A社がY社に業務委託報酬4387万4653円を支払って同額の損害を被ったこととY社の義務違反（債務不履行または不法行為）との間には因果関係があるというべきである。

その損害は、時価28億1811万1180円相当の資産を対価100万円で譲渡するという本件事業譲渡をしたことにより、差額である28億1711万1180円（少なくとも、これから担保権設定済み不動産の価額10億2660万8356円を控除した17億9050万2824円）相当の資産を喪失して同額の損害を被ったこと（以下「本件①損害」という）、及び、Y社に報酬として4387万4653円を支払って同額の損害を被ったこと（以下「本件②損害」という）である。

2　不当利得に基づく報酬の返還請求

　A社に莫大な損害を与える内容の本件事業譲渡を提案したY社の行為は、本件アドバイザリー契約に基づく債務の本旨に従った履行とはいえない。また、Y社が提案してA社が行った本件事業譲渡は、否認権を行使されて無効となり、本件アドバイザリー契約に基づく成功報酬の発生要件である財産の移転の効果も実現していない。

　したがって、A社は、Y社に対して本件アドバイザリー契約に基づく報酬支払義務を一切負っていなかったというべきであるからY社がA社から報酬として受領した4387万4653円は不当利得を構成する。

Ⅲ　本判決の判旨

1　本件①損害に関する判断

　本判決は、以下のとおり本件①損害の発生を「認めることができるとしても」とした上で、具体的な損害論に立ち入らず、Y社がアドバイザーとして行った助言との間に相当因果関係を欠くことを理由に損害賠償請求を否定した。

　「A社は、本件事業譲渡の内容を正確に認識した上で、すなわち、本件事業譲渡が破産会社の全資産のうち本業に係る28億1811万1180円相当の資産を『譲渡対象財産の対価』100万円で譲渡するものであることを認識した上で、本件事業譲渡をしたことが認められる。

　そうである以上、A社が、本件事業譲渡をしたことにより、上記28億1811万1180円から100万円を控除した28億1711万1180円相当の資産を喪失して、同額の損害（本件①損害）を被ったとみることができるとしても、その損害は、A社が自らの意思と行為によって生じさせたものというべきであり、A社が本件事業譲渡をしたのがY社の提案ないし助言によるものであったにしても、本件①損害とY社の行為との間に相当因果関係があるとは認められないというべきである」

　「本件アドバイザリー契約は、その契約書において、Y社は『甲［引用者注：A社］が自ら主体的に実施する以下の各号に掲げる事項［同：甲の事業譲渡に関する事項等］に関する事務処理及び助言等』をするものとされ、また、『甲は、自

らの最終的判断、危険負担及び責任において本件目的を履践することを確認する。』などとされていることからも分かるように、Y社は事業譲渡等に関する事項に関する事務処理及び助言等をするだけであって、その事業譲渡等に関する事項は、あくまでもA社が、『自らの最終的判断、危険負担及び責任において』、『自ら主体的に実施する』という内容のものである。実際にも……A社は、Y社の提案ないし助言を受けて、A社の顧問弁護士とも協議の上、最終的には自らの判断で本件事業譲渡をすることに決め、これを行ったことが認められるのである。

　そうすると、Y社の提案ないし助言があったからこそ本件事業譲渡が行われた（Y社の提案ないし助言がなければ本件事業譲渡は行われなかった。）といえるとしても、Y社の行為と本件①損害との間には条件的な因果関係ないし事実上の因果関係があるといえるにとどまり、本件①損害はあくまでも破産会社が自らの意思と行為によって生じさせたものと評すべきであるから、Y社の行為と本件①損害の間に法的な因果関係すなわち相当因果関係があるということはできない。」

2　本件②損害に関する判断

　次に、本判決は、以下のとおり本件アドバイザリー契約に基づく業務委託報酬が成功報酬に該当しないことを理由に破産管財人Xの請求を棄却している。

　「本件②損害の賠償請求の原因としてXが主張するところは、必ずしも明確ではない面もあるが、本件アドバイザリー契約に基づく業務委託報酬が本件事業譲渡の実行を条件とする成功報酬であることを前提として、Y社の義務違反行為がなければ、すなわち、Y社が否認権を行使されるような本件事業譲渡の提案ないし助言をしなければ、本件事業譲渡は行われず、A社がY社に対し業務委託報酬4387万4653円を支払うことはなかったと主張するものと解される。

　また、Xは、Y社は本件アドバイザリー契約に基づく債務の本旨に従った履行をしておらず、A社はY社に対し本件アドバイザリー契約に基づく報酬支払義務を一切負っていなかったというべきであるから、Y社がA社から報酬として受領した4387万4653円は不当利得を構成すると主張して、同額につき

不当利得返還請求もしている。

　そこで、以下、まず、本件アドバイザリー契約に基づく業務委託報酬（以下「本件業務委託報酬」という。）の性質等について検討した上で、上記の損害賠償請求、不当利得返還請求に理由があるかどうかを検討する。」

　A社とY社の間の契約上、「『……業務委託報酬については、以下の割合に応じた業務委託報酬（消費税別）とするものとする。』と定めて、『移動する資産等の価格の総額』が5億円以下の部分に対しては3％、5億円超10億円以下の部分に対しては2％、10億円超の部分に対しては1％としており、第2条において、『本件事業譲渡に伴う移動する資産等の価格の総額……は、事業譲渡資産金額とする。』と定め、なお、第3条（不返還）において、『A社は理由の如何を問わず、Y社に支払った業務委託報酬の返還を求めないものとする。』と定めている。」

　「……本件業務委託報酬は、Y社が行う本件アドバイザリー業務（A社の事業譲渡等に関する事項に関する事務処理及び助言等）の対価であって、Y社が上記事務処理及び助言等の業務を行えば請求権が発生するものであり、その業務が行われた結果としてA社の目的が達成されることやA社が経済的利益を得ることは条件となっておらず、いわゆる成功報酬ではないものと認められる。

　このことは、本件アドバイザリー契約の契約書（甲5）の第2条第4項に、『A社は、本件アドバイザリー業務がA社の事業の成功を目指すものであるが、その成功を約するものでない事を予め確認し』と定められ、また、上記の『業務委託報酬に関する覚書』や『業務委託報酬に関する合意書』に『A社は理由の如何を問わず、Y社に支払った業務委託報酬の返還を求めないものとする。』と定めていることとも符合する。」

　「A社は、Y社に対し、本件アドバイザリー契約……に基づいて業務委託報酬を支払うべき義務を負っていたというべきであるし、その義務の履行として4387万4653円を支払ったということができる。

　そして、上記支払義務については、……後に本件事業譲渡につき否認権の行使がされたとしても何ら左右されないというべきである。」

　「以上によれば、本件②損害に係る4387万4653円が不当利得を構成するとはいえないし、もとより本件②損害がY社の義務違反によって生じたという

こともできない。」

IV 考　察

1　助言に際しFAが負担する義務の内実

まず、本件におけるFAであるY社が助言を行うに際して、いかなる義務を負担するかを確定する必要がある。

本判決は、本件アドバイザリー契約に基づく業務委託報酬が成功報酬でない旨を判示する。これは、本件アドバイザリー契約が委任契約（民法643条）又は準委任契約（同656条）であることを前提とするものと解される。本章は、本判決の示す本件アドバイザリー契約の性質論に異論を述べるものではなく、本件アドバイザリー契約が委任契約又は準委任契約であることを前提にFAであるY社が当該契約に基づいて、いかなる義務を負担するかを考察する。

第1審では、FAが負担する義務の内容が問題となり、破産管財人Xは、A社の企業再生を目的として財務改善に関する事務処理又は助言等を委任するものであるから、FAであるY社には、破産会社の財務を悪化させ、又は損害を与える内容の助言等をしてはならないという義務（本件義務①）が存在すると主張した。

先に紹介したように第1審判決は、一般的抽象的にはこれを肯定したものの破産管財人側が「本件アドバイザリー契約にかかる契約書の記載から、被告が本件義務①を負うと主張するのみで、破産会社の具体的状況や本件アドバイザリー契約の締結において具体的に求めていた事項から、本件義務①が具体的義務として発生していたことを基礎づける事情の主張はされていない」ことを理由に本件アドバイザリー契約上の具体的義務としては、これを否定している。

第1審判決は、FAであるY社は、企業再生を目的とするアドバイザリー契約に基づいて助言を行うにあたり、法令を遵守した適法かつ有効な行為を助言する義務（本件義務②）を認めた点に特色がある。破産手続との関係では、少なくとも破産管財人から否認権の行使を受けることのないよう助言する義務を負うと判示している。

ではFAに法令遵守義務を認めることができるであろうか。私見は、第1審

判決に賛成し、FA が助言するに際し、法令遵守義務を認めるべきであると解する。なぜなら、企業再生を目的とする本件アドバイザリー契約による委任の本旨（民法 644 条）からも、法令の遵守は当然導かれるべき要請であり、受任者の善管注意義務に内包される義務であるといえるからである。

一般に委任の本旨とは、「債務の本旨」（民法 415 条、493 条）と同義であり、委任の目的に適合するように事務を処理すべきことをいうと解されている[3]。本件アドバイザリー契約では、第 1 条に目的規定を置き、「企業再生を目的」とする旨を明確に標榜している。企業の再生は、関連諸法令を遵守してこそ「再生」と呼ぶに相応しいのであって、倒産関連諸法の基本法である倒産法上の否認対象行為となり得る高度の蓋然性を認識しながら特定の行為を行うよう助言すること自体、企業再生を目的とするアドバイザリー契約の本旨に従った履行の提供とは到底いえないことは、明白であろう。

さらに、善管注意義務は、受任者の職業・地位・知識等において一般的に要求される平均人の注意義務であり、具体的場合の取引の通念に従い相当と認めるべき人がなすべき注意の程度をいうと解されている[4]。本件では、FA である Y 社は弁護士や公認会計士を擁する企業再生の専門家集団であるといえる。近時、専門家が個々のクライアントの具体的な要求に基づく活動を行い、その結果、クライアントに損害が発生した場合の専門家責任につき厳格化の傾向が一般的に認められている。専門家は高度の知識、技量、能力を有することから、個々のクライアントは、これを信頼して契約を締結するのであり、かかる信頼を背景に一般人より高度の注意義務が課せられるのであって専門家である受任者の注意義務は当該事務についての周到な専門家を標準とする高い程度となると解すべきである[5]。

したがって、本件においても企業再生の専門家集団である Y 社は専門家として高度な善管注意義務を負い、この善管注意義務は、その内実として法令を遵守し適法かつ有効な行為を助言すべき法令遵守義務を当然に内包すると解すべきである。現に、本件アドバイザリー契約においてもその旨の規定（第 8 条）が置かれている。

---

3) 幾代通・広中俊雄編『新版注釈民法(16)債権(7)』（有斐閣・1989 年）226 頁〔中川高男〕。
4) 幾代・広中編・前掲注3) 225 頁〔中川〕。

以上から、本件におけるFAであるY社は、企業再生を目的とする本件アドバイザリー契約に基づいて助言を行う場合は、破産法を中心とした関連諸法令を遵守した有効かつ適切な行為を助言すべき法令遵守義務を負うと解すべきである。

2 相当因果関係論による画一的処理の不合理

本判決は、本件①損害を「被ったとみることができるとしても、その損害は、破産会社が自らの意思と行動によって生じさせたものというべきであり、破産会社が本件事業譲渡をしたのが第1審被告の提案ないし助言によるものであったにしても、本件①損害と第1審被告の行為との間に相当因果関係があるとは認められない」と判示している。

要するに、FAであるY社のアドバイスがあったとしても本件事業譲渡は破産会社の自らの意思と行動により実現したものであり、Y社のアドバイスとA社の損害との間に相当因果関係を欠くから、破産管財人XからY社への債務不履行に基づく損害賠償を否定するという論理である。しかし、かかる論法は因果関係論を形式的に用いたものであり疑問である。

もともと窮境にある債務者が限られた財産の中から高額な金額を支出してでも専門家のアドバイスを受けるのは、事業の再生を目的として再生への道を模索し活路を見出すべく、専門家アドバイザーによる適切かつ有益な助言を得るために他ならない。事業の再生を目指す債務者から助言を求められたFAは、再生実現への手法を提案し、法令を遵守した上で企業再生という目的遂行に適切かつ有益な助言を行うからこそ対価の受領を正当化できるのである。たしか

---

5) 下森定「日本法における『専門家の契約責任』」川井健編『専門家の責任』（日本評論社・1993年）9頁以下は、専門家に高度の注意義務が認められる根拠について「著者の理解では……『専門家』の職業に対する現代社会の一般的信頼性ならびに個々のクライアントの、個々のプロフェッションに対する個別・具体的信頼にあるといえよう。そしてこの個別・具体的信頼は、クライアントとプロフェッションとの契約関係に基礎を置くものにほかならない。そうだとすれば、クライアントに生じた損害についてのプロフェッションの責任の法的根拠は、当該個別・具体的契約上のクライアントの信頼に対する違反として、契約責任構成によるのが筋といえよう。」と指摘する。専門家の職業に対する信頼を根拠に契約責任構成を採用するものとして有益であり、筆者も賛成する。周到な専門家を標準とすべき高い程度の注意義務の指摘は、同書33頁参照。

に、助言を受けた債務者がいかなる行動を選択するかは自由であり、その意味で助言に強制力があるわけではなく任意性が認められることは否定できない。しかし、平時における助言とは異なり、切迫した事態にある債務者としては、あえて高額な費用を拠出して受けた専門家アドバイザーの提言を受け入れて、どうにか事態を打開したいと考えて行動するのが常態である。とりわけ、実務上、多くのアドバイザリー契約で定められている、委任者がアドバイザリー契約の期間中において当該アドバイザリー契約の受任者である当該 FA 以外の第三者への委託を禁止する条項が存在する場合は、このことは一層顕著となる。本件アドバイザリー契約にも通常であれば、このような第三者への委任を禁止する条項が存在するものと推察される。仮に存在するとすればこのような条項は、契約上の債権的な性質にとどまるとしても現実的な拘束力は強く、かかる拘束のもとで窮境にある切迫した状況の中で行われた再生の専門家を標榜する当該 FA の助言は、これを求める立場から見れば、唯一無二の生命線として期待されることになる。そうして現実に行われた助言や指導は、債務者の行動に極めて重要な役割を果たし、多大な影響を及ぼすといえるのである。

　したがって、窮境にある債務者が専門家アドバイザーの助言に沿って行動した場合に自己決定という論理を媒介にして、アドバイザーの責任を全面的に否定するのは形式論に過ぎ、実態に即していないといえよう。この論法によれば、助言に従って行動して損害が発生しても、助言を受けた者が自主的に行動したという論理でアドバイザー側が責任を負うことはほとんどなくなるであろう。しかし、そのような結論は、合理性を有せず素朴な正義感にも反する。本判決が採用した因果関係論を用いて FA の責任を一律に否定するという論法は価値判断としても合理性を有せず、妥当性を欠くといえよう[6]。むしろ FA の助言があったからこそ問題となった本件事業譲渡は推進されたのであり、本件における FA の助言と A 社の損害の発生との間には、相当因果関係は認められると解する。そして、かかる相当因果関係の認定に際しては、たとえアドバイザリー契約上、「自ら主体的に実施する」旨の定めが存在したとしても、相当因果関係を一切否定する合理的根拠とはいえないと考える。

---

6) なお、アドバイザリー契約をめぐる問題につき、林康司「アドバイザリー契約を巡る問題点」清水直編『企業再建の真髄』（商事法務・2005 年）383 頁以下がある。

もっとも、具体的事実関係を詳細に検討の対象とすることはできないが、判決における事実関係によれば、A 社の顧問弁護士 L が FA の助言の内容を十分に熟知して、法律専門家としての法的知識をもとに FA の助言を採用するか否かを吟味し、検討したことがうかがわれる。この事実関係の内容によっては、FA の助言から当然に損害が発生したとはいえないという側面も生じる余地があろう。しかし、この問題は、FA の関与についての程度を踏まえ、FA の助言に沿った行動をとった結果生じた損害を FA と債務者との間でいかに公平に分担するかの問題であり、過失相殺の法理[7]や因果関係の割合的認定論[8]などを応用して具体的事情を斟酌し合理的な結論を見出すべき場面であるといえよう。A 社が本件事業譲渡について破産管財人から否認される可能性を認識していたといった事情や顧問弁護士が関与していたとの事情は、過失相殺における A 社側の過失として評価されるべき事情であったと解される（民法 418 条参照）。その意味でも本判決が相当因果関係を欠くとして、破産管財人の損害賠償請求を一切否定したことには、疑問が残る。

3　FA の責任制限規定の適用の有無

　本判決は相当因果関係論により結論を導いたため、損害論については特段検討されていない。第 1 審判決の認定によれば、本件アドバイザリー契約には責任制限規定が定められ、A 社の Y 社に対する損害賠償請求は、業務委託報酬額である 4387 万 4653 円に制限するという規定が存在していた（第 9 条 1 項・2 項）。

　かかる責任制限規定の趣旨は、FA の助言により A 社に生じた損害が巨額となる可能性があることから、賠償額を業務委託報酬の範囲に限定するという点にある。したがって、FA に通常の過失を超えて、故意又は重過失がある場合は、もはや賠償額を限定して FA を救済すべき場面ではないといえる。したがって、FA に故意または重過失が認められる場合には、かかる責任制限規定

---

[7]　債権者側が損害の発生を容認する旨の意思があった場合につき、東京地判昭和 57 年 1 月 29 日（判時 1048 号 123 頁）がある。また債権者が自らを取引上生ずる危険においたと認められる場合につき、過失相殺の法理を採用した裁判例として、旭川地判昭和 54 年 12 月 11 日（判時 963 号 84 頁）がある。

[8]　東京地判昭和 45 年 6 月 29 日（判時 615 号 38 頁）参照。

の適用は認められないと解すべきであろう。この点、第1審判決も同様の論法を採用し、このような責任制限規定の効力は、受任者であるFA側に故意又は重過失がある場合には、適用されないとしている。もっとも、第1審判決は、FAであるY社の故意又は重過失を認定するに足りる証拠が認められない等の理由でY社はA社が支払不能であったことを認識していなかったことに重過失があるとまではいえないと認定し、責任制限規定の適用を認めて損害額を認定している。

4 否認対象行為該当性の判断

本件の第1審判決では、破産会社の行った本件事業譲渡が破産法160条1項1号により否認されるべき違法なものであるか否かについて判断している（金法1984号144頁以下）。これに対して、本判決は、「第1審原告は、第1審被告には、否認権行使の対象となる行為（以下「否認対象行為」という）である本件事業譲渡の提案ないし助言をしたという意味において本件義務②に違反した債務不履行ないし不法行為があり、そのために本件①損害が生じたかのようにも主張するが、本件①損害は、本件事業譲渡がされることそれ自体によって生ずるものであって、本件事業譲渡について否認権の行使がされることによって生ずるものではない（かえって、否認権の行使がされると破産財団は現状に復される。）から、上記主張はそれ自体失当というべきである」と判示している。しかし、第1審原告である破産管財人Xの主張の主旨は、FAであるY社がA社に対して否認対象行為である事業譲渡を助言したことがY社の法令遵守義務に違反していたことを基礎付けるものであると主張する点にあると解されるところ、本件義務②との関係では、否認権行使の対象となる事業譲渡を提案ないし助言したことが法令を遵守した適法かつ有効な提案ないし助言でなかったことを基礎付けるためにも本件事業譲渡の否認対象行為該当性に関する判断は必要であると考える。私見は、法令遵守義務違反を認定するために否認対象行為に当たることを判断した否認請求に関する決定（東京地決平成22年11月30日金判1368号54頁）及び第1審判決の判示に賛成するものである。

V　まとめ

　以上から、本件ではFAであるY社に法令遵守義務違反が認められ、委任の本旨に従った債務の履行の提供がなく不完全履行である可能性があったといえる。FAの助言とその助言に沿って行動した者に生じた損害との関係については、因果関係論を形式的に用いて一律に否定する判断をすべきではなく、具体的事情の下でFAの助言と損害との間に法的な相当因果関係が認められることを前提に過失相殺の法理等を用いて妥当な結論を導くべき事案であったと考える。

第3章

破産管財人の情報提供努力義務

I　はじめに——本章の目的

　破産法86条は、「破産管財人は、破産債権である給料の請求権又は退職手当の請求権を有する者に対し、破産手続に参加するのに必要な情報を提供するよう努めなければならない」と規定する[1]。

　この規定は、平成16年度破産法改正において、破産債権届出をしなければ失権するおそれのある労働債権者に対して破産債権届出をするのに必要な情報を提供するよう努める義務を定めることで労働者の権利の保護を図ろうとしたものである[2]。この規定の背後には、使用者側に賃金台帳やタイムカード等の資料が集中し労働者側との間で情報が偏在[3]するとの認識のもと、これを可及的に是正して情報の収集面における実質的な公平を図るべきという要請がある[4]。さらに、当該労働債権者の利益のためだけでなく、給料の請求権等が財団債権になる部分（破産法149条）と優先的破産債権になる部分（同98条1項）と

---

[1]　会社更生法80条の2は、更生債権等である給料の請求権又は退職手当の請求権を有する者に対し、更生手続に参加するのに必要な情報提供努力義務を定めている（小川秀樹『一問一答新しい破産法』（商事法務・2004年）（以下、『一問一答新破産法』と略称）137頁以下）。なお、民事再生法上、労働債権は一般優先債権と位置づけられていることから、同様の規定は用意されていない（伊藤眞ほか『条解破産法〔第2版〕』（弘文堂・2014年）（以下、『条解破産法〔第2版〕』と略称）671頁）。
[2]　『一問一答新破産法』137頁。
[3]　伊藤眞＝松下淳一＝山本和彦編『新破産法の基本構造と実務』（ジュリスト増刊）（2007年）（以下、『新破産法の基本構造と実務』と略称）171頁〔山本和彦発言〕。

に分かれることから破産手続の円滑な進行のためにも破産管財人が適切な情報を提供することが求められるとの指摘もある[5]。ところで、破産法86条は、破産管財人に対して労働債権者が破産手続に参加するのに必要な情報を提供する努力義務を定めるが、提供する情報内容、提供する情報の範囲・程度、情報提供を行わなかった場合の効果については具体的に定めていない。そこで、本章は、破産管財人の情報提供義務の法的性質、違反した場合の効果、実体法上の使用者の情報開示義務や破産管財人の善管注意義務（破産法85条）との関係、提供するべき情報の内容について検討した上で、実務上、破産管財人の情報提供努力義務が問題となった事案における対応を紹介し、この義務の内実を明らかにすることを目的とする。

II 法的性質

1　破産管財人の情報提供努力義務を定めた破産法86条の法的性質は訓示規定であり、この義務は訓示的な義務であると解されている[6]。

　一般に訓示規定とは、私人等がその規定に違反しても違反行為に対する刑罰等の制裁措置を伴わない規定であるとか、公の機関に義務を課している法令の規定で、これに違反しても行為の効力には別段の影響がない場合にその規定を指す法律学上の概念であると説明されている[7]。このような訓示規定に対して、当該規定に違反した場合に当該行為の効力を無効とする規定を効力規定と呼ぶのが一般である[8]。実定法上の規定が果たして訓示規定に該当するか否かは、規定の文言だけでは必ずしも明らかでない場合も少なくなく、結局、法の趣旨・目的や当該規定の実質的な目的等に照らし合わせて判断するものとされている。

---

4)　もともとは、団体交渉応諾義務を破産法において明文化するという提案から議論がスタートした。本条の立法の経緯については『新破産法の基本構造と実務』170頁以下〔小川秀樹発言〕、竹下守夫編代『大コンメンタール破産法』（青林書院・2007年）（以下、『大コンメ』と略称）363頁〔菅家忠行〕。
5)　伊藤眞『破産法・民事再生法〔第3版〕』191頁注16。
6)　『一問一答新破産法』137頁、『新破産法の基本構造と実務』173頁〔松下淳一発言〕。
7)　法令用語研究会編『法律用語辞典〔第4版〕』（有斐閣・2012年）273頁。
8)　法令用語研究会編・前掲注7）378頁。

2 このような観点から、破産法86条を検討すれば、同条は文言上、「努めなければならない」と規定している。この趣旨は先に説明したように労働者の権利の保護を図る点にあるが、具体的な破産事件において破産管財人が労働者に対してどのような情報を提供すべきであるかは事案によって様々であり、あらかじめ義務の具体的な内容を一義的に定めるのは困難であるといえる。よって、破産管財人の法律上の確定的な義務とすることは相当ではない[9]。そこで同条は、具体的事案における破産管財人が努力すべき要請を明らかにした規定であるといえる。また、情報提供とはいっても破産管財人が現に把握していない情報や入手不可能な情報の提供は困難であり、具体的場面において限界が存在することは否定できない。これらを総合考慮すれば、破産法86条はあくまでも努力義務を定めた訓示規定であるというべきである。

Ⅲ 情報提供努力義務違反の効果

1 以上のように破産管財人の情報提供努力義務は訓示的な義務であり、法的義務ではない[10]。よって、労働債権者は破産管財人に対して労働債権に関する情報の提供に関して具体的な請求権を有するものではなく、情報提供を促すことができるにとどまるものと考える[11]。さらに、資料の散逸や不存在などの理由で破産管財人が具体的事案において合理的な調査を行うべく努力を尽くしても情報を収集できず、その結果、労働債権者に対して情報を提供できなかった場合は、情報提供努力義務違反とはならないこととなる[12]。このような事情が

---

9) 『一問一答新破産法』137頁。
10) 『大コンメ』366頁〔菅家忠行〕は、「情報提供義務をその違反があった場合に直ちに何らかの法律効果が生ずるような確定的な義務とすることは破産管財人に過度の負担を課すこととなるおそれがあり、かえって破産手続の迅速かつ円滑な進行を妨げることとなりかねない。そこで、本条は破産管財人の努力義務を定める訓示規定とされた。」と説明する。
11) 三村藤明＝粟田口太郎「破産管財人の情報提供努力義務」山本克己ほか編『新破産法の理論と実務』(判例タイムズ社・2008年) 144頁以下。
12) 全国倒産処理弁護士ネットワーク『破産実務Q&A 200問』(金融財政事情研究会・2012)(以下、『破産実務Q&A 200問』と略称) 313頁〔服部千鶴〕。

認められず、破産管財人が努力義務に違反した場合、情報提供努力義務違反自体を観念できるとしても、そのこと自体から直接法的効果を導くことは規定の性質上困難であるといえよう。もっとも、以下で述べるとおり破産管財人が情報提供努力義務に違反したことが他の規定の解釈や実務の運用に影響を与えることは十分あり得るものと考える。

2 まず、破産債権届出期間に関し、破産法112条との関係を指摘できる[13]。すなわち、破産法は、破産債権者による一般調査期間経過後又は一般調査期日終了後の破産債権の届出に関し、破産債権者がその責めに帰することができない事由によって一般調査期間（破産法31条1項3号）の経過又は一般調査期日（同31条1項3号括弧書）の期日の終了までに届出をすることができなかった場合には、その事由が消滅した後、1月以内に限り届出ができると定める（同112条1項）。この趣旨は、破産手続の迅速性を確保するため原則として債権届出期間経過後の届出を禁止し、届出をできなかった理由が「責めに帰することができない事由」による場合に限り例外的に当該事由消滅後1月以内の届出を認める点にある[14]。ここにいう「責めに帰することができない事由」とは、抽象的には、破産債権の届出をするにあたって通常用いられると期待されている注意を尽くしても避けられないと認められる事由であると解される[15]。この帰責事由の有無の判断に際して、清算型の破産手続の場合は債権者にとって実際上最後の権利行使の機会となることから、再建型倒産手続に比べてより緩やかな解釈を採ることも許されると考える[16]。破産管財人が情報提供努力義務に違反し、個別の労働債権者が債権の届出ができなかった場合には、当該労働債権者を救済するという観点から破産法112条に基づく帰責事由なくして届出ができなかった破産債権として、その事由が消滅した後、1月以内に限り、当該破産債権の届出を可能とするべきであると解する。具体的には、破産管財人が情報提

---

[13] 『新破産法の基本構造と実務』173頁〔松下淳一発言〕参照。松下教授は、「もし情報提供努力義務違反が観念できるとしたら何か効果は考えられないか」として破産法112条の帰責性との関係を問題提起する。
[14] 伊藤・前掲注5) 602頁、『大コンメ』472頁〔林圭介〕、『条解破産法〔第2版〕』806頁。
[15] 『一問一答新破産法』156頁、『大コンメ』473頁〔林圭介〕。
[16] 『新破産法の基本構造と実務』147頁〔山本和彦発言〕、『大コンメ』473頁〔林圭介〕。

供努力義務を尽くさなかったため、本来であれば、労働債権者として届出可能であった破産債権の届出をなし得なかった場合には、その事由の消滅後（破産管財人の情報提供努力義務が尽くされ、労働債権の届出が可能となった日以降）、1月以内に限って債権届出が許され、特別調査期間（同199条）又は特別調査期日（同122条）による債権調査を実施するべきであると考える[17]。もっとも、破産管財人の情報提供努力義務違反に起因して届出できなかった破産債権者に帰責事由がないとして破産債権届出を認めるなどして他の破産債権者の権利の実現を時間的に遅らせる場面や、債権者数や内容等によっては債権者全体の利益を損なう場面が生じかねない[18]。そこで、破産法86条が破産管財人の努力義務を定めた訓示規定であること、債権届出の追完は破産手続全体の進行との関係で他の破産債権者の利益を考慮すべき要請が存在することに照らし、破産管財人の情報提供努力義務違反を理由に破産法112条の帰責事由なくして届出ができなかった破産債権として扱うのは破産管財人の情報提供努力義務に違反した事実が明白であり、かつ、当該違反事実によって労働者が破産債権の届出に必要不可欠な情報が入手できず、このために破産債権届出期間前又は債権届出期日の経過までに届出ができなかったことについて明白な因果関係が認められる場合に限るべきであると考える。

3 次に、情報提供努力義務を尽くさない破産管財人が労働債権の届出に対して異議を述べた場合が問題となる[19]。例えば、労働者が破産債権を届け出る場面で、その金額を算定するに際して破産管財人に情報を照会したところ、破産管財人が容易に調査できたのに債権調査期日までに何ら調査の努力をせず、このために労働債権者が破産債務の額を認識できず正確な金額を届け出ることができなかった場合に、情報提供努力義務を尽くさなかった当該破産管財人が当該債権届出について異議を提出した場面が考えられる。このような場面では、

---

[17] 『大コンメ』474頁〔林圭介〕。
[18] 『新破産法の基本構造と実務』147頁〔伊藤眞発言〕。
[19] 『新破産法の基本構造と実務』173頁で伊藤教授は、「およそ努力をしないでおいて、労働債権者の届出に対して管財人が異議を言う。これもあまり好ましい姿ではないと思うので、場合によってはそういう異議をどう取り扱うかという形で、努力義務違反の問題も出てくるかと思います。」と指摘する。

労働債権者の保護を図るため当該異議の効力を喪失させることも検討されるべきであろうが、仮に、当該破産管財人の異議の効力を否定しても、引き続き労働債権の届出に必要な情報が得られなければ抜本的な解決には至らない。そこで、破産管財人の情報提供努力義務違反によって労働債権の届出に必要な情報が得られなかった労働債権者は、破産管財人を監督する裁判所（破産法75条1項）に対して監督権の行使を促し、破産管財人が情報提供努力義務を尽くすよう申し立てることが現実的であるといえよう[20]。

4 さらに、実務上、極めて稀な事態であろうが、破産管財人が情報提供努力義務を容易に尽くせる状況にあり、かつ、情報提供努力義務を尽くせば債権認否において当該労働債権の存在が認められる蓋然性が極めて高いにもかかわらず、破産管財人が情報提供努力義務を尽くさず、異議を述べた場合を想定してみよう。このような場面では、届出のなされた労働債権の存在及び範囲に関する主張立証責任との関係で破産管財人の情報提供努力義務違反の効果が考慮されるべきであるといえよう。

(1) この問題を考察するに際して、参考となる裁判例として大阪高判平成17年12月1日（労判933号69頁・ゴムノイナキ事件。以下、「大阪高判平成17年・ゴムノイナキ事件」という）がある。

被控訴人（原審被告）であるゴムノイナキ株式会社（以下「Y社」という）は、工業用ゴム製品、合成樹脂製品の販売等を業とする株式会社である。控訴人（原審原告）Xは、昭和61年11月にY社と雇用契約を締結した。Xは、Y社の大阪営業所勤務時にかかる超過勤務手当が未払いであると主張して、Y社に対し、超過勤務手当の一部及びこれと同額の付加金（労基法114条）の支払ならびに遅延損害金の支払を求めて訴えを提起した。これに対し、Y社は、超過勤務の実態を争うとともに、平成13年5月分の賃金について消滅時効を援用し、仮に超過勤務があったとしても付加金の支払を命じるのは相当でないとして争った。

---

[20] 滝澤孝臣「破産管財人の職務と破産裁判所の監督」金判1263号（2007年）2頁以下は、最判平成18年12月21日（金判1258号8頁）と破産裁判所の監督との関係を指摘する。

(2) 第1審判決（大阪地判平成17年3月10日）は、平日についておおむね19時30分までの超過勤務を認定して、付加金の支払を命じる、休日勤務の事実及び消滅時効の主張は認めない、というものであった。Xは、全部認容判決を求めて控訴した。争点に関する判断のうち本章との関係では労働債権の立証に関する理由中の判断が重要であるので、この部分を紹介すると次のとおりである。すなわち、大阪高判平成17年・ゴムノイナキ事件は、「Xが具体的に主張している業務終了時刻については、平成13年5月から同年8月及び平成14年4月から同年6月までの期間については、Xの供述を裏づける客観性のある証拠は皆無である。」として、業務終了時刻を裏づける客観的証拠が存在しないとした上で、「しかし、他方、タイムカード等による出退勤管理をしていなかったのは、専らY社の責任によるものであって、これをもってXに不利益に扱うべきではないし、Y社自身、休日出勤・残業許可願を提出せずに残業している従業員が存在することを把握しながら、これを放置していたことがうかがわれることなどからすると、具体的な終業時刻や従事した勤務の内容が明らかではないことをもって、時間外労働の立証が全くされていないとして扱うのは相当ではないというべきである。」と判示している。本件の事情のもとでは、客観性のある証拠が皆無であるとしても時間外労働の立証が全くされていないとすることは相当でないという立場であるといえよう。裁判所は、「以上によれば、本件で提出された全証拠から総合判断して、ある程度概括的に時間外労働時間を推認するほかない。」として、Xの平日の超過勤務時間について、平均21時までの超過勤務を認定した[21]。

このように、大阪高判平成17年・ゴムノイナキ事件は、時間外労働時間に関する直接証拠が存在しない事案について間接事実の積み重ねによって時間外労働時間を推認する手法を採用しており[22]、破産手続上の債権査定手続や異議

---

[21] 「倒産と労働」実務研究会編『概説倒産と労働』（商事法務・2012年）（以下、『概説』と略称）44頁。なお、平成17年以降の裁判例を題材として検討するものとして、野田進＝加茂善仁＝鴨田哲郎「労働時間・時間外労働をめぐる諸問題について―平成17年以降の判例を題材として」労判946号（2008年）6頁以下。
[22] 藤井聖吾「実労働時間の認定・評価・判断に関する諸問題」『労働関係訴訟の実務』56頁。

訴訟においても時間外労働の時間に関する直接証拠が存在しない事案ではこの手法が用いられることになろう[23]。そこで、このような間接事実による推認の手法も含めて、債権査定手続において労働者が一定の主張立証を行い、前述のように情報提供努力義務を尽くしていない破産管財人がこれに対して有効かつ適切な反証ができない場合は、たとえ立証の程度が必ずしも十分でない場合であっても労働者側の主張が認められる場合もあり得ると解されよう。

　この場合の解決論としては、民事訴訟法上の証明妨害の法理を応用することができるのではなかろうか。すなわち、一般に民事訴訟法上の証明妨害の法理とは、証明責任を負わない当事者が故意に訴訟法上の義務に違反して証明妨害行為をなしたときは、その効果として立証趣旨たる事実についての証明責任が妨害者に転換されるとする見解である。民事訴訟法上の個別規定としては、文書提出命令に従わない場合の効果を定めた民事訴訟法224条1項、2項、当事者本人尋問における不出頭の効果を定めた民事訴訟法208条、検証の目的の提示又は送付について当事者が従わない場合の効果を定めた民事訴訟法232条が用意されているが、証明妨害の法理という場合は、これらの個別的規定を越えた一般法理として位置づけることができる[24]。この証明妨害の法理との関係では、証明妨害の効果として、あくまでも裁判官の自由心証の中で証明妨害を考慮すべきであるとする見解[25]、先に紹介したように証明責任の転換を認める見解[26]などが主張されている。しかし、証明責任を負わない相手方の行為によって証明責任の転換という法律効果を導くことは、合理的であるとはいえないであろう[27]。よって、証明妨害の効果として、事案に応じて証明度の軽減を認めるべきであると考える[28]。確かに破産管財人の情報提供努力義務違反は、

---

23) もっとも、この点については間接事実からの推認という手法を用いているものの直接証拠による立証の場合と比べて立証の程度に差があるわけではなく、時間外労働時間を推認できる程度の客観的な資料による立証は必要であると指摘される。なお、賃金請求訴訟における攻撃防御の構造について、山川隆一『労働紛争処理法』（弘文堂・2012年）226頁以下、大江忠『要件事実民法(4) 債権各論〔第3版〕』（第一法規・2005年）386頁以下、岡口基一『要件事実マニュアル〔第3版〕(4)過払金・消費者保護・行政・労働』（ぎょうせい・2010年）489頁以下。
24) 松本博之＝上野泰男『民事訴訟法〔第7版〕』（弘文堂・2012年）441頁。
25) 大阪高判昭和55年1月30日（下民集31巻1＝4号2頁）。
26) 東京地判平成2年7月24日（判時1364号57頁）。
27) 伊藤眞『民事訴訟法〔第4版補訂版〕』（有斐閣・2014年）359頁。

労働債権について主張立証責任を負う労働債権者の主張を故意に妨害する場面とは異なり不作為の状況である。しかし、労働債権に関する情報格差の是正を図り労働債権者を保護するという趣旨に照らし、破産管財人の情報提供努力義務違反が具体的事案における破産債権査定手続等の中で証明度の軽減を導く余地もあると考える[29]。

IV　破産手続開始決定前の使用者の情報開示義務との関係

1　使用者に破産手続開始決定があり破産管財人が選任された場面で、従前の使用者が負っていた実体法上の義務と破産法上の破産管財人の情報提供努力義務との関係が問題となる[30]。労働者に対する情報の開示という観点から、実体法上、使用者に認められた義務が問題となった裁判例として、大阪地判平成22年7月15日（労判1014号35頁・医療法人大生会事件。以下、「大阪地判平成22年・医療法人大生会事件」という）がある。

原告Xは、被告である医療法人Yの職員であった者である。Xと医療法人Yは、平成21年1月に、月額基本給18万円で期間の定めのない雇用契約を締結し、同月19日から総務事務部門で勤務を開始した。ところが、同年2月末、Xは、上司である訴外Aから総務管理への配置換えを命じられるとともに基本給を15万円に減額する旨通知された。同年3月9日午後9時頃、Xが退勤したところ、同日午後10時から11時頃に訴外Aから電話があり、すぐに戻るよう指示された。Xは、帰りの電車がなくなることから指示を拒絶したところ、その翌日である同月10日、Xのタイムカードが撤去され、同月15日まで

---

28)　伊藤・前掲注27）359頁。債権査定手続における証明の程度については、一応問題となり得るところであるが、破産債権の存否や内容に関わるものである以上、証明を要すると考える（伊藤眞『会社更生法』（有斐閣・2012年）486頁は、更生債権の査定決定について、「証明の程度は、更生債権の存否内容にかかわるものであることを考えると、疎明ではなく証明になろうが、手続が長期化するおそれも指摘される。」とする）。
29)　『条解破産法〔第2版〕』888頁。破産債権査定の裁判の性質については、「破産債権の適格性、存否、額、優先劣後の関係を確定するものであり、旧法における債権確定訴訟の性格を引き継いでいると考えられる。したがって、決定手続ではあるが、確認的裁判の性質をもつと解してよい。」と説明される。
30)　なお、労基法上の就業規則等周知義務（労基法106条）との関係につき、三村＝粟田口・前掲注11）144頁参照。

打刻できない状態にされ、同月14日に、1か月後の同年4月14日をもって解雇する旨通告された。そこでXは、医療法人Yに対して、未払基本給の一部や時間外割増賃金、解雇等に対する慰謝料等を請求して訴えを提起したという事案である。

本件訴訟では、医療法人Yによる基本給未払いの事実と賃金減額の合意の有無、Xの解雇予告手当請求の可否、Xの時間外労働の事実と時間外手当の額、医療法人Yによる不法行為とXの損害がそれぞれ争われた。

2 本章の目的との関係では、Xの精神的苦痛に基づく慰謝料請求権の成否との関係で、使用者の労働者に対するタイムカードの開示義務が問題となる。大阪地判平成22年・医療法人大生会事件は、使用者は労働契約の付随義務として信義則上、タイムカードの開示義務を負うとしている。すなわち、「一般に労働者は、労働時間を正確に把握できない場合には、発生している割増賃金の支払を求めることができず、大きな不利益を被る可能性があるのに対して、使用者がタイムカード等の機械的手段によって労働時間管理をしている場合には、使用者において労働時間に関するデータを蓄積、保存することや、保存しているタイムカード等に基づいて労働時間に関するデータを開示することは容易であり、使用者に特段の負担は生じないことにかんがみると、使用者は、労基法の規制を受ける労働契約の付随義務として、信義則上、労働者にタイムカード等の打刻を適正に行わせる義務を負っているだけでなく、労働者からタイムカード等の開示を求められた場合には、その開示要求が濫用にわたると認められるなど特段の事情のない限り、保存しているタイムカード等を開示すべき義務を負うものと解すべきである。そして、使用者がこの義務に違反して、タイムカード等の機械的手段によって労働時間の管理をしているのに、正当な理由なく労働者にタイムカード等の打刻をさせなかったり、特段の事情なくタイムカード等の開示を拒絶したときは、その行為は、違法性を有し、不法行為を構成するものというべきである。」[31]と判示した。

---

31)「本件における被告による上記のタイムカード取り上げ行為及びタイムカード開示拒絶行為により、原告は一定の精神的苦痛を受けたと認められる。この精神的苦痛を慰謝するための慰謝料は10万円をもって相当と認める」と判示している。

大阪地判平成 22 年・医療法人大生会事件は、使用者には労働契約の付随義務として労働時間に関するデータを開示する義務が存在することを認めている。そこで、使用者であった債務者が破産手続開始決定前に労働契約上負っていたかかる開示義務と破産管財人の情報提供努力義務や善管注意義務は、どのような関係に立つと理解すべきであろうか。

3 まず、実体法上認められた債務者の義務が破産管財人に承継されるか否かが問題となる[32]。

この点を考察するにあたり検討すべき判例として、最判平成 18 年 12 月 21 日（民集 60 巻 10 号 3964 頁、判タ 1235 号 148 頁。以下、「最判平成 18 年」という）を挙げることができる。ここでは、破産管財人が破産者の締結していた建物賃貸借契約を合意解除した際、賃貸人との間で破産手続開始決定後の未払賃料等に敷金を充当する旨の合意をして、敷金返還請求権の発生を阻害したことが質権設定者の質権者に対する担保価値維持義務に違反するか否かが問題となった。

実体法上、質権設定者が正当な理由なく未払賃料債務を発生させ、敷金返還請求権の発生を阻害することは、条件付債権としての敷金返還請求権の担保価値を害する行為であり、質権者に対する担保目的債権の担保価値を維持する義務に違反するものと考える[33]。次に、破産手続開始決定後に破産管財人がこの実体法上の担保価値維持義務を承継するかが問題となる。この問題は、破産管財人の第三者性と称される議論と関連する[34]。最判平成 18 年は、「債権が質権の目的とされた場合において、質権設定者は、質権者に対し、当該債権の担保価値を維持すべき義務を負い、債権の放棄、免除、相殺、更改等当該債権を消滅、変更させる一切の行為その他当該債権の担保価値を害するような行為を行うことは、同義務に違反するものとして許されないと解すべきである。」とし、

---

[32] この問題は、破産管財人は破産者が破産手続開始決定前に負っていた義務を承継するかという問題である。例えば、賃貸借契約における解約予告期間条項や違約金条項が破産管財人を拘束するか否かについても議論がある（伊藤・前掲注 5) 362 頁注 83、石原康人「賃貸借契約における違約金条項の有効性等─東京地判平成 20・8・18」NBL893 号（2008 年）4 頁、東京地判平成 20 年 8 月 18 日判時 2024 号 37 頁は違約金条項は有効であると判示する）。
[33] 「判批」判タ 1235 号（2007 年）150 頁（最判平成 18 年のコメント）参照。
[34] 伊藤・前掲注 5) 250 頁。

「また、質権設定者が破産した場合において、質権は、別除権として取扱われ（旧破産法92条）、破産手続によってその効力に影響を受けないものとされており（同法95条）、他に質権設定者と質権者との間の法律関係が破産管財人に承継されないと解すべき法律上の根拠もないから、破産管財人は、質権設定者が質権者に対して負う上記義務を承継すると解される。」と判示している。

　破産手続開始決定により、破産管財人は破産者の財産につき管理処分権を専有することになる（破産法78条1項）。このことを目的財産の包括的承継と捉えれば、原則として、破産管財人は質権設定者としての権利義務も承継すると解するべきであろう[35]。では、使用者の労働時間に関するデータ等の開示義務も同様に考えるべきであろうか。先の大阪地判平成22年・医療法人大生会事件は「使用者において労働時間に関するデータを蓄積、保存することや、保存しているタイムカード等に基づいて労働時間に関するデータを開示することは容易であり、使用者に特段の負担は生じないことにかんがみると……特段の事情のない限り、保存しているタイムカード等を開示すべき義務を負うものと解すべきである」と判示しているように[36]、使用者に労働契約に付随する信義則上の労働時間を開示すべき義務を肯定する際に、あくまでも使用者として、労働時間に関するデータを蓄積、保存し、さらに使用者は保存しているデータを開示することが容易であり、開示することに特設の負担が生じないことを前提としている。ところが、使用者が破産手続開始決定を受けた場合には、労働時間を管理していた台帳が紛失したり、管理が杜撰で、破産管財人が容易にデータを開示できない場面も生じるのであり、破産管財人がこれを開示することが当然に容易であるとはいえない。この点で、明らかに前提を異にすると指摘できる。いわば倒産という局面を予定していない平時の状況を念頭におく解

---

[35] 伊藤・前掲注5）430頁、前掲注33）「判批」。
[36] 厚生労働省は、平成13年4月6日付「労働時間の適正な把握のために使用者が講ずべき措置に関する基準」において、労働時間の適切な管理の促進を図ることを目的として、労働時間の適正な把握のために使用者が講ずべき措置を明らかにしている。さらに、労働時間の記録に関する書類の保存に関して、労働時間の記録に関する書類について、労基法109条に基づき、3年間保存することを示し、労働時間を管理する者の職務として、事業場において労務管理を行う部署の責任者は、当該事業場内における労働時間の適正な把握等労働時間管理の適正化に関する事項を管理し、労働時間管理上の問題点の把握及びその解消を図ることを挙げている。

釈であるといえよう[37]）。したがって、破産手続開始決定前に使用者である破産会社について労働契約に付随する信義則上の付随義務としてタイムカード等の開示義務が認められたとしても、これが破産管財人に承継されるかは別途検討されなければならない。まず、破産管財人は使用者ではなく、その職責は、破産手続を公平かつ公正に遂行する主体である。よって、破産管財人は従業員との関係で雇用関係にある使用者とはいえず、使用者たる地位に基づいて労働契約に付随する信義則上の義務として認められる労働時間の開示義務は、破産管財人が承継するものではないと考える。破産者（債務者）が破産手続開始決定前に負担していた実体法上の義務を破産管財人が承継するか否かは、当該義務の内実や破産管財人の職務に照らして相対的に決せられるべきであると考える。

4 では、先の担保価値維持義務の場合との違いはどこに認めるべきであろうか。最判平成18年は、破産管財人に担保価値維持義務が承継される理由として、もともと質権が別除権として扱われ（旧破産法92条、破産法2条9項）、破産手続によってその効力に影響を受けないものとされており（旧破産法95条、破産法65条1項）、他に質権設定者と質権者との間の法律関係が破産管財人に承継されないと解すべき法律上の根拠が特に存在しないことを挙げている。これに対し、使用者が破産手続開始決定前に負っていた労働契約に付随する信義則上の義務としての労働時間に関する情報の開示義務は、使用者がこれを管理し、もともと容易に開示できる立場にある者として負担すべき義務であり、破産管財人はその職務において使用者性を引き継ぐ存在ではない。この点において、破産手続開始決定前の実体法上の担保権が破産手続開始決定後も別除権として扱われるのと異なる。さらに、より本質的には、両義務の性質の違いから次のように説明できるであろう。

　まず、使用者の労働時間に関する情報開示義務は、労働契約に付随する信義則上の義務であると解される。この点について、労契法は、労基法とともに

---

[37]　さらに「その開示要求が濫用にわたると認められるなどの特段の事情がない限り」と判示し、「特段の事情」により使用者の労働時間に関する開示義務が生じない余地も認めている。

「労働契約」とは何かについて直接定めた定義規定を用意していない。もっとも、労契法6条は、労働契約の成立について、「労働契約は、労働者が使用者に使用されて労働し、使用者がこれに対して賃金を支払うことについて、労働者及び使用者が合意することによって成立する」と定める。この規定から、労働契約の成立に必要な合意は、当該労働者が当該使用者の指揮命令に従って労働に従事し、当該使用者が当該労働者の労働に対して報酬を支払うことを内容とすることが明らかとなる[38]。つまり、労働契約の本質は、使用者の指揮命令に従った労働者の労務の提供と、これに対する使用者の報酬の支払である[39]。

　使用者である破産会社が破産手続開始決定前に負っていた労働時間に関するデータ等を開示する義務は、先に検討した労働契約における本質的な義務ではなく、先の大阪地判平成22年・医療法人大生会事件が示すように労働契約に付随する信義則上の義務であり、労働契約から当事者に当然に認められるべき本質的な義務であるということはできないのである。では、担保価値維持義務の発生根拠は、どこに見出すべきであろうか。抵当権者による抵当不動産の担保価値維持請求権の代位行使の可否に関する最判平成11年11月24日（民集53巻8号1899頁）（以下、「最判平成11年」という）は、第三者が抵当不動産を不法占有することによって抵当権に対する侵害と評価すべき状態が生じているときは、「抵当権の効力として、抵当権者は、抵当不動産の所有者に対し、その有する権利を適切に行使するなどして右状態を是正し、抵当不動産を適切に維持又は保存するよう求める請求権を有するというべきである」と判示する。また、最判平成11年は、担保価値維持請求権の発生根拠に関して、「抵当不動産の所有者は、抵当権に対する侵害が生じないよう抵当不動産を適切に維持管理することが予定されているものをいうことができる。」とした上で、担保価値維持請求権について、この請求権は「抵当権の効力として」認められるものである

---

[38] 菅野和夫『労働法〔第10版〕』（弘文堂・2012年）89頁。
[39] なお、労基法上も労働契約の定義は用意されていないが、第9条「労働者」の定義規定を用意し、「この法律で『労働者』とは、職業の種類を問わず、事業所又は事務所（以下「事業」という。）に使用される者で、賃金を支払われる者をいう。」と定めている。したがって、労働契約の概念は、労契法と労基法において「基本的には同一の概念であるが、労働基準法の労働契約においては、事業に使用されていることが加重（限定的）要件とされている、ということになる」と説明されている（菅野・前掲注38）86頁）。

ことを明らかにしている[40]。

したがって、担保価値維持請求権は、抵当権設定契約自体から直接認められる権利であり、これに対応する最判平成18年が認めた質権設定者の担保価値維持義務もまた、質権設定契約から直ちに認められるべき担保権設定当事者の義務であるといえよう[41]。よって、かかる義務については、破産管財人もこれを承継すると解するのが合理的である。

5 以上により、破産管財人が担保価値維持義務を承継するとしても、これとは別に使用者の雇用契約に付随する信義則上の労働時間に関する情報開示義務を承継しないと解するべきである[42]。破産法86条は、これらの義務を承継しないことを前提に破産管財人の情報提供努力義務として新たな規律を用意したものと解するのが合理的であると考える。

---

[40] 最高裁判所判例解説民事篇平成11年度(下)833頁〔八木一洋〕は、「抵当権は、抵当権設定契約によって発生するが、右の説示からすると、右請求権は、抵当権設定契約の締結により抵当権が発生すると同時に、その内容の1つとして、たとえ契約書に明文の文言が含まれていなくても、生ずるものであると解される。右請求権は、『抵当権の効力として』認められるとされているから、抵当権が対抗力を有するものである限り、抵当権設定契約の当事者である所有者のみならず、抵当不動産の第三取得者に対しても、右請求権は認められると見られる」と説明する。

[41] 前掲注40) 833頁〔八木〕は、担保価値維持請求権について、「物権である抵当権の一内容であり、抵当権本体の消長と離れてその帰すうを考え難い点で(たとえば、抵当権と独立して消滅時効の対象となるか否かといった問題)、これを『物権的な』性質のものということができる」と指摘する(854頁)。また、担保価値維持請求権は、「抵当権設定契約の締結に伴って当然に発生し、抵当権者が抵当権設定者又は抵当不動産の第三者取得者に対して一定の作為を強制し得ることを内容とし、抵当権本体と離れて消滅することはない権利」であると位置づけている(855頁)。このように担保価値維持請求権は、抵当権設定に伴い当然に発生する権利であり、物権的性質を有する点で明らかに使用者の労働者に対する労働時間に関するデータ等の開示義務とはその法的性質を異にするといえよう。なお、近江幸治教授は、担保価値維持義務の発生根拠について、抵当権設定の当事者間における「担保関係」という規範関係の存在を前提に「信義則の支配する担保関係」から生ずるもので、設定者には、目的物の価値を減少させない義務=「担保価値維持義務」があると説明する(近江幸治『民法講義Ⅲ 担保物権〔第2版補訂〕』(成文堂・2007年)174頁。

[42] 本章は、担保価値維持義務のような破産手続開始決定前の債務者として破産者が負担していた本質的な義務は破産管財人が承継するとしても、労働契約に付随する使用者としての信義則上の義務までは承継しないと解するものであるが、破産管財人が破産者の義務を承継するとしても、同じ立場で承継するかという問題を指摘するものとして、中井康之「破産管財人の善管注意義務」金法1811号(2007年)32頁以下。特に37頁以下が有益である。

V　破産管財人の善管注意義務との関係

1　以上のように破産法86条が訓示規定としての法的性質を有するとしても、破産管財人には善管注意義務（破産法85条1項）が課せられている。善管注意義務とは、破産管財人としての地位、知識において一般的に要求される平均的な注意義務をいう[43]。そこで、破産管財人の情報提供努力義務と善管注意義務の関係が問題となる。この問題は、情報提供努力義務を訓示的な義務と解した以上、情報提供の努力を怠った場合は、さらに善管注意義務違反の問題は生じないのか、という点に関わるといえよう。この点について、破産管財人の情報提供努力義務は、破産管財人の具体的職務を定めるものであり、破産管財人の善管注意義務を定める破産法85条はその職務を行うにあたっての注意の水準・レベルを定めるものであると捉える立場が主張されている[44]。この立場は、破産管財人は、当該事案に応じて合理的な情報提供努力をしなければならないとした上で、この当該事案に応じた合理的な努力の「水準・レベル」が善良なる管理者の注意によって決せられると説明する[45]。

この見解は、破産管財人の善管注意義務について、善管注意義務は、破産管財人が職務を遂行するにあたって負う具体的内容を伴わない注意義務の水準・レベルであるにすぎず、その内容は他の個別の規定に委ねるという理解から出発するものと推察される[46]。これは、善管注意義務を破産管財人がその職務を

---

[43]　最判平成18年は、破産管財人が破産者の締結していた建物賃貸借契約を合意解除した際に賃貸人との間で破産手続開始決定後の未払賃料等に敷金を充当する旨の合意をして質権の設定された敷金返還請求権の発生を阻害した事案で、質権設定者の質権者に対する担保価値を維持すべき義務に違反するが、破産管財人がこれにより質権者に対して善管注意義務違反の責任を負うとはいえないと判示している。なお、才口千晴裁判官は補足意見で「破産管財人の善管注意義務は、民法上のものと同趣旨であり、破産管財人としての地位、知識において一般的に要求される平均的な注意義務であるとされ、破産管財人は、職務を執行するに当たり、総債権者の共同の利益のため、善良な管理者の注意をもって、破産財団をめぐる利害関係を調整しながら適切に配当の基礎となる破産財団を形成する義務と責任を負うものである」とする。

[44]　『条解破産法〔第2版〕』671頁は、破産法86条の情報提供努力義務について、「本条は破産管財人の具体的な職務を定めるものであり、85条は、その職務を行うにあたっての注意の水準・レベルを定めるものである」とする。

[45]　『条解破産法〔第2版〕』673頁。

[46]　『条解破産法〔第2版〕』671頁、673頁参照。

行うにあたっての水準・レベルの規定として捉えつつ、その具体的な職務の内容を破産法86条に求める思考である。いわば、破産法85条の破産管財人の善管注意義務を職務の水準・レベルと、破産法86条の情報提供努力義務を具体的な職務内容を定めるものとする点で、両者を一元的に理解する見解であるといえよう。

2 しかし、破産法85条1項は破産管財人の善管注意義務を規定し、さらに同条2項は善管注意義務違反の効果として、破産管財人に対する損害賠償請求を定め、この善管注意義務という義務に違反したことのみをもって損害賠償義務に転化することを認めている。これらの規定に照らせば、破産管財人の善管注意義務は、破産管財人が負うべき注意義務の水準・レベルを示すものであると同時に、それ自体、破産管財人が負うべき債務の内容であると理解することが法文の解釈として自然であるし、合理的であると考える[47]。

さらに、すでに検討したとおり、情報提供努力義務は、訓示規定に基づく努力義務にとどまり法的義務ではない。これに対して善管注意義務は、これに違反すると破産管財人が損害賠償義務を負担することになる点で、その内実は努力義務にとどまらない法的義務を定めていることは明らかである（破産法85条2項）。このように両義務は、その法的性質を明らかに異にするものであり、法的義務である善管注意義務の内実が訓示的内容にとどまる情報提供努力義務であるという論法は、容易に理解することが困難であるといわざるを得ない。破産管財人の情報提供努力義務は、破産管財人の善管注意義務とは理論上別個の義務と解するべきであり、情報提供努力義務を善管注意義務の内容として位置づけることには疑問がある。具体的場面において、情報提供努力義務の履行が求められ、かつ、善管注意義務の履行が求められる場面もあるであろうし、たとえ情報提供努力義務を十分に尽くさなかった場合でも、これをもって直ちに破産管財人の善管注意義務違反の問題が生じるものではないと考える。

---

47) なお、私見と同様に幾代通＝弘中俊雄編『新版注釈民法(16)』（有斐閣・1989年）223頁〔中川高男〕は、委任契約における受任者の善管注意義務に関して、民法644条が特に規定した意味を、善管注意義務に一種の債務性を与えたものであると説明する。

3　もっとも、このように両者を別個の義務と捉えたとしても、破産管財人が労働債権者に対する情報提供努力義務を怠った場合、善管注意義務違反（破産法85条）に問われる場合があるか、あるとしたら、それはいかなる場面かという問題は別途生じ得ると考える。通常であれば想定し難いところであるが、破産管財人が破産債権である給料の請求権又は退職手当の請求権を有する者に対して破産手続に参加するのに必要な情報を容易に提供できるにもかかわらず、正当な理由なく故意や重過失によって提供しない場合には、当該破産管財人の対応は情報提供努力義務に違反するとともに善管注意義務に違反するというべきであろう[48]。破産管財人の善管注意義務違反が認められると、当該破産管財人は損害賠償責任を負担することになる（破産法85条2項）[49]。この場合の損害額は、破産債権として認められなかった労働債権の配当額相当額や財団債権部分であれば、財団債権として弁済を受け入れることが可能であった金額に相当する額が基本となろう。もっとも、本章の立場のように債権査定手続において証明妨害の法理を応用し、労働債権の証明度を軽減すべきと考えた場合には、査定手続や異議訴訟で労働債権が認められる可能性が高まるといえる。よって、労働債権者に損害が発生する場合は限られることとなろう[50]。

VI　提供すべき情報の内容

1　次に、破産管財人が提供すべき情報の内容について検討する。破産法149条1項は、「破産手続開始前3月間の破産者の使用人の給料の請求権」を財団債権とし、同2項は、「破産手続の終了前に退職した破産者の使用人の退職手当の請求権（当該請求権の全額が破産債務であるとした場合に劣後的破産債権となるべき

---

[48]　岡伸浩「破産管財人の情報提供努力義務再考」『概説』32頁以下。
[49]　『条解破産法〔第2版〕』673頁は、「破産管財人が、情報を現に把握しているのに労働債権者に正当な理由なく提供せず、そのために労働債権者が失権して配当を受けられなかった場合は、破産管財人は85条2項にもとづき当該労働債権者に対し損害賠償義務を負うと解される」と説明するが、私見もこの点につき、同様の立場である。
[50]　破産管財人の善管注意義務違反を理由とする損害賠償責任に関し、破産法85条2項の「利害関係人」概念を考察し、その相対性を指摘するものとして、伊藤眞＝伊藤尚＝佐長功＝岡伸浩「破産管財人の善管注意義務─『利害関係人』概念のパラダイム・シフト」金法1930号（2011年）64頁参照。

部分を除く）は、退職前3月間の給料の総額（その総額が破産手続開始前の給料の総額より少ない場合にあっては、破産手続開始前3月間の給料の総額）に相当する額を財団債権とする。」と定める。このように、一口に労働債権といっても破産債権部分と財団債権部分が存在する中で、破産法86条は、あえて「破産債権である」との文言を用いている。このような規定振りからすると破産法は、破産債権部分の情報だけを提供すれば足り、財団債権部分についてはこれに含まれず、破産管財人は破産債権としての労働債権の情報のみを提供するよう努力すれば足りるか、という点が問題となる[51]。

2 この問題を考察するに際して、破産法86条が労働債権のうち「破産債権」と明示したことの意味が問われなければならない。

　同じく労働債権としての法的性質を有しつつも、破産債権としての法的性質を有する場合、当該労働債権が破産債権として認められるためには、破産債権として届出をし（破産法111条～114条）、債権の調査（同115条～123条）、確定を経て、配当（同193条～215条）に供されることとなる。この際、破産手続に参加するためには債権届出（同111条）を行わなければならず、届出をしない場合には失権することとなる（同112条）。これに対して、財団債権の場合、破産手続上、届出の制度は用意されていない。破産手続上、財団債権は、破産手続開始の決定があったと知ったときは、速やかに財団債権を有する旨を破産管財人に申し出るものとされている（破産規則50条）。この規定も訓示規定であり、財団債権の申出をしなかったことにより失権その他の効力が生じるものではないと解されている[52]。このように破産債権と財団債権は債権の届出や失権の有無という点で破産手続上の取扱いが大きく異なる[53]。このことから破産法86条が破産管財人の情報提供努力義務の対象たる労働債権を「『破産債権』である給料の請求権又は退職手当の請求権」と規定することは、両債権の破産手続における上記の相違点を踏まえれば一応の合理性を有するといえよう[54]。よっ

---

51) 『新破産法の基本構造と実務』171頁〔松下淳一発言〕。
52) 『条解破産法〔第2版〕』672頁注5。
53) 『新破産法の基本構造と実務』172頁〔山本和彦発言〕。さらに、このような両者の違いから「このような情報提供の必要性というのは、破産債権に比べれば二義的なもの」と指摘する。

て、まず第1次的には、破産管財人の情報提供努力義務の対象は、文字どおり「『破産債権』である給料の請求権又は退職手当の請求権」であると考える。

3 もっとも、このように考えたとしても破産管財人としては、可能な限り調査を尽くし、労働債権中の財団債権部分を特定し、破産債権として届け出られた債権につき調査を実施する必要があるといえよう。破産法86条が「破産債権」としての労働債権を情報提供努力義務の対象とするからといって、財団債権部分についての情報を提供する努力をしない対応は決して望ましいとはいえないであろう。破産管財業務のあり方として公平かつ公正な手続を実現するという観点からはむしろ、たとえ義務ではないとしても破産管財人としては、財団債権部分も含めて提供すべき情報はできる限り提供した方が望ましいと考える[55]。また、現実の破産管財実務では、破産手続開始により使用者から労働時間や給与等に関する資料を一括して引き継ぎ、共通する情報をもって法律上財団債権部分と破産債権部分を区別し、破産債権部分を計算するためには財団債権部分を特定するのが通常であるから、情報の提供の対象を破産債権に限定する点には、あまり意義があるとはいい難いであろう[56]。提供すべき情報の内容としては、一般に、破産債権を届け出るのに必要な情報が考えられる（破産法111条、31条1項1号、破産規則32条）。破産債権届出に必要な情報とは、破産法の規定との関係では、労働債権に関しては「その額及び原因」（破産法111条1項1号）、「優先的破産債権であるときは、その旨」（同111条1項2号）となる。具体的には、出勤日数・残業時間・早退時間等の集計、基本給や各種手当の金額、就業規則や労働協約等の内容が考えられる。破産管財人が帳簿等から具体的金額を認識できる場合であれば、将来の債権調査における認否の便宜を考慮すれば届出債権額自体を開示して、労働債権者に対して金額自体の情報を提供することが考えられる[57]。なお、破産規則上、破産債権届出には破産債権に関

---

54) 『条解破産法〔第2版〕』672頁。
55) 『条解破産法〔第2版〕』672頁は、情報の偏在という観点から、「財団債権となる労働債権についても、資料が使用者（破産者）側に偏在している事情は同じなので、義務ではないとしても、本条の情報提供努力がなされることが望ましい。」とする。
56) 『破産実務Q&A 200問』313頁〔服部千鶴〕。

する証拠書類の写しを添付することが求められている（破産規則32条4項1号）。したがって、破産管財人は、可能な限りこれらの資料を入手し、労働債権者に提供するよう努めるべきであるといえよう[58]。金額の算定等について異なる認識が生じる可能性がある場面であれば、破産債権部分については、従業員に送付する債権届出書用紙に破産管財人の解釈を前提として具体的な金額を記入した上で、従業員において異なる解釈をするのであればその解釈に基づき記入されたいとの注意書を付すこと、財団債権部分についても、破産管財人が知り得る限りで情報提供をして請求を促すという方法が考えられる。

4 ところで、実務上、労働債権について破産債権部分と財団債権部分を必ずしも明確に区分し得ない場面も往々にして存在する。例えば、退職金の金額が判明しているものの、退職前3か月間の給料の総額や破産手続開始前3か月間の給料の総額が不明であるという場合である。退職金は、退職前3か月間の給料の総額又は破産手続開始前3か月間の給料の総額のいずれか多い方の金額が財団債権（破産法149条2項）、それ以外の部分は優先的破産債権（同98条1項、民法306条2号）となる。財団債権となる退職前（又は破産手続開始前）3か月間の給料の総額には、賃金、給料、手当、賞与その他名称のいかんを問わず、使用者が労働者に対して労働の対価として支払うものすべてが含まれる（労基法11条）[59]。そのため、破産管財人として賃金台帳等によって残業代等の手当を含めた給料の金額が把握できなければ、財団債権となる退職前（又は破産手続開始前）3か月間の給料の総額は客観的に算定することができず、破産債権部分と財団債権部分の区分を確定できないこととなる。このように、現実に破産管財人としての調査に限界がある事態が生じる可能性は否定できない。

57）　状況によっては、賃金台帳等の資料の写しを交付する場合も考えられようが、その場合には、他の労働債権者のプライバシーへの配慮の必要性が指摘されている（三村＝粟田口・前掲注11）145頁、『条解破産法〔第2版〕』673頁）。
58）　『破産実務Q&A 200問』313頁〔服部千鶴〕。
59）　『破産管財の手引〔増補版〕』265頁〔片山健＝原雅基〕。

Ⅶ 具体的事例の検討

以下では、筆者が破産管財人として対応した具体例について紹介したい。

1 年俸制における時間外手当の取扱い

破産者である株式会社は、従業員の給与につき年俸制を採用しており、元代表者は年俸制を採用していれば時間外手当を支給する必要はないとの認識のもと、破産手続開始決定前には従業員に対して時間外手当を支給したことはなかったということであった。

一般に年俸制それ自体は時間外労働の割増賃金（労基法37条）を免れさせる効果を有するものではない。よって、管理監督者ないし裁量労働制の要件を満たさない限り、割増賃金支払義務を免れないと解される。このような状況のもとで破産手続開始決定後、元従業員から時間外手当を含めた金額での労働者健康福祉機構への立替払請求の申請及び財団債権の請求を受けた。破産管財人として、時間外手当について元代表者等へのヒアリングやタイムカード、シフト表、業務日誌、労働者の手帳等の私的記録、同じ職場で勤務した労働者に対する事情聴取を実施した。その結果、年俸の金額は時間外手当を含めた金額となっておらず、基本給部分と時間外手当部分とが明確に区別されていなかった。したがって、時間外手当の算定資料を提供するよう破産管財人として努力義務を尽くす必要があるものと考え対応した。さらに、時間外手当を請求してきた元従業員以外の者、特に債権届出をしていなかった他の元従業員に対しても、破産管財人として積極的に、時間外手当が存することを周知し、そのための算定資料等を提供して対応した。また、時間外手当の存否及び額は労働者健康福祉機構に対する立替払いのための証明書の発行にも関わることから、同機構との調整を行った。

2 インセンティブ報酬の取扱い

マッチング事業（人材紹介事業）を展開していた破産会社が、半期ごとにインセンティブ報酬として一定の売上目標を達成した従業員に対して成功報酬を支給しており、これを破産債権として届出をしたいとの申入れを受けた。インセ

ンティブ報酬とは、破産者が、従業員が担当する会社に対して人材を紹介し、当該会社から支払われる報酬に関する売上が一定の金額を超えた場合に、当該一定金額を超えた部分の25％に相当する金額を担当していた従業員に対して支給する制度である。元従業員は、自らが紹介した者が紹介先企業に一定期間継続して勤務した場合にインセンティブ報酬を受領できる仕組みであった。当該インセンティブ報酬は労働の対価として「給料」（破産法149条1項、98条1項）に該当すると考えられた[60]。もっとも、使用者である会社が破産手続開始決定を受けたため、自らの紹介者の情報が得られない状況となっていた。

そこで、破産管財人として、インセンティブ報酬が発生するか否かを可能な範囲で調査・確定した上で、これが発生する場合には、破産管財人の情報提供努力義務（破産法86条）との関係で、インセンティブ報酬を受ける立場にあった従業員に対して算定資料を提供する等について情報提供を行うこととした。インセンティブ報酬について、支給対象者及びその具体的金額を調査し確定した上で、破産債権として届け出ることが可能である旨を通知して債権届出に関する情報を労働者に提供した。

なお、インセンティブ報酬の算定について基準を明確化するという観点から、インセンティブ報酬のうち、従業員の労務の提供（紹介）により破産者が紹介した人材が特定の会社に入職することを決定し、破産者、人材、会社の三者間で締結された契約に基づいて破産手続開始決定前3か月の間に破産者が請求し入金された金銭に対応するインセンティブ報酬は、破産法149条1項に基づいて財団債権、それ以前に破産者が請求し入金された金銭に対応するインセンティブ報酬は、破産法98条1項・民法308条に基づいて優先的破産債権として取り扱うこととした。その際、紹介行為という労務の提供が破産手続開始前3か月以内であればインセンティブ報酬の発生原因がその時点で存在すると認めて、破産法に従って財団債権として扱い、所定期間内に紹介先からの入金が

---

[60] この判断の基礎としては、いわゆる歩合給につき売買代金の入金完了時に3％相当額を支払う定めが認められた場合に、売買契約を成立させた後、当該代金の入金前に退職した場合でも、退職社員によってなされた顧客の発見、交渉、現地案内、契約締結等のすでになされた労務の提供という事実を、労働の対償としての賃金給に反映、評価するのが公平であるとして、歩合給の請求を認めた札幌地判昭和51年2月21日（労民集27巻1号89頁・ホーム企画センター事件）がある。『概説』44頁参照。

破産財団に対してなされたことを停止条件の成就と構成して取り扱うこととした[61]。

VIII おわりに

　破産管財人の情報提供努力義務を定めた破産法 86 条は、破産手続開始決定後の労働債権者に対する情報の開示を規律する規定として重要な役割を有する。今後、事案の集積によって、この義務の内実がより明確化し、破産手続全般に対する情報開示のあり方や破産管財人の行為規範を探究する契機として、さらに理論上、実務上の議論が深化し、発展することを期待する[62]。

---

61) このように停止条件付債権として扱うこととした際、メデューム事件（東京高判平成 9 年 10 月 16 日労判 726 号 63 頁）を参考とした。これは、労働契約の内容から歩合給の支給を停止条件としており、不動産仲介業者の営業社員の歩合給は、住宅分譲の契約締結後、仲介手数料が入金されること及び当該支払対象契約の停止条件が解除されることによって発生するとして、成約後退職した不動産仲介業者の営業社員に対する未払歩合給の支払請求権を全額認容した事件である。また、前掲ホーム企画センター事件は、不動産販売員として基本給のほか販売不動産の代金入金完了後に代金額の 3 ％の歩合給を受けるとの約定があり、不動産販売後代金入金完了前に不動産販売員が退職した事案で、歩合給といえども、その実質に鑑み、労基法上の賃金に該当するとした上で、入金完了までに要する全労務に対する割合等に応じて歩合給を請求することができるとして、右歩合給の 8 割〜9 割の賃金請求権を認めた。なお、『概説』44 頁参照。
62) 伊藤眞教授は、破産管財人の情報提供努力義務の背後にある考え方を類推し、アスベストによる健康被害の例をもとに、「自らの債権を届け出ることについて、管財人の協力が不可欠な性質の債権に関しては、管財人も積極的に調査したり情報提供する運用が望ましいのではないか。そういうことの 1 つの手懸りになる規定ではないか……」と指摘する（『新破産法の基本構造と実務』174 頁〔伊藤眞発言〕）。破産法 86 条が労働債権に限定した意味からどの範囲までを義務として位置づけるかについては、さらに議論が必要であろうが、本条の趣旨・精神が債権届出について情報面で破産管財人の協力が不可欠な者に対しても情報を提供するため努力するという破産管財業務のあるべき指針を示唆する意味を持つという視点は、破産管財人の職責や法的地位と相まって、実務上極めて重要であると考える。なお、破産管財人の職務の公益性に関し、伊藤眞「破産管財人の職務再考―破産清算による社会正義の実現を求めて」判タ 1183 号（2005 年）35 頁以下参照。

第4章

役員責任追及訴訟

I 役員責任査定の申立て、査定決定に対する異議訴訟、役員責任追及訴訟の概要

1 はじめに

　倒産手続開始決定後、破産法上の破産管財人、会社更生法上の管財人、民事再生法上の再生債務者や管財人（以下「管財人等」という）として、倒産手続開始に至った事情や倒産手続開始決定を受けた会社（以下「倒産会社」という）の倒産原因につき調査を実施する過程で、任務懈怠をはじめとする役員の法的責任が問題となる場面にしばしば遭遇する。倒産手続開始決定前の過去数年の間に粉飾決算が存在し、違法配当が行われていたり、法令違反による資金の流出が認められる場面が典型である[1]。このような場面で管財人等が違法行為を行った役員に対して倒産会社に与えた損害を補塡するよう説得を試みたものの当該役員が任意に応じない場合には、管財人等は、配当原資・弁済原資の増殖を企図して、毅然として役員責任査定の申立てや役員責任追及訴訟を提起し責任を追及するべきであろう。

　しかし他方で、倒産会社に対する役員の任務懈怠が認められるにもかかわらず当該役員に見るべき財産がないなど、責任を追及しても配当原資や弁済原資が増殖する蓋然性が低いと認められる場合がある。このような場合、管財人等

---

1) 中島弘雅『体系倒産法 I 破産・特別清算』（中央経済社・2007年）450頁。

は役員の損害賠償責任の査定の申立てや役員責任追及訴訟を提起するにあたり、倒産手続を迅速に処理し早期の配当や弁済を実現することが求められていることも勘案し、果たして実効性があるか否かを慎重に検討すべきであるといえよう。もっとも、配当原資や弁済原資の増殖の有無や程度とともに倒産原因に関連した役員の法的責任を明確化することによって、倒産手続自体の公正性、透明性を確保することは管財人等の職務として極めて重要であることを忘れてはならない。

以下では、倒産処理手続ごとに役員責任査定制度、査定決定に対する異議訴訟、役員責任追及訴訟の概要について論じる。

2 破産手続における役員責任査定制度

(1) 制度の概要

裁判所は、法人である債務者に対して破産手続開始の決定があった場合、必要があると認めるときは、破産管財人の申立て又は職権により、決定で、役員の責任に基づく損害賠償請求権の査定の裁判をすることができる（破産法178条）。このような決定手続によって役員の損害賠償責任の有無を判断する手続を役員責任査定制度という。破産法は、破産手続において役員の責任追及を簡易かつ迅速に行うことを可能とするため役員責任査定制度を設けている（同177条以下）。

役員責任査定制度は、東京地裁で平成17年1月から平成23年12月までに35件の申立てがあり、うち平成23年は5件の申立てがなされたにとどまり、平成17年から平成23年12月までに申し立てられた法人破産事件の全体数が2万445件であることと比べるとわずかな件数であるといえる[2]。これは破産した法人の役員（特に代表者）が同時に破産手続開始の申立てを行っていることが多いことが要因の1つであると推察できる。

役員責任査定制度は、旧商法上の会社整理、特別清算及び旧会社更生法に定められ、平成11年の民事再生法（平成11年12月22日法律第225号）制定の際に法人一般に適用される制度として導入され、さらに現行会社更生法（平成14年

---

[2] 北村治樹「東京地方裁判所における破産事件の運用状況」金法1941号（2012年）55頁。

12月13日法律第154号)でも整備された。しかし、旧破産法(大正11年法律第71号)では役員責任査定制度が導入されていなかったため役員に対して責任追及のために損害賠償を請求する際、訴訟外での任意の和解交渉で解決できない場合には、通常の民事訴訟手続を利用するしかなく、審理に時間を要し、破産手続の迅速な遂行に支障を来すという問題があった。そこで破産法は、平成16年改正によって役員の責任追及に関し、通常の民事訴訟より簡易迅速に債務名義を取得して責任の追及を可能とするため役員責任査定制度を新設した[3]。この役員責任査定制度は、裁判所が決定手続により簡易迅速に会社の役員に対する損害賠償請求権の存否及び額を確定し、役員に対して損害賠償を命じることを認めた非訟事件である[4]。

(2) 破産管財人の善管注意義務との関係

破産管財人は職務執行に関して善管注意義務(破産法85条1項)を負う。善管注意義務とは、破産管財人の地位、知識において一般的に要求される平均的な注意義務をいう[5]。

破産管財人が当該役員の資産から回収可能性があるにもかかわらず役員の明らかな違法行為を見落として何らの責任追及を行わなかったような場合には、破産管財人としての地位、知識において一般的に要求される平均的な注意義務を尽くしたとはいえず、善管注意義務違反の問題が生じる可能性があるといえよう。

破産管財人としては事実関係を精査し、問題となる役員の損害賠償責任の成立可能性、立証資料に照らした勝訴可能性、回収可能性等を総合的に検討した上で当該役員の責任追及を行うか否かを検討するべきであり、破産管財人が役

---

[3] 以上につき、小川秀樹『一問一答新しい破産法』(商事法務・2004年)(以下、『一問一答新破産法』と略称)243頁。

[4] 谷口安平「損害賠償の査定」金判1086号(2000年)103頁。河野正憲＝中島弘雅編『倒産法大系―倒産法と市民保護の法理』(弘文堂・2001年)113頁〔中島弘雅〕。

[5] 竹下守夫編代『大コンメンタール破産法』(青林書院・2007年)(以下、『大コンメ』と略称)359頁〔菅家忠行〕、伊藤眞ほか『条解破産法〔第2版〕』(弘文堂・2014年)(以下、『条解破産法〔第2版〕』と略称)622頁、伊藤眞ほか「破産管財人の善管注意義務―『利害関係人』概念のパラダイム・シフト」金法1930号(2011年)66頁等参照。最判平成18年12月18日(民集60巻3964頁)〔才口千晴裁判官補足意見〕。

員の責任追及を合理的理由なく行使しない場合には、破産管財人の善管注意義務違反の問題が生じ得るというべきであろう[6]。

(3) 保全処分
① 意　義
　破産法は、役員責任査定制度を導入したのと同時に役員の保有する資産の逸出を防ぎ債権回収を実効化するため通常の民事保全手続に比して、より簡易迅速に破産財団を構成すべき財産を保全することを目的として担保を立てることを要しない特殊な保全処分を新設した（破産法177条）[7]。
② 破産手続開始決定前の保全処分の申立て
　この保全処分は、破産管財人の申立て又は裁判所の職権によりなされ（破産法177条1項）、通常の民事保全法に基づく保全処分の場合に必要とされる担保（民事保全法14条1項）を必要としない。この趣旨は、純然たる第三者が相手方である場合と異なり、相手方たる法人の役員が破産者の内部者（破産法161条2項1号参照）に類する者とみなされることを考慮した点にある[8]。これによって破産財団が形成されていない段階でも申立てを行うことが可能となる。さらに緊急の必要があると認められるときは、破産管財人の申立てや裁判所の職権による場合のほか、破産手続開始の申立てから破産手続開始決定が発令されるまでの破産管財人が選任される前の段階でも債務者又は保全管理人による申立てが認められている（同177条2項）。例えば、法人の内部紛争等で代表取締役が交替した後に元代表取締役に対して損害賠償を請求する必要が認められる事案において元代表取締役による資産の隠匿のおそれが認められる場合には緊急の必要があるといえ、債務者自身が保全の申立てを行う必要があるといえよう[9]。

---

6) 破産管財人の善管注意義務につき、伊藤ほか・前掲注5) 66頁参照。
7) 中島・前掲注1) 457頁は、保全処分は、損害賠償請求権の実現を目的とするものであるから、仮差押えの形をとるのが原則になるとしつつも、必要に応じて仮処分の形をとることも許されるとし、具体的には役員所有のビル・マンションについての管理命令、取締役責任保険の保全措置などを挙げる。
8) 伊藤眞『破産法・民事再生法〔第3版〕』（有斐閣・2009年）593頁。

③ 不服申立て

役員の財産への保全処分に対する不服の申立ては、即時抗告の申立てにより行われ（破産法177条4項）、即時抗告がなされたとしても執行停止の効力が認められない（同177条5項）。そのため、保全処分の決定に不服のある役員から即時抗告がなされたとしても財産の保全を図ることが可能となる。

⑷ 申立てについて

役員責任査定制度では、破産管財人による裁判所に対する申立て又は裁判所の職権により、口頭弁論を経ることなく決定手続で役員の責任に基づく損害賠償請求権の存否及び額が判断される（破産法178条1項）。役員の損害賠償責任の査定の申立てがなされることにより、役員の違法行為に係る損害賠償請求権に関する時効中断との関係では裁判上の請求があったとみなされる（同178条4項）。時効中断事由としての「裁判上の請求」（民法147条1号、149条）とは、原告となって訴えを提起することであるのに対し[10]、役員の損害賠償責任の査定の申立ては、裁判所に対して決定を求める非訟手続であるから消滅時効の中断事由たる「裁判上の請求」（同149条）には該当しない。もっとも、役員の損害賠償責任の査定の申立ては、実質的にみれば役員の損害賠償責任の判断を求める点で裁判上の請求と同視できるため時効中断の効力を付与したものである[11]。また、申立手数料の納付に関して法定する民事訴訟費用等に関する法律（昭和47年4月6日法律第40号）は役員の損害賠償責任の査定の申立てについて規定しておらず、役員の損害賠償責任の査定に係る申立手数料は不要とされる[12]。これによって、破産財団が乏しい場合でも役員の損害賠償責任の査定の申立てを

---

9) 破産手続開始決定前の破産管財人選任前の段階でも緊急の必要がある場合には債務者の申立てにより保全処分の発令が可能とされている。この趣旨は、被保全権利たる損害賠償請求権を請求する必要性・蓋然性が高く、かつ相手方が個人財産を隠匿・処分・消費等するおそれが切迫して存在する場合に保全を図った点にあると解される（『条解破産法〔第2版〕』1190頁参照）。

10) 我妻榮ほか『コンメンタール民法〔第2版〕』（日本評論社・2008年）298頁、近江幸治『民法講義Ⅰ・民法総則〔第6版補訂〕』（成文堂・2012年）357頁。なお、内田貴『民法Ⅰ〔第4版〕』（東京大学出版会・2008年）321頁は、「典型的には訴訟を起こして支払を求める場合のように、何らかの形で裁判所が関与する手続が要求されている」とする。

11) 『条解破産法〔第2版〕』1195頁参照。

12) 同上。

行うことが可能となる。役員責任査定は決定手続により行われるため、仮執行宣言を付することはできないと解される（民事訴訟法259条参照）[13]。したがって、査定決定を得たとしても直ちに執行することができるわけではない。

なお、役員の損害賠償責任の査定の申立ては、査定決定を求めるものであり「訴えの提起」（破産法78条2項10号）には該当しないため査定の申立てに際して破産裁判所の許可は不要と解されるが[14]、査定決定が発令された後、異議の訴えにより通常訴訟に移行する可能性があるため、申立てにあたっては慎重を期すため事前に破産裁判所と協議をすることが求められる[15]。役員責任査定の申立てに際し、経営判断が争点となる等、争点が複雑多岐にわたり相手方から異議訴訟が提起されることが予想される場合には、実務上、査定の申立てではなく、通常訴訟によることが妥当であると考えられている[16]。役員に対する損害賠償請求を通常訴訟で行う場合の管轄裁判所は、当該会社の本店所在地を管轄する地方裁判所となる（会社法848条）。

査定の申立てを行った後、管財人等が査定の申立てについて相手方の同意を得ることなく任意に取り下げることができるか否かという点について見解は分かれるが、役員の手続保障の観点から同意を要すると解する[17]。

(5) 申立ての相手方

役員の損害賠償責任の査定手続の相手方は、破産手続開始決定を受けた法人

---

[13] 東京地裁破産再生実務研究会編著『破産・民事再生の実務〔第3版〕民事再生・個人再生編』（金融財政事情研究会・2014年）247頁〔中山孝雄〕。これに対して、仮執行宣言を付することを認める説に立つものとして園尾隆司＝小林秀之編『条解民事再生法〔第3版〕』（弘文堂・2013年）（以下、『条解民事再生法〔第3版〕』と略称）778頁〔中島弘雅〕。

[14] 鹿子木康＝島岡大雄編『破産管財の手引〔増補版〕』（金融財政事情研究会・2012年）（以下、『破産管財の手引〔増補版〕』と略称）222頁〔古谷慎吾〕。なお、『条解破産法〔第2版〕』1196頁は、損害賠償請求権の行使のための判決手続の前駆手続であることから、申立てには裁判所の許可が必要であると解するとする。

[15] 『破産管財の手引〔増補版〕』221・222頁〔古谷〕。

[16] 『破産管財の手引〔増補版〕』222頁〔古谷〕。

[17] 同意を要するとする見解として、才口千春＝伊藤眞監修『新注釈民事再生法（上）〔第2版〕』（金融財政事情研究会・2010年）（以下、『新注釈民事再生法（上）〔第2版〕』と略称）823頁〔阿多博文〕。これに対して同意を不要とする見解として、石井教文「再建手続における役員の地位と責任」高木新二郎＝伊藤眞編代『倒産の法システム(3)』（日本評論社・2010年）207頁。

の理事、取締役、執行役、監事、監査役、清算人又はこれらに準ずる者である（破産法177条1項、178条1項）。「これらに準ずる者」には、株式会社の場合には会計参与及び会計監査人（会社法326条2項）が含まれる[18]。

(6) 申立理由

査定の申立書には、申立ての趣旨及び申立ての理由を記載する必要がある（破産規則2条1項・2項）。申立ての理由には、損害賠償請求権の原因となる具体的な事実を記載する。（同2条2項1号）。損害賠償請求権の原因となる具体的な事実としては、例えば、取締役が自ら経営する別会社の経営破綻について十分予見できたにもかかわらず、何らの担保を取得せずに多額の融資を行い債権回収を困難にさせた事実等が挙げられる。

破産者が株式会社の場合には、役員等（取締役、会計参与、監査役、執行役又は会計監査人をいう。会社法423条1項参照。以下同じ）の会社に対する損害賠償請求権（同53条、423条、486条）や取締役、執行役の利益供与に伴う責任（同120条4項）、取締役、執行役の配当等に関する責任（同462条、464条、465条）等に基づく損害賠償請求権の原因となる具体的事実を申立ての理由として記載することが考えられる。

(7) 審理手続

裁判所は、申立人が疎明（破産法178条2項）した破産者の役員に対する損害賠償請求権の原因となる事実について査定の裁判をする場合には、当該役員を審尋しなければならない（同179条2項）。審尋とは、口頭弁論を開かずに当事者その他の関係人に個別に書面又は口頭で陳述の機会を与えることをいう[19]。このように査定の裁判において当該役員に対する審尋を求めた趣旨は、査定手続が簡易迅速な決定手続により損害賠償請求権という実体権の存否・内容を判断する手続であるため、役員に防御方法を提出する機会を保障する点にある[20]。東京地方裁判所民事第20部（破産再生部）の運用では、役員責任査定の申立て

---

18) 伊藤・前掲注8) 592頁。
19) 金子宏ほか編代『法律学小辞典〔第4版補訂版〕』（有斐閣・2008年）692頁。
20) 伊藤・前掲注8) 593頁。

がなされると破産裁判所は申立てから2週間程度先に審尋期日を指定するとしている。さらに事案の内容に応じて審尋期日を1回で終える場合もあるし、複数回重ねる場合もあるとする[21]。

(8) 異議の訴え

当該役員又は破産管財人は、役員責任査定決定の内容に不服がある場合には、送達を受けた日から1か月の不変期間内に破産裁判所（破産事件が係属している地方裁判所。破産法2条3項）に対して異議の訴えを提起することができる（同180条1項・2項）。破産法がこのような異議の訴えを認めた趣旨は、決定手続である査定手続により当該役員に対する損害賠償請求権の有無という実体権の存否を終局的に確定させるために当事者双方に判決手続において争う機会を保障する点にある[22]。

当該役員又は破産管財人から異議の訴えが提起された場合、裁判所は、訴えを不適法として却下する場合を除いて、訴訟の結果、役員責任査定決定を認可し、変更し、又は取り消すこととなる（破産法180条4項）。なお、役員責任査定決定を認可し、又は変更した判決については、受訴裁判所は、民事訴訟法259条1項の定めに従って仮執行の宣言を付すことが認められている（同180条6項）。異議の訴えは、通常の給付訴訟の判決と同様に考えることが可能であるためである。

3 再生手続における役員責任査定制度

(1) 制度の概要

裁判所は、法人である債務者に対して再生手続開始の決定があった場合、必要があると認めるときは、再生債務者等（管財人が選任されていない場合にあっては再生債務者、管財人が選任されている場合にあっては管財人をいう。民事再生法2条2号）の申立て又は職権により決定で役員の責任に基づく損害賠償請求権の査定の裁判をすることができる（同143条以下）。民事再生法における役員責任査定制度の趣旨は、他の倒産手続と同様に再生手続において役員の責任追及を簡易迅速

---

21) 『破産管財の手引〔増補版〕』222頁〔古谷〕。
22) 『条解破産法〔第2版〕』1202頁。

に行うことを可能とする点にある。もっとも民事再生法は、以下に述べるように、その手続構造に照らして他の倒産手続と異なる性質を有すると指摘できる。

(2) DIP 型倒産手続における再生債務者の地位との関係
① 公平誠実義務（民事再生法 38 条 2 項）との関係

再生債務者が法人の場合、法人の事業価値が経営者の個人的な能力や信用等に依拠する場合が多く、事業の内容に精通する経営者の下での事業の再生を図る必要がある[23]。そこで民事再生法は、いわゆる DIP (debtor in possession) 型手続を採用し、再生債務者が法人の場合、その役員に従来の経営権を維持したまま再生手続を進めることを認めている（民事再生法 38 条 1 項）。他方で再生手続開始後、再生債務者は、総債権者のために財産の管理処分権、業務執行権を公平かつ誠実に行使し、再生手続を遂行しなければならない（公平誠実義務。同 38 条 2 項）。ここにいう公平とは、共益債権者、別除権者を含め、すべての債権者を公平に扱うことを意味し、誠実とは、自己の利益を重視して債権者の利益を犠牲にしてはならないことを意味すると解されている[24]。

経営破綻の原因として再生債務者の役員に何らかの法的責任が認められる場合（会社法 423 条、一般社団法人及び一般財団法人に関する法律 111 条・198 条等）、再生債務者自身がこれを追及して配当原資や弁済原資を充実させることが再生債権者の利益となり、公平かつ誠実な財産管理処分権の行使といえ、再生債務者の負う公平誠実義務（民事再生法 38 条 2 項）に適うといえる。そこで民事再生法は、口頭弁論を経ることなく簡易迅速に役員の損害賠償責任について判断する決定手続による査定手続を認めた（同 143 条以下）[25]。もっとも、DIP 型手続を基調とする再生手続では、再生債務者が自ら役員に対して責任追及を行うことは当該役員と再生債務者や再生債務者代理人との利害衝突を招くおそれがあるし、法人である再生債務者とその役員は、法形式において法人格は別個でも実態が共通であることもある。このような場面では、再生債務者自身が役員に対して

---

23) 松下淳一『民事再生法入門』（有斐閣・2009 年）36 頁。
24) 伊藤眞「再生債務者の地位と責務（中）」金法 1686 号（2003 年）116 頁、松下・前掲注 23) 36 頁参照。
25) 伊藤・前掲注 8) 933 頁。

損害賠償責任の査定を申し立てることは事実上必ずしも容易ではなく、場合により再生債務者の公平誠実義務（同38条2項）との相剋の問題が発生する。

しかし、再生債務者は再生手続の機関であり[26]、先に述べたとおり再生債権者を公平に扱うという義務（公平義務）とともに自己の利益を重視して債権者の利益を犠牲にしてはならないという義務（誠実義務）を負う（民事再生法38条2項）。当該役員に法的責任が認められるような場合には、再生債務者として当該役員に対して責任追及を行い、債権を回収した上で債権者に対する弁済原資に加えることが債権者の利益に適い公平誠実義務を尽くすことになる[27]。

また、再生債務者代理人としての立場を考察すれば、再生債務者代理人にとって依頼者（委託者）はあくまでも再生債務者であって当該役員ではない[28]。再生債務者は、再生手続開始決定後、再生手続遂行の機関として総債権者に対して公平誠実義務（民事再生法38条2項）を負う以上、再生債務者から委任を受けた再生債務者代理人は役員の責任の有無について十分調査を行い、調査結果を踏まえて債権者その他の利害関係人や監督委員・裁判所の意向、意見を十分に確認、勘案した上で責任追及の判断を適切に行うべきであるといえよう[29]。再生債務者や申立代理人は、役員責任査定の申立てや役員責任追及訴訟の提起に向けて毅然と対応し、公正で透明性を確保した再生手続を実現することが求

---

[26] 伊藤・前掲注8）798頁は、再生手続開始後は、再生債務者は、「自らの経済活動を維持し、その結果としてえられる収益を再生債権者の間に公平に配分し、事業等の再生を図るために管理処分権等を行使する。この意味で、人格や法人格は同一であっても、手続開始前後における再生債務者の地位は異なる。」、「再生債務者については、人格の同一性が存在することから、再生手続の内部的法律関係における地位を議論する意味はない。これに対して、職務遂行にあたっての指導理念、および外部者との実体的法律関係について再生債務者の地位をどのように考えるかという点では、その法律上の地位を検討しなければならない。このような視点から再生債務者の法律上の地位を考えると、私法上の職務説がもっとも合理的な説明である。私人たる再生債務者は、再生債務者財産たる権利義務の主体であり、本来はその資格にもとづいて管理処分権等を行使するが、再生手続開始後は、再生手続の機関の職務としてその権能を行使する。公平誠実義務（民再38Ⅱ）や円滑進行・情報開示責務（民再規1Ⅰ Ⅱ）は、その職務遂行について課されるものであり、再生債務者は、再生債権者に公平な満足を与えることを通じて、事業等の再生を図る職務を負う」とする。

[27] 伊藤眞「再生債務者の地位と責務（下）」金法1687号（2003年）39頁参照。なお、同論文39頁は、会社の機関として会社及びその社員たる株主の地位の尊重と、収益価値の配分について債権者の利益を実現することは矛盾するものではなく、調和し得ることを民事再生法は前提とするとし、取締役に非違行為が認められるときに、申立代理人が再生債権者や手続の監督機関に報告し適切な処置をとることは当然であるとする。

められる。

② 弁護士倫理上の留意点

さらに、この問題に関連して再生債務者代理人は弁護士倫理上からも留意すべきであるといえる。すなわち、弁護士職務基本規程27条は、「相手方の協議を受けて賛助し、又はその依頼を承諾した事件」(弁護士職務基本規程27条1号)や「相手方の協議を受けた事件で、その協議の程度及び方法が信頼関係に基づくと認められる」事件(同27条2号)については、その職務を行ってはならないと規定する。ここにいう「協議を受けて」とは、当該具体的事件の内容について、法律的な解釈や解決を求める相談を受けることをいい、「賛助」とは、協議を受けた当該具体的事件について、相談者が希望する一定の結論(ないし利益)を擁護するための具体的な見解を示したり、法律的手段を教示し、あるいは助言することをいう[30]。また「信頼関係」とは、弁護士職務基本規程27条1号の協議を受けて賛助した場合と比肩し得る程度の強い信頼関係を予定しており、例えば、立ち話的な相談、初対面時の短時間の相談、証拠の提示や詳細な事実関係の開示のない抽象的な相談にとどまるときは、特段の事情のない限り、いまだ秘密の開示もなく、信頼関係が醸成されているとはいえないと解されている[31]。

弁護士が再生債務者代理人として業務を遂行するに際して、自ら違法行為を

---

28) 安木健「倒産処理実務と弁護士の利益相反」今中利昭先生古稀記念『最新倒産法・会社法をめぐる実務上の諸問題』(民事法研究会・2005年) 515頁参照。なお、同書は、法人の役員に違法行為など損害賠償の対象となる行為があることを知っていた場合に関して、依頼者は債務者自身でありその役員は依頼者ではなく、弁護士は利益相反という相剋の立場に置かれるわけではないと一応考えることができる(裁判所への情報の開示が管理命令発令のきっかけになることもあり得るが、それとて役員には不利益であっても法人たる債務者自身にとっては必ずしもそうではない、と考えることも可能である)、しかしながら、現実には、弁護士がこのように法人とその役員を峻別して業務を行うことは困難である、と指摘する。ただし、役員から個人責任に関して協議を受けて賛助したような場合には、弁護士職務基本規程27条との関係で弁護士倫理上の問題が生じる可能性があると解される。そのため、予め役員の個人責任が問題となる可能性のある事案では、再生債務者代理人として再生手続開始の申立てを受任するか否かを含めて慎重に対応する必要がある。

29) 鹿子木康編『民事再生の手引』(商事法務・2012年)(以下、『民事再生の手引』と略称) 235頁〔乾俊彦〕。

30) 日本弁護士連合会弁護士倫理委員会編著『解説弁護士職務基本規程〔第2版〕』(2012年) 70頁。

31) 日本弁護士連合会弁護士倫理委員会編著・前掲注30) 72頁。

行った役員から証拠や詳細な事実関係の開示を受けて役員の個人責任に関して相談を受け、又は、こうした相談に対して一定の見解を示したような場合には、当該役員に対して損害賠償を請求することが弁護士職務基本規程27条との関係で問題となる可能性は否定できないであろう。そこで、再生債務者代理人として再生手続開始の申立てを受任する場合、役員の個人責任が成立する可能性のある事案であれば当然、当該役員の個人責任に関して詳細な相談を受けることは控えるべきであるといえよう。また、どうしても対応が必要となった場合でも役員責任の追及が顕在化した場合には、公平誠実義務を負う再生債務者の代理人として役員の責任追及をしなければならなくなる場合があることをあらかじめ十分に説明し、理解を得ることが望ましいといえよう。この点に関連して弁護士職務基本規程32条は、「弁護士は、同一の事件について複数の依頼者があってその相互間に利害の対立が生じるおそれがあるときは、事件を受任するに当たり、依頼者それぞれに対し、辞任の可能性その他の不利益を及ぼすおそれのあることを説明しなければならない」と規定し、複数の依頼者間に利害の対立が生じるおそれがあるときに弁護士が受任の時点においてとるべき第一次的措置について定め、依頼者の自己決定の機会を保障し、依頼者の利益の実現に支障がないよう求めている[32]。なお、当該役員から事前に違法行為を行った事実につき秘密を開示されたような場合には、公平誠実義務（民事再生法38条2項）を負う再生債務者の代理人を受任することは控えるべきであると考える（弁護士職務基本規程27条1号・2号）。

(3) 保全処分

役員の責任追及を行う場合、査定手続における審理に一定期間を要する。この間に役員の保有する資産の隠匿等がなされた場合、債権回収の実現が困難となる。そこで、民事再生法142条は、債権者に債務者の被るおそれのある損害を担保するために担保を立てることを要する旨を規定する民事保全法に基づく保全処分の場合（民事保全法14条1項）とは異なり、担保を立てることなく役員等の個人財産を確保するための保全処分を認めている。この趣旨は、純然たる

---

[32] 日本弁護士連合会弁護士倫理委員会編著・前掲注30) 97頁。

第三者が相手方である場合と異なり、相手方たる法人の役員が内部者（民事再生法127条の2第2項1号参照）に類する者とみなされることを考慮した点にある[33]。

また、裁判所は、再生手続開始決定前でも緊急の必要があると認めるときに、再生債務者（保全管理人が選任されている場合は保全管理人）の申立てにより又は職権で保全処分を発令することができる（民事再生法142条2項）。

裁判所による保全処分決定に対して即時抗告が認められているが、執行停止の効力はない（民事再生法142条5項・6項）。したがって、役員の財産に対する保全処分の場合、役員から即時抗告がなされたとしても保全処分の効力は停止せず、役員の財産の逸出を防ぐことが可能となる。

(4) 申立てについて

再生手続において管財人が選任されている場合は、裁判所から選任された管財人に法人の業務の遂行並びに財産の管理及び処分に関する権利が専属するため（民事再生法66条）、財産の管理に係る役員の損害賠償請求権の査定の申立権は管財人のみに認められている（同143条2項参照）。

管財人が選任されていない場合、役員の損害賠償請求権の査定の申立権は、再生債務者と再生債権者に認められている（民事再生法143条1項・2項）。既に述べたとおり再生債務者は公平誠実義務を負うものの（同38条2項）[34]、管財人が選任されている場合を除き、再生債務者と役員とのなれ合いにより役員に対する責任追及が期待できない場合が想定される。そこで、役員の損害賠償責任の査定手続の実効性を確保するために民事再生法143条2項は、再生債務者のみならず再生債権者にも損害賠償請求権の査定手続の申立権を認めている[35]。

なお、条文上は裁判所の職権による査定の開始もあり得る（民事再生法143条1項）が、実務上、裁判所が職権で査定の手続を開始することは稀であり[36]、多くの場合は申立てにより行われている。

---

[33] 伊藤・前掲注8) 932・593頁。
[34] 松下・前掲注23) 37頁。
[35] 才口ほか監修・前掲注17) 820頁〔阿多〕。
[36] 『条解民事再生法〔第3版〕』769頁〔中島〕、『民事再生の手引』236頁〔乾〕。

実務上、再生手続における監督委員の調査の過程で発見された違法行為に関して、監督委員から再生債務者代理人に対し役員に対する適切な責任追及を行うよう促す場面がある。再生債権者は、自己が把握している事情や証拠等を監督委員に提示して監督委員を通じて再生債務者自身による査定の申立てを促すことも可能であるといえよう。再生債務者が対応した結果、損害が回復され又は回復の手続がとられたのであれば、監督委員は意見書でその旨を指摘する。これに対して、特段の事情がないにもかかわらず再生債務者が責任追及のための手続をとらない場合には、監督委員は意見書においてその適否を述べ、債権者に対して積極的に情報を開示すべきであると考える[37]。

(5) 申立ての相手方

　役員の損害賠償請求権の査定手続の相手方は、法人である再生債務者の役員である。「役員」とは「理事、取締役、執行役、監事、監査役、清算人又はこれらに準ずる者」をいい（民事再生法142条1項参照）、「これらに準ずる者」には、株式会社の場合には会計参与及び会計監査人（会社法326条2項）が含まれる[38]。

(6) 申立理由

　査定の申立書には、申立ての趣旨及び申立ての理由を記載する必要がある。申立ての理由には、損害賠償請求権の原因となる事実を具体的に記載する（民事再生規則69条1項2号・2項）。

　再生債務者が株式会社の場合には、役員等の会社に対する損害賠償請求権（会社法53条、423条、486条）や取締役、執行役の利益供与に伴う責任（同120条4項）、取締役、執行役の配当等に関する責任（同462条、464条、465条）等に基づく損害賠償請求権の原因となる具体的事実を申立ての理由として記載することが考えられる。

---

[37] 『民事再生の手引』235頁〔乾〕は「監督委員の意見書は、債権者の再生計画案に対する賛否の意思決定に大きな影響を有するところ、倒産責任の存否を明らかにし、再生手続に対する債権者の信頼を確保するという観点からも、監督委員が役員の違法行為について意見を述べることは相当である。」と指摘する。
[38] 伊藤・前掲注8）932頁。

(7) 審理手続

　裁判所は、申立人が疎明（民事再生法143条3項）した再生債務者の役員に対する損害賠償請求権の原因となる事実について査定の裁判をする場合には、当該役員を審尋しなければならない（同144条2項）。既に説明したとおり、審尋とは、口頭弁論を開かずに当事者その他の関係人に個別に書面又は口頭で陳述の機会を与えることをいう[39]。このように査定の裁判にあたって当該役員に対する審尋を求めた趣旨は、査定手続が簡易迅速な決定手続により損害賠償請求権という実体権の存否・内容を判断する手続であるため役員に個別に書面又は口頭で陳述する機会を付与し、防御方法を提出する機会を保障する点にある[40]。
　東京地方裁判所民事第20部（破産再生部）の運用では、役員の損害賠償責任査定の申立てから2週間程度先に審尋期日を指定し、監督委員の立会いを求めた上で、申立人及び相手方から意見を聴取（多くの場合、相手方から答弁書の提出がなされている）した後、速やかに査定の裁判を行うこととされている[41]。

(8) 異議の訴え

　損害賠償請求権の査定の裁判に対して不服がある者は、その送達を受けた日から1か月の不変期間内に、再生裁判所に異議の訴えを提起することができる（民事再生法145条1項・2項）。民事再生法144条1項は「第143条第1項の査定の裁判」に不服がある場合を想定しているため、申立てが棄却された場合は異議の訴えの対象とならない[42]。異議の訴えは再生裁判所が専属管轄となる（同6条）。民事再生法は、再生事件が係属する裁判体を「裁判所」、再生事件を取り扱う裁判体が属する官署としての裁判所を「再生裁判所」としており、異議の訴えを担当する裁判体は再生事件が係属している裁判体と異なることがあり得る[43]。東京地方裁判所民事第20部（破産再生部）では、異議の訴えは民事通常部が担当することとされている[44]。

---

39) 金子ほか編代・前掲注19) 692頁。
40) 『新注釈民事再生法（上）〔第2版〕』827頁〔阿多〕。
41) 東京地裁破産再生実務研究会編著・前掲注13) 246頁。
42) 『条解民事再生法〔第3版〕』780頁〔中島〕。
43) 『新注釈民事再生法（上）〔第2版〕』823頁〔阿多〕。

4 更生手続における役員等責任査定制度

(1) 制度の概要

　裁判所は、更生手続開始の決定があった場合において、役員等の責任に基づく損害賠償請求権又は役員等に対する現物出資等の不足額の支払請求権が存在し、かつ、必要があると認めるときは、管財人の申立て又は職権により、決定で当該請求権の額その他の内容を査定する裁判をすることができる（会社更生法 100 条 1 項）。査定手続は口頭弁論を経ない決定手続である。会社更生法は、口頭弁論を経る通常訴訟と比べ簡易迅速に決定手続により役員等の責任の存否及び内容を確定させるため、役員等の責任に基づく損害賠償請求権の査定手続を認めた（同 100 条以下）[45]。更生会社の経営破綻の原因として、更生会社の役員等の粉飾決算による違法配当や法令違反行為等の任務懈怠があり、会社に損害を与えた場合（会社法 423 条）、これを追及して弁済原資を充実させることは更生債権者の利益となり、公正かつ公平な更生手続の実現に資するものといえよう。

(2) 保全処分

　役員等の責任追及を行う場合の査定手続の審理には一定期間を要する。この間に資産の隠匿等がなされた場合、債権回収の実現が困難となるため会社更生法は、債権者に債務者の被るおそれのある損害を担保するために担保を立てることを要する旨を規定する民事保全法に基づく保全処分の場合（民事保全法 14 条 1 項）とは異なり、担保を立てることを要せずに役員等の個人財産を確保するための保全処分を認めている（会社更生法 99 条）。この趣旨は、役員等が更生会社の内部者（同 86 条の 2 第 2 項 1 号参照）に類する者とみなされることや保全管理人等が申立人となることを考慮した点にある[46]。

　また、裁判所は、更生手続開始決定前でも緊急の必要があると認めるときに、開始前会社（保全管理人が選任されている場合は保全管理人）の申立てにより又は職権で保全処分を発令することができる（会社更生法 40 条）。更生手続開始決定前

---

44)　東京地裁破産再生実務研究会編著・前掲注 13) 248 頁。
45)　『一問一答新会社更生法』117 頁参照、伊藤眞『会社更生法』（有斐閣・2012 年）458 頁。
46)　伊藤・前掲注 45) 460 頁。

において保全処分を認めた趣旨は、役員等が資産を隠匿・費消する事態を可及的に防ぎ、役員等の責任財産の保全を図る点にある[47]。

　裁判所による保全処分決定に対して即時抗告が認められているが、執行停止の効力はない（会社更生法99条3項・4項、40条2項）。このように役員等の財産に対する保全処分の場合、役員等から即時抗告がなされたとしても保全処分の効力は停止せず[48]、役員等の財産の逸出を防ぐことが可能となる。

(3) 申立てについて

　役員等の損害賠償請求権の査定手続の申立権者は、管財人である（会社更生法100条1項）。裁判所の職権による査定の開始もあり得る（同100条1項）が実務上、多くの場合は、管財人による申立てにより行われる。管財人は職務執行に関して管財人としての地位、知識等において一般的に要求される平均的な注意義務（善管注意義務。同80条1項）を負う。既に破産管財人について論じたのと同様に管財人は事実関係を精査した上で、損害賠償責任の成立可能性、立証資料に照らした勝訴可能性、回収可能性等を総合的に検討した上で役員等の責任追及を行うか否かを検討するべきであり、管財人が役員等の責任追及を合理的理由なく行使しない場合には、管財人の善管注意義務違反（同80条）の問題が生じ得るというべきであろう。

　役員等の責任追及にあたり管財人又は調査委員の調査を経た上で管財人が、役員等の責任の有無・程度、その資産状態や債権者の意向等を総合的に勘案して、責任追及を行うか否かを判断することとなる。管財人には、十分な調査を経た上で、役員等に対する損害賠償責任の追及を適切に行うことが期待されるといえる[49]。また、特に大規模な更生事件では、社会的影響を十分配慮した上で管財人は、債権者、従業員、株主等に対し、十分な説明責任を果たし、手続の透明性、公平性を担保することが求められる。そこで、実務上、事案によっては管財人あるいは調査委員の委嘱を受けて、役員等の損害賠償責任を調査す

---

[47]　伊藤・前掲注45) 458頁。
[48]　西岡清一郎＝鹿子木康＝桝谷雄一編『会社更生の実務（下）』（金融財政事情研究会・2005年）44頁〔渡邉千恵子〕。
[49]　東京地裁会社更生実務研究会編『最新実務会社更生』（金融財政事情研究会・2011年）（以下、『最新実務会社更生』と略記）223頁。

るべく、有識者で構成される調査委員会を組成することが有用な場面がある。当該調査委員会において当該役員等の責任の有無を調査し、管財人は当該調査結果を踏まえて、当該役員等に対して役員等責任査定の申立てを行うか否かを判断する場合がある[50]。

(4) 申立ての相手方

役員等の損害賠償責任の査定手続は、管財人が更生会社の役員等を相手方として行われる。「役員等」とは「発起人、設立時取締役、設立時監査役、取締役、会計参与、監査役、執行役、会計監査人又は清算人」をいう（会社更生法99条1項1号）。ただし、会社法52条・213条・286条1項の規定による不足額の支払請求を行う場合の相手方については、会社法上設立時監査役、会計参与、監査役、会計監査人及び清算人は除外されているため会社更生法上も会社法の規定にあわせて損害賠償請求の相手方から除外している（同99条1項2号参照）。

(5) 申立理由

役員等の損害賠償査定の申立書には、申立ての趣旨及び申立ての理由を記載する必要がある。申立ての理由には、損害賠償請求権の原因となる具体的な事実を記載する（会社更生規則2条2項1号）。役員等の会社に対する損害賠償請求権（会社法53条、423条、486条）や取締役、執行役の利益供与に伴う責任（同120条4項）、取締役、執行役の配当等に関する責任（同462条、464条、465条）等に基づく損害賠償請求権が申立ての理由として考えられる。

(6) 審理手続

裁判所は、申立人が疎明（会社更生法100条2項）した更生会社の役員等に対する損害賠償請求権の原因となる事実について査定の裁判をする場合には、当該役員等を審尋しなければならない（同101条2項）。既に説明したとおり、審尋とは、口頭弁論を開かずに当事者その他の関係人に個別に書面又は口頭で陳

---

[50] 『最新実務会社更生』223・224頁、東京弁護士会編『入門新会社更生法』（ぎょうせい・2003年）185頁〔長島良成〕。

述の機会を与えることをいう[51]。この趣旨は、査定手続が口頭弁論を経ることなく簡易迅速な決定手続により損害賠償請求権という実体権の存否・内容を判断する手続であるため、役員等に個別に書面又は口頭で陳述の機会を付与し、防御方法を提出する機会を保障する点にある[52]。

(7) 異議の訴え

損害賠償請求権の査定の裁判に対して不服がある者は、その送達を受けた日から1か月の不変期間内に更生裁判所に異議の訴えを提起することができる（会社更生法102条1項・2項）。異議の対象は、役員等の責任を認める査定決定に限定され、役員等の損害賠償責任の査定申立を全面的に棄却する決定は、役員等責任査定決定に該当しないため（同101条1項参照）、これに対しては異議の訴えを提起することはできないとされている（同102条1項、100条1項括弧書参照）[53]。役員等の損害賠償責任の査定申立てが全面的に棄却されたものの、なお、当該役員等に対する責任追及の必要が認められる場合、管財人は、別途損害賠償請求の訴えを提起する必要がある[54]。異議の訴えは、更生裁判所（更生事件が係属している地方裁判所）が専属管轄となる（同6条、102条2項)[55]。異議の訴えに関する審理は、通常の民事訴訟として行われる。

II 役員責任査定の申立て、査定決定に対する異議訴訟、役員責任追及の訴えの請求の趣旨の記載方法

1 はじめに

役員責任査定の申立て、異議訴訟の請求の趣旨は、査定決定の主文に対応するものであるため査定決定の主文の記載を踏まえる必要がある。

---

51) 金子ほか編代・前掲注19) 692頁。
52) 『最新実務会社更生』223頁、伊藤・前掲注45) 461頁。
53) 『最新実務会社更生』224頁、伊藤・前掲注45) 462頁。
54) 伊藤・前掲注45) 462頁。
55) 西岡＝鹿子木＝桝谷・前掲注48) 48頁〔渡邉〕は「管轄裁判所は、更生裁判所すなわち更生事件が係属している地方裁判所であり、当該更生事件を取り扱っている裁判体たる裁判所に限られない（法102条2項、2条4項)」とする。

2　役員責任査定の申立ての趣旨

　役員責任査定の申立ての趣旨の記載方法は、以下のとおりである。なお、査定決定の主文に関して、「役員○○は、破産管財人に対して、金○○円を支払え」という通常の給付訴訟の主文と同様にするべきとの見解[56]も存在するが、実務上の主文[57]は、「破産者○○の損害賠償請求権の額を、○○円と査定する」との主文が用いられており、申立ての趣旨もこれに倣うべきである。

　「1　申立人の相手方に対する○○に基づく損害賠償請求権の額を、金○○円と査定する
　　2　申立費用は、相手方の負担とする
　　との決定を求める。」

3　査定決定に対する異議訴訟の請求の趣旨

　査定決定の異議訴訟の場合、既に裁判所の査定決定が出されているため請求の趣旨としては、査定決定を変更する（取り消す）との判決を求めることになる。

　査定決定に対する異議訴訟の請求の趣旨の記載方法は、以下のとおりである。
　「1　東京地方裁判所が平成○○年○○月○○日に原・被告間の役員責任査定申立事件（基本事件・平成○○年（フ）第○○○○号）についてした決定を取り消し、被告（原告）の原告（被告）に対する損害賠償請求権の額を金○○円と査定する。
　　2　訴訟費用は○○の負担とする
　　との判決を求める。」

4　役員責任追及の訴えの請求の趣旨

　役員責任追及の訴えの請求の趣旨は、通常の損害賠償請求における請求の趣旨に則り記載することになる。役員責任追及の訴えの請求の趣旨は、以下のと

---

[56] 伊藤眞ほか編著『注釈民事再生法』（金融財政事情研究会・2000年）406頁〔松下淳一〕。
[57] 例えば東京地決平成12年12月8日（金判1111号40頁）、門口正人＝西岡清一郎＝大竹たかし編『新・裁判実務大系(21)』（青林書院・2004年）488頁〔小原一人〕等。

おりである。

「1　被告は、原告に対し、〇〇円及びこれに対する平成〇〇年〇月〇日から支払済みまで年〇分の割合による金員を支払え
2　訴訟費用は被告の負担とする
との判決（及び仮執行宣言）を求める。」

III　管財人等からみた主張立証上の留意事項、相手方等からみた主張立証（反論反証）上の留意事項

1　はじめに

(1)　査定の裁判と心証の程度

役員の損害賠償責任の査定の申立てをするときは、管財人等（再生手続においては、再生債務者及び再生債権者を含む）はその原因となる事実を疎明（民事訴訟法188条）しなければならない（破産法178条2項、民事再生法143条3項、会社更生法100条2項）。

疎明とは、裁判官が事実の存否について確信の程度には至らないものの一応確からしいとの推測を得た状態をいい[58]、合理的な疑いを差し挟まない程度に真実らしいとの確信を得た状態[59]である証明よりも心証の程度は低いとされている[60]。では、裁判所による査定の裁判（決定）に際し、損害賠償請求権を基礎づける事実の原因事実について疎明で足りるか、それとも証明まで必要であろうか[61]。

この点について、疎明で足りるとする立場がある[62]。役員責任査定制度の趣

---

[58]　秋山幹男ほか『コンメンタール民事訴訟法IV』（日本評論社・2010年）132頁。
[59]　最判昭和50年10月24日（民集29巻9号1417頁）は、因果関係の証明に関して、「一点の疑義も許されない自然科学的証明ではなく、経験則に照らして全証拠を総合検討し、特定の事実が特定の結果発生を招来した関係を是認しうる高度の蓋然性を証明することであり、その判定は、通常人が疑を差し挟まない程度に真実性の確信を持ちうるものであることを必要とし、かつ、それで足りる」としている。なお、伊藤眞教授は、「この意味での高度の蓋然性および確信は、証明主題たる事項の性質、およびそれを証明するために用いられうる証拠の範囲によって決定される相対的なものであり、絶対的基準が存在するわけではない。」と指摘する（伊藤眞『民事訴訟法〔第4版補訂版〕』（有斐閣・2014年）330頁）。
[60]　松本博之＝上野泰男『民事訴訟法〔第7版〕』（弘文堂・2012年）397・398頁。

旨が簡易迅速な処理を実現する点にある以上、査定の申立て段階のみならず査定の裁判（決定）に際しても疎明で足りると解することが制度の趣旨により合致すると解する理解に基づくものと推察される。

これに対して、査定の申立て段階では、原因となる事実について疎明で足りるとしても、査定決定に際しては、証明を要するとする立場が主張されている[63]。この立場によれば、査定手続開始の申立てに際して疎明が求められたのは、濫用的申立てを排除する趣旨であると解することとなろう[64]。

この問題は、民事訴訟一般における証明と疎明の区別を踏まえ倒産手続における役員責任査定制度の趣旨やその仕組み、当事者の手続保障といった観点から考察する必要があるといえよう。

査定の裁判は決定手続であるものの審理の対象は管財人等の役員に対する損害賠償請求権の有無という実体法上の権利義務である。査定の裁判によって役員の管財人等に対する一定の支払義務が認められた場合、この判断に異議ある者は、異議の訴えを提起することができる（破産法180条1項、民事再生法145条1項、会社更生法102条1項）。異議の訴えについて、破産法179条1項、民事再生法144条1項、会社更生法101条1項は、査定の申立てに関する裁判として、「査定決定」（破産法179条1項、会社更生法101条1項）及び「査定の裁判」（民事再生法144条1項）と「申立てを棄却する裁判」（破産法179条1項、民事再生法144条1項、会社更生法101条1項）に分け、異議の訴えを提起できるのは、「役員責任査定決定に不服がある者」（破産法180条2項）、「143条1項の査定の裁判に不服がある者」（民事再生法145条1項）、「役員等責任査定決定に不服がある者」（会社更生法102条1項）と規定する。よって、異議の訴えの対象となるのは、役員の責任の一部又は全部を認容した裁判であり、申立ての全部を棄却する裁判は異

---

61) 筆者がこの問題を考察するにあたっては、伊藤眞教授に貴重なご指導を賜った。ここに記して感謝の意を表する次第である。もとより本章の内容の責任は筆者にのみあるものである。
62) 『民事再生の手引』238頁〔乾〕。
63) 『条解破産法〔第2版〕』1199頁。
64) 谷口・前掲注4) 103頁以下。なお、『条解破産法〔第2版〕』1195頁は、濫用的申立ての排除という点につき、「再生債権者に申立権を認めている再生手続においては意義のある要件と考えられるが、破産管財人のみが申立権を有する破産手続においては意義は乏しい」と指摘する。

議の訴えの対象とならないと解されている[65]。

　もっとも、申立ての全部を棄却する裁判に対して不服がある者は、役員に対する損害賠償請求権を訴訟物とする通常の民事訴訟を提起することが可能である[66]。通常訴訟では、役員に対する損害賠償請求権という実体法上の権利義務の存否が審理の対象となり、その原因事実には証明が必要となる。

　このような異議の訴えや通常訴訟の途を含めて査定制度全体を考察すれば、たとえ査定の裁判における損害賠償請求権の原因事実を疎明で足りると解しても当事者には異議の訴えか、通常訴訟によって争う途が認められており、手続保障について配慮がなされているといえよう。しかし、このことは、査定の裁判自体がそもそも疎明で足りるとの主張を積極的に支える根拠とまではいえないであろう。

　では、通常の民事訴訟上の証明と疎明の区別という観点からは、どのように理解すべきであろうか。民事訴訟法上、疎明は特定の条文のある場合にのみ認められると解されており[67]、破産法178条2項、民事再生法143条3項、会社更生法100条2項は、あくまでも「申立てをするときは、その原因となる事実を疎明しなければならない」として申立時を念頭に規定していると読むのが素直であろう。また、役員責任査定制度には、例えば民事保全法13条2項のように、決定手続ではあるものの疎明で足りるとする定めがない。民事訴訟法その他の法規では、このように疎明による旨の特別な規定がない限り、原則として証明が必要と解されている[68]。かかる民事訴訟一般の理解に従えば、査定の申立てに際しては、疎明で足りるとしても査定の裁判には、損害賠償請求権を基礎づける事実についての証明が必要であると解するのが合理的であるといえよう[69]。

---

65) 『大コンメ』732頁〔田頭章一〕、『条解破産法〔第2版〕』1202頁、『民事再生の手引』239頁〔乾〕、伊藤・前掲注45) 462頁。
66) 『民事再生の手引』239頁〔乾〕。
67) 例えば、秋山ほか・前掲注58) 132頁以下。『条解民事訴訟法〔第2版〕』1072頁は、「疎明すべき事項は原則として法の明規するものに限られる」とする。
68) 秋山ほか・前掲注58) 11・133頁。
69) 『条解破産法〔第2版〕』1199頁。中島・前掲注1) 452頁、『最新実務会社更生』223頁、田原睦夫「DIP型会社更生事件の管財人の欠格事由」福永有利先生古稀記念『企業紛争と民事手続法理論』（商事法務・2005年）。

しかし、仮に査定の裁判には原因事実の証明が必要であるとしても倒産手続上の役員責任査定制度の趣旨や構造に照らし、その証明度は民事訴訟一般の高度の蓋然性という確信レベルと必ずしも同様に解する必然性はないと考える。通常訴訟と同様の意味の証明度を査定制度に持ち込むことで、簡易迅速に役員に対する損害賠償責任の有無や損害の額を確定して破産財団や再生債務者財産を確保するという査定制度の本質的な趣旨が没却されるべきではない。査定手続は相手方役員の審尋を要するとされるものの口頭弁論が開催されず、証人尋問や当事者尋問、とりわけ反対尋問を経ない決定手続である。この意味で査定手続は証拠収集手段が限定されており、民事訴訟法上の通常の口頭弁論を前提とした裁判と同様な意味の証明のレベルまで心証を形成できるかは事案によっては疑問である。以上を前提に考察すれば、査定の裁判（決定）に求められる裁判所の心証のレベルが証明か疎明かといえば民事訴訟一般の理解からは証明が必要であると解さざるを得ないものの、通常訴訟において必要とされる証明と比べて要求される証明度は低いと解する余地があるといえよう。査定の裁判（決定）で求められる証明は、通常の民事訴訟における高度の蓋然性を基準とする確信レベルではなく査定制度の趣旨や構造を踏まえ、審尋を通じてなされる相手方の反対証明活動との対比を踏まえた相当の蓋然性ないし優越的蓋然性を意味すると考える[70]。結局のところ、証明か疎明かの心証形成は、裁判官の事実の存否についての自由心証によるものであるが（民事訴訟法247条）、いずれにしても査定制度の本来の目的である簡易迅速な処理という制度趣旨を踏まえた運用の実現が志向されるべきであると解する。

(2) 管財人等が役員の損害賠償責任を追及する場合の法的主張

　管財人等が役員の損害賠償責任を追及する場合の法的主張としては、役員の会社法上の責任に基づき損害賠償を請求する場合が多いといえる。その際、管財人等からみていかなる点に留意して主張立証を行うべきか、さらに相手方等からみていかなる点に留意して主張立証（反論反証）をなすべきかは、会社法

---

70)　なお、伊藤眞「証明、証明度および証明責任」法教254号（2001年）33頁。伊藤眞「証明度をめぐる諸問題—手続的正義と実体的真実の調和を求めて」判タ1098号（2002年）4頁以下。また、加藤新太郎『手続裁量論』（弘文堂・1996年）124頁以下。

における役員の責任や役員責任追及の構造を踏まえて検討する必要があるといえる。そこで、以下では会社法における役員の責任追及訴訟や役員責任査定制度に関する規律について考察することとする。

2 役員等の会社に対する任務懈怠責任

(1) 意　義

取締役、会計参与、監査役、執行役又は会計監査人（「役員等」という）は、その任務を怠ったときは、株式会社に対して損害を賠償する責任を負う（会社法 423 条 1 項）。このような責任を任務懈怠責任という。

倒産事件における役員の損害賠償責任は、取締役の会社に対する任意懈怠が問題となるケースが多いといえる。そこで、以下では役員等のうち特に取締役の場合を中心に論じる。

(2) 取締役と会社の法律関係

取締役と会社の関係は委任に関する規定に従い（会社法 330 条）、取締役は会社に対して善良な管理者の注意をもって委任事務を処理する義務（善管注意義務）を負う（民法 644 条）。この善管注意義務とは、委任を受けた者の地位、知識において一般的に要求される平均的な注意義務をいう。また、取締役は、法令・定款・株主総会の決議を遵守し、会社のために忠実にその職務を行うという忠実義務（会社法 355 条）を負う。善管注意義務と忠実義務の関係について、最大判昭和 45 年 6 月 24 日（民集 24 巻 6 号 625 頁）は、「［旧］商法 254 条の 3 ［引用者注：会社法 355 条］の規定は、同法 254 条 3 項［同：会社法 330 条］、民法 644 条に定める善管注意義務を敷衍し、かつ、一層明確にしたにとどまるのであって、通常の委任関係に伴う善管注意義務とは別個の、高度な義務を規定したものではない」と判示している。要するに、取締役の会社に対する忠実義務は、善管注意義務と本質を同じくするものであり、善管注意義務を一層明確にするために規定された義務であるといえる。

(3) 取締役の責任の性質
① 過失責任化

　会社法（平成17年7月26日法律第86号）成立前の改正前商法では、取締役の損害賠償責任の性質について、かつての委員会等設置会社とそれ以外の会社との間で差異を設けていた。具体的には、委員会等設置会社では、取締役の損害賠償責任は過失責任であるとし（旧商法特例法21条の17、21条の21）、それ以外の会社では、取締役の損害賠償責任の多くを無過失責任であるとしていた（旧商法266条1項1号から4号までの責任)[71]。

　しかし、このような態度は、それぞれの会社が選択した機関設計によって取締役の責任の性質に差異を設けることとなり合理的でないと批判された。また、民法をはじめとする私法上の過失責任の原則からすれば、取締役に無過失責任を認めることは厳格にすぎるという批判もあった[72]。

　そこで会社法は、取締役の会社に対する責任の性質を会社の機関設計によって差異を設けず、過失責任化し、取締役の損害賠償責任について過失責任を原則とした（会社法423条。なお、利益相反の場合の推定規定として同条3項参照)[73]。

② 過失責任の例外

　もっとも、会社法428条1項は、取締役と会社の利益相反取引のうち特に取締役が自己のためにした取引（会社法356条1項2号の取引のうち、自己のためにした取引）は、当該任務懈怠について当該取締役に帰責事由がないこと、つまり、無過失であることを理由に責任を逃れることができないとした。これは、利益相反取引のうち、特に自己のために取引を行った場合は、利益相反性が著しく高いため例外的に取締役の責任を加重して無過失責任としたものである[74]。

③ 任務懈怠責任
(ア) 任務懈怠の意義

　会社法423条1項は、取締役が「その任務を怠ったときは」これによって生じた損害を賠償する責任を負うと定めている。先に指摘したようにこの「任務

---

71) 相澤哲編著『新・会社法の解説』（別冊商事法務295号）（商事法務・2006年）117頁。神田秀樹『会社法〔第16版〕』（弘文堂・2014年）250・251頁等参照。
72) 相澤編著・前掲注71) 117頁。
73) 相澤編著・前掲注71) 117頁、神田・前掲注71) 234・236頁等参照。
74) 相澤編著・前掲注71) 118頁、神田・前掲注71) 234・236頁等参照。

を怠ったとき」を任務懈怠といい、この場合の損害賠償責任を任意懈怠責任という[75]。

では会社法上の任務懈怠とは、具体的にはいかなる場合を意味するであろうか。

まず、取締役と会社の関係は、委任に関する規定に従うことから取締役の任務懈怠とは、会社に対する善管注意義務違反や忠実義務違反を意味する[76]。また、取締役の任務には、法令及び定款を遵守して職務を行うことが含まれることから（会社法355条）、取締役が法令や定款に違反する行為を行った場合も任務懈怠となる。

本来、会社と取締役は委任関係にあることから取締役が委任契約上の義務に違反して会社に損害を与えた場合、会社に対して債務不履行に基づく損害賠償責任を負う（民法415条）。このような民法上の債務不履行責任とは別に、会社法は、取締役の会社に対する任務懈怠責任を定め、取締役が会社との任務を怠ったとき（任務懈怠）は、会社に対して損害を賠償する責任を負うとする（会社法423条1項）。この趣旨は、取締役の任務が委任契約の内容のみで定まるのではなく、法律上当然に生ずる場合もあることを考慮して法律上の任務に違反する場合にも会社に対する損害賠償責任を認めた点にある。

(イ) 改正前商法の規律との関係

改正前商法は、取締役の会社に対する責任について旧商法266条1項1号ないし5号が規定していた。旧商法266条1項5号は、「法令又は定款に違反する行為」として、取締役の会社に対する責任原因を包括的に定め、同条1項1号ないし4号で個別の責任原因を規定していた。しかし他方で、委員会等設置会社の取締役及び執行役に関する規定（旧商法特例法21条の17）では、「取締役又は執行役は、その任務を怠ったときは、委員会等設置会社に対し、これにより当該委員会等設置会社に生じた損害を賠償する義務を負う」と規定していた。会社法は、委員会等設置会社の文言にならって、旧商法266条1項5号の「法令又ハ定款ニ違反スル行為ヲ為シタルトキ」との文言を「その任務を怠ったと

---

75) 江頭憲治郎『株式会社法〔第5版〕』（有斐閣・2014年）461頁、神田・前掲注71）251頁。
76) 大隅健一郎ほか『新会社法概説〔第2版〕』（有斐閣・2010年）233頁。

き」(会社法423条1項)に変更しているが、その実質には変更がないと解されている。

(ウ) 倒産事件における役員の任務懈怠

倒産事件において取締役の任務懈怠が問題となる典型的なケースとしては、自己又は他の取締役に対する過大な報酬の支給、関連会社又は自己の経営する会社に対する過大な融資又は債務の免除、違法配当、法人財産の横領、法人財産の廉価売却等が挙げられる[77]。

(4) 任務懈怠と過失の関係

① 問題の所在

会社法423条1項は、取締役の会社に対する任務懈怠責任を規定している。この任務懈怠の概念の理解をめぐって任務懈怠と過失は、どのような関係にあるのか、具体的には任務懈怠と過失は、取締役の会社に対する損害賠償責任が発生するための別個の要件と位置づけるべきか、それとも任務懈怠があれば過失も存在するというように同一の要件として理解すべきかについて争いがある[78]。

実際の場面としては、任務懈怠があったとしても取締役に過失がないという場合もあり、このような場面では取締役の損害賠償責任は認められないことになるのかが問題となる。この問題をいかに解するかは、倒産事件における役員責任追及の場面において管財人等の側と相手方等の側がいかなる主張立証を行うべきかという問題に関連することとなる。

② 一元説と二元説[79]

任務懈怠と過失の関係について、以下のとおり一元的に捉える考え方(一元説)と二元的に捉える考え方(二元説)の対立がある[80]。

(ア) 一元説

この見解は、特定の結果の実現を債務の内容とする結果債務と、結果の実現ではなく結果に向けて最善を尽くすことを債務の内容とする手段債務に二分し

---

[77] 『破産管財の手引〔増補版〕』220・221頁〔古谷〕。
[78] 大隈ほか・前掲注76) 233頁注176以下参照。
[79] 相澤編著・前掲注71) 117頁。

た上で、このような債務の分類に応じて、債務不履行責任（民法415条）、特に不完全履行の場合、手段債務については、「債務の本旨に従った履行がないこと」と「帰責事由」（過失）を一元的に把握するべきであるという立場を前提とする。その上で、取締役の任務を手段債務と位置づけて会社法423条1項の責任について任務懈怠と過失を一元的に理解する。

このような一元説に対しては、会社法428条1項は「任務を怠ったこと」と「責めに帰することができない事由によるものであること」を文言上、明らかに区別して規定している点と相容れないという批判がある。

一元説によれば、原告が取締役の任務懈怠の事実について立証責任を負うことになり原告が取締役の任務懈怠の事実を立証できた場合には、取締役が無過失の立証をする余地はなくなる。

---

80) なお、一元説、二元説の用語の用法については、①取締役の任務懈怠と過失が同一であると考える見解を一元説と称し、任務懈怠と過失は別個であると考える見解を二元説と称する用法と、②具体的な法令に違反する場合とそれ以外の取締役の善管注意義務違反の場合とで、両者を分けずに捉える考え方を一元説、取締役の責任の判断構造を分けて捉える考え方を二元説とする用法がある（潮見佳男「民法からみた取締役の義務と責任」商事1740号（2005年）38頁以下。受川環大「役員等の株式会社に対する損害賠償責任」稲葉威雄＝尾崎安央『改正史から読み解く会社法の論点』（中央経済社・2008年）148頁。江頭憲治郎ほか編『論点体系会社法3』（第一法規・2012年）392頁）。本章は、取締役の任務懈怠と過失が同一であると考える見解を一元説、任務懈怠と過失は別個であると考える見解を二元説と称する用法を用いている。

なお、具体的な法令に違反する場合とそれ以外の取締役の善管注意義務違反とで判断構造を分けて捉えるかどうかという点に関する一元説、二元説の対立について、潮見・前掲論文38頁以下は、一元説は、取締役の法令違反行為を取締役の注意義務の一内容として捉え、法令違反が問題となる事案でも、任務懈怠（本旨不履行）の要件事実をなすのは、会社が具体的な法令に違反したことではなく、会社に法令違反を生じさせないように注意して行動すべき取締役の義務に対する違反ということになり善管注意義務違反＝任務懈怠＝過失と捉えることになると説明する。潮見・前掲論文39頁は、これに対して、二元説について、具体的な法令に対する違反の場合には、会社の活動にとっての適法性の確保と会社経営の効率性の確保とが異質であり、かつ、適法性の確保は法令遵守という高度の要請に基づくものであることを認めることを基礎として、二元説は、具体的法令違反をもって直ちに任務懈怠とし、その結果、法令違反＝任務懈怠≠過失と捉えるものである旨を説明する。二元説によった場合、原告側で会社が具体的に法令に違反したとの事実を主張立証すれば、「任務懈怠」の要件事実の主張立証として足りることになる（潮見・前掲論文39頁）。会社法施行前の最判平成12年7月7日（民集54巻6号1767頁）は、二元説を採用したと解されている。この問題に関して、私見は、具体的法令違反があった場合について、二元説が妥当であると解する。

(イ)　二元説[81]

　この見解は、会社法423条1項にいう任務懈怠と過失を別個の要件として理解する立場である。

　二元説は、まず取締役の会社に対する法律上の任務は、客観的に取締役の行為が法律上の要件を充足しないのであれば違法と評価せざるを得ないと考える。しかし、仮に客観的に法律上の任務に違反した場合でも、具体的状況における取締役の責任は過失の有無によって判断することが妥当であると主張する。このような観点から、会社法423条1項は、違法性を「任務を怠ったこと」という文言で表し、他方で会社法428条1項は、「任務を怠ったことが当該取締役又は執行役の責めに帰することができない事由によるものであることをもって」として、無過失を任務懈怠があった取締役の免責事由として位置づけて「責めに帰することができない事由によるものであること」という文言で表現したと理解するのである。この意味で、会社法423条1項は任務懈怠と過失とを別の要件として要求していると考える。具体的場面において取締役は、任務懈怠があったとしても、過失がなければ責任を負わないこととなる[82]。

③　立案担当者による説明

　以上の問題につき立案担当者は、取締役の責任については、違法性を「任務を怠った」という文言で、無過失を「責めに帰することができない事由によるものであること」という文言で表現することにより、二元説を採ることを明らかにしていると説明しており[83]、文言上も二元説が妥当であると解される。

④　管財人等が主張すべき請求原因事実

　二元説を前提に訴訟における主張立証の構造を考察すると、二元説は任務懈怠の主張立証は、(ア)取締役が義務を果たしていたならば行われるべき行為と(イ)取締役が実際に行った行為を主張立証して、その間に齟齬があることを示すことであると指摘する[84]。原告が任務懈怠の立証責任を負い、これを立証できた場合に、取締役が自らの無過失の立証責任を負うことになる。原告が取締役の

---

81)　相澤編著・前掲注71）117頁。
82)　大江忠『要件事実会社法(2)』（商事法務・2011年）680頁。
83)　相澤編著・前掲注71）118頁。
84)　大江・前掲注82）682頁。

任務懈怠の事実を立証した場合でも、取締役が抗弁として自らの無過失を立証すれば、責任を免れる余地があるといえよう。

　二元説を前提にすると管財人等が取締役の任務懈怠を理由に損害賠償請求をする場合、管財人等は、以下の請求原因事実を主張立証する必要がある[85]。

　(ア)　取締役の選任とこれに基づく任用契約

　(イ)　(ア)の不完全履行を基礎づける法令・定款違反行為又は善管注意義務違反行為の存在

　(ウ)　損害の発生及び数額ならびに(イ)の不完全履行行為と損害との間の因果関係

請求原因事実(イ)は、「取締役が義務を果たしていたならば行われるべき行為」と「取締役が実際に行った行為」とを、それぞれ主張立証することになる。

⑤　相手方からの主張反論

　これに対して、二元説によった場合、被告となった取締役からは、抗弁として帰責事由（過失）の不存在や違法性が存在しないことの評価を根拠づける事実に基づく反論がなされる場合が考えられよう。

3　取締役の行為類型ごとの考察

　管財人等が取締役の任務懈怠を理由に損害賠償請求をする場合、善管注意義務や忠実義務（会社法330条、民法644条、会社法355条）といった会社法上の一般的規定違反のみならず、会社法上の取締役の行為類型ごとに考察する必要がある。そこで、以下では、取締役に善管注意義務違反が存在する場合について検討した後、取締役の行為類型ごとに分けて考察する[86]。

(1)　取締役に善管注意義務違反が存在する場合

①　管財人等が主張すべき請求原因事実

　取締役に善管注意義務違反が存在する場合に管財人等は、以下の請求原因事

---

85)　東京地方裁判所商事研究会『商事関係訴訟』（青林書院・2006年）182頁〔佐々木宗啓〕。
86)　東京地方裁判所商事研究会『類型別会社訴訟Ⅰ〔第3版〕』（判例タイムズ社・2011年）（以下、『類型別会社訴訟Ⅰ〔第3版〕』と略称）204頁。

実を主張立証する必要がある[87]。
　(ア)　取締役の選任とこれに基づく任用契約
　(イ)　不完全履行行為にあたる任務懈怠行為の内容となる善管注意義務違反行為の評価を根拠づける具体的な事実
　(ウ)　損害の発生及び数額ならびに(イ)の不完全履行行為と損害との間の因果関係

② 規範的要件としての善管注意義務における主要事実と相手方からの主張反論

　善管注意義務違反は規範的評価であり、当該評価を基礎づける事実を主要事実とみるべきであるとの見解がある[88]。この見解によった場合、取締役は抗弁として、義務違反が存在しないことを基礎づける事実を義務違反行為の評価障害事実として主張することになると解される[89]。

　このように解した場合、管財人等によって請求原因として不完全履行（善管注意義務違反）の評価を根拠づける評価根拠事実の主張立証がされ、取締役がこれを争う場合、取締役は不完全履行（善管注意義務違反）を覆す評価障害事実及び過失の不存在を根拠づける評価根拠事実を主張立証し、これに対して、さらに管財人等は過失の不存在の評価を障害する評価障害事実を主張立証すべきことになると考える[90]。

(2) 取締役の善管注意義務と経営判断の原則
① 意　義

　会社の経営には本来リスクが伴い、取締役が経営判断を行うにあたっては、会社をとりまく将来の環境を完全に予測することはできず、結果として損害が生じる場合がある。しかし、取締役の経営判断が結果として会社に損害を生じさせた場合、常に取締役の責任を問うことは取締役の業務執行を萎縮させることになりかねず妥当ではない。そこで、裁判例や学説は、経営判断の原則（ビ

---

87)　『類型別会社訴訟Ⅰ〔第3版〕』221頁。
88)　『類型別会社訴訟Ⅰ〔第3版〕』222頁。
89)　同上。
90)　『類型別会社訴訟Ⅰ〔第3版〕』223頁、菅原貴与志「任務懈怠責任の法的責任と構造」山本爲三郎編『新会社法の基本問題』（慶應義塾大学出版会・2006年）196頁以下。

ジネス・ジャッジメント・ルール）を認めている。経営判断の原則とは、取締役が経営判断を行う状況のもとで、事実認識・意思決定過程に不注意がなければ、取締役に広い裁量を認め、結果として会社に損害が生じたとしても任務懈怠責任を問わないという原則をいう。

なお、既に検討したように倒産事件においては相手方の経営判断が問題となる事案等、争点が複雑多岐にわたる事案において、仮に認容決定がされても相手方から異議の訴えが提起されることが予想される場合には、実務上、当初から通常訴訟による損害賠償請求訴訟を提起するのが相当であると指摘されている[91]。

② 裁判例

経営判断の原則により、取締役の経営判断には一定の裁量が認められ、取締役の行為が会社に対する任務懈怠（善管注意義務違反又は忠実義務違反）となるか否かは、行為当時の状況に照らし合理的な情報収集・調査・検討等が行われたか、及びその状況と取締役に要求される能力水準に照らし合理的な判断がなされたかを基準に判断されることとなる。

経営判断の原則が問題となった裁判例は多岐にわたるが、典型的なものとしては、東京地判平成16年9月28日（判時1886号111頁）がある。この裁判例は「企業の経営に関する判断は不確実かつ流動的で複雑多様な諸要素を対象にした専門的、予測的、政策的な判断能力を必要とする総合的判断であり、また、企業活動は、利益獲得をその目標としているところから、一定のリスクが伴うものである。このような企業活動の中で取締役が萎縮することなく、経営に専念するためには、その権限の範囲で裁量権が認められるべきである。したがって、取締役の業務についての善管注意義務違反又は忠実義務違反の有無の判断に当たっては、取締役によって当該行為がなされた当時における会社の状況及び会社を取り巻く社会、経済、文化等の情勢の下において、当該会社の属する業界における通常の経営者の有すべき知見及び経験を基準として、前提としての事実の認識に不注意な誤りがなかったか否か及びその事実に基づく行為の選択決定に不合理がなかったか否かという観点から、当該行為をすることが著し

---

[91] 『破産管財の手引〔増補版〕』222頁〔古谷〕。

く不合理と評価されるか否かによるべきである」と判示している。これによれば、経営判断の原則は、㋐経営判断に至る手続と㋑経営判断の内容の2点を審理して判断されているといえる[92]。

③ 管財人等が主張立証するべき事実

管財人等が取締役の経営判断の原則違反について、損害賠償請求する場合の請求原因事実は、以下のとおりである[93]。

　㋐　取締役として一定の経営事項につき判断決定をしたこと
　㋑　㋐について裁量を逸脱したことを特定ないし基礎づける具体的事実
　㋒　会社に発生した損害及びその数額
　㋓　㋐及び㋒の間の因果関係

この経営判断の原則は、過失の阻却事由ではなく、原告側が取締役の善管注意義務違反行為の評価を根拠づける具体的な事実を主張立証すべきと解される[94]。

もっとも、取締役の不完全履行（善管注意義務違反）の評価を根拠づける評価根拠事実の主張立証がされ、これを取締役が争う場合、取締役は不完全履行（善管注意義務違反）を覆す評価障害事実及び過失の不存在を根拠づける評価根拠事実を主張立証し、管財人等は過失の不存在の評価を障害する評価障害事実を主張立証することになると解される[95]。例えば、取締役側において後記の信頼の原則の適用等を主張して自らに善管注意義務違反は認められない旨を主張反論することになろう。

④ アメリカにおけるビジネス・ジャッジメント・ルールとの違い

アメリカにおけるビジネス・ジャッジメント・ルールは、裁判所は、取締役と会社の間に利害の対立のないこと、及び、取締役の意思決定の過程に不合理

---

[92] その他、東京地判平成14年7月18日（判時1794号131頁）も、「取締役の判断に許容された裁量の範囲を超えた善管注意義務違反があるとするためには、判断の前提となった事実認識に不注意な誤りがあったか否か、又は判断の過程・内容に著しく不合理なものがあったか否か、言い換えれば、当該判断をするための情報収集・分析、検討が当時の状況に照らして合理性を欠くものであったか否か、これらを前提として判断の推論過程及び内容が明らかに不合理なものといえるかどうかが問われなければならない」と判示する。
[93] 『類型別会社訴訟Ⅰ〔第3版〕』204頁。
[94] 『類型別会社訴訟Ⅰ〔第3版〕』204頁、菅原・前掲注90）194頁以下。
[95] 『類型別会社訴訟Ⅰ〔第3版〕』221頁、菅原・前掲注90）194頁以下。

がないことのみを審査し、取締役の判断の内容の合理性には一切踏み込まないとするものである。

これに対して、日本における経営判断の原則は、日本版ビジネス・ジャッジメント・ルールと呼ばれることもあるが、取締役の決定の内容に実質的に立ち入って、その合理性の有無を判断する際の基準として機能している点で、判断内容の審査に立ち入らないとするアメリカにおけるビジネス・ジャッジメント・ルールとは異なると指摘できる[96]。つまり、アメリカにおけるビジネス・ジャッジメント・ルールは、司法の判断を排除する機能を有しているのに対して、日本における経営判断の原則は、裁判所による司法判断の際の判断基準として機能しているといえる[97]。

⑤ 経営判断の原則の適用範囲

次のような場面では、取締役に裁量は認められず、経営判断の原則の適用はないと考えられる。

(ア) 会社の利益を図る目的でない場合や取締役の個人的利害関係が存する場合

倒産事件では、倒産会社の取締役が自身の支配する別の関係会社に倒産会社の資金を原資にした過大な融資を実施して会社に損失を生じさせるケースが存在する。例えば、倒産会社の代表取締役が、自身の支配するA社が実質的に経営破綻状態にあるにもかかわらず、倒産会社からA社に対して多額の融資を行い、当該代表取締役がA社から多額の報酬を得ているようなケースが考えられる。

このような場合、管財人等は融資の妥当性について調査し、取締役の責任追及を積極的に検討するべきである。

東京地判平成15年5月22日（判時1835号126頁）では、融資の回収不能による損害が問題となった。当該融資を元代表取締役の関係会社に対する迂回融資と認定して、弁済について懸念が存する融資であり、これを認識しながら自己の利益を図るために会社における地位を利用して実施されたものであり善管注意義務違反があると認定した。ここでは経営判断の原則への言及はない。

---

[96] 弥永真生『リーガルマインド会社法〔第13版〕』（有斐閣・2012年）207頁。
[97] 日本取締役会編著『経営判断ケースブック』（商事法務・2008年）30頁。

また、大阪地判平成 14 年 10 月 16 日（判タ 1134 号 248 頁）は、頭取の長男名義の土地上に建設された書庫倉庫について、目的を頭取の長男が地代名目で定期的に金員を受領できるようにするためのものであったと認定し、頭取及び積極的に賃貸借契約締結に向けて措置を講じた副頭取について、善管注意義務違反を認めた。ここでも経営判断の原則への言及はなされていない。なぜなら、取締役個人が利害関係を有する事項について善管注意義務違反が問題となったものであり、そもそも会社の利益を図る目的ではない事案であることから経営判断の原則により取締役に一定の裁量を認めること自体不適当だからである。

　(イ)　**法令違反が問題となる場合**

　経営判断の原則は、法令を遵守した上で行う自由な裁量に基づく取締役の判断に対して適用される原則である。そこで、取締役に法令違反を伴う経営判断をすることの裁量は与えられていないと考えられる[98]。

　管財人等は、取締役の善管注意義務違反に基づく責任追及をするに際して、経営判断の原則の適用の前提を欠くといえるか、具体的には、(a)取締役の行った行為が会社の利益を図る目的でない場合や取締役の個人的利害関係が存する場合にあたるか、(b)取締役に具体的な法令違反の事実が認められるか等を調査するべきといえよう。また、事実関係を調査し、経営判断の原則の適用が問題となる場合でも明白に裁量を逸脱することを基礎づける事実が認められるか否か、査定決定を得た後の和解可能性の有無、相手方たる取締役の損害賠償責任に対するスタンス等を総合的に考慮した上で、取締役の損害賠償責任の査定の申立てを行うか、通常訴訟により損害賠償請求の訴えを提起するか否かを検討するべきであると考える。

　取締役の法令違反が問題となる事案では、取締役に経営判断の原則が適用されなくなるため、管財人等には、法令違反が認められるか否かについて十分な調査を行うことが求められる。例えば、倒産事件で取締役の責任が問題となる事案として、取締役に法人財産の横領行為が存在する場合（刑法 253 条）や株主

---

[98]　『類型別会社訴訟Ⅰ〔第 3 版〕』242 頁。例えば、東京地判平成 8 年 6 月 20 日（判時 1572 号 27 頁）は、関税法及び外国為替管理法に違反する不正取引・不正輸出について、取締役がその事実を認識しながら指示・承認したものについては、取締役の善管注意義務・忠実義務に違反すると判示する。また、大阪地判平成 12 年 9 月 20 日（判時 1721 号 3 頁）も、法令遵守すべきか否かについての判断について取締役の裁量を否定している。

総会の承認手続を経ることなく過大な報酬を受給していた場合（会社法361条）等の具体的な法令違反が認められる事案では、経営判断の原則は認められないと解される[99]。そこで、このような場面で管財人等は、弁済原資、配当原資の増殖を図り手続の透明性を確保するため積極的に取締役の責任追及を行うべきである。

⑥ 信頼の原則

(ア) 信頼の原則の意義

信頼の原則とは、取締役が下部組織における情報収集等について、これが適正になされていると信頼して自らの意思決定をすることを認める原則をいう[100]。管財人等が取締役の善管注意義務違反を主張して損害賠償請求した場合、相手方である取締役より下部組織からの合理的な情報収集等に基づき判断したものであり善管注意義務違反はないとの主張がなされることが考えられる。

(イ) 裁判例

例えば、取締役が経営判断を行うにあたって部下の報告等を信用した場合について、東京地判平成14年4月25日（判タ1098号84頁）は、「取締役の行なった情報収集・分析、検討などに不足や不備がなかったかどうかについては、分業と権限の委任により広汎かつ専門的な業務の効率的な遂行を可能とする大規模組織における意思決定の特質が考慮に入れられるべきであり、下部組織が求める決裁について、意思決定権者が、自ら新たに情報を収集・分析し、その内容をはじめから検討し直すことは現実的ではなく、下部組織の行なった情報収集・分析・検討を基礎として自らの判断を行なうことが許されるべきである。

---

99) なお、前記大阪地判平成12年9月20日は、A銀行の米国ニューヨーク支店勤務の従業員が11年間にわたり無断かつ簿外で米国財務証券取引を行い約11億ドルという巨額な損失をもたらした事案で、経営判断の原則に関して、取締役Bらが「米国で事業を展開していたにもかかわらず、米国当局の監督を受けていること、並びに、米国の外国銀行に対する法規制の峻厳さに対する正しい認識を欠き、米国当局に対する届出を行わず、米国法令違反行為を行うという選択を行った」と認定した上で、「取締役に与えられた広い裁量も、外国法令を含む法令に違反しない限りにおいてのものであり、取締役に対し、外国法令を含む法令に違反するか否かの裁量が与えられているものではないから、前判示のとおり、被告Bらは、取締役の善管注意義務及び忠実義務に違反したものである」と判示する。
100)『類型別会社訴訟 I〔第3版〕』242頁。

特に、原告のように専門知識と能力を有する行員を配置し、融資に際して、営業部店、審査部、営業企画部などがそれぞれの立場から重畳的に情報収集、分析及び検討を加える手続が整備された大銀行においては、取締役は、特段の事情のない限り、各部署において期待された水準の情報収集・分析、検討が誠実になされたとの前提に立って自らの意思決定をすることが許されるというべきである。そして、上記のような組織における意思決定の在り方に照らすと、特段の事情の有無は、当該取締役の知識・経験・担当職務、案件との関わり等を前提に、当該状況に置かれた取締役がこれらに依拠して意思決定を行なうことに当然に躊躇を覚えるような不備・不足があったか否かにより判断すべきである」と判示する。

次に、東京地判平成14年10月31日（判時1810号110頁）は、銀行の取締役の責任について、「取締役の情報収集・分析、検討に上記のような不足・不備があったかどうかについては、分業と権限の委任を本質とする組織における意思決定の特質が考慮に入れられるべきであり、特に、原告のように融資の際に営業部店及び本部審査部などがそれぞれの立場から重畳的に情報収集・分析、検討を加える手続が整備された銀行においては、取締役は、特段の事情のない限り、各部署の行った情報収集・分析、検討に依拠して自らの判断を行うことが許されるべきであるが、特段の事情の有無は、当該取締役の知識・経験・担当職務、案件とのかかわり等を前提に、当該状況におかれた取締役がこれらに依拠して意思決定を行うことに当然躊躇を覚えるような不足・不備があったかどうかにより判断すべきである」とした上で、取締役の善管注意義務違反を認めた。

また、東京地判平成16年3月25日（判時1851号21頁）は、「取締役の行った情報収集・分析、検討などに不足や不備がなかったかどうかについては、分業と権限の委任により広汎かつ専門的な業務の効率的な遂行を可能とする大規模組織における意思決定の特質が考慮に入れられるべきであり、下部組織が求める決裁について、意思決定権者が、自ら新たに情報を収集・分析し、その内容をはじめから検討し直すことは現実的でなく、下部組織の行った情報収集・分析、検討を基礎として自らの判断を行うことが許されるべきである。特に、原告のように専門知識と能力を有する行員を配置し、融資に際して、営業部店、

審査部、営業企画部などがそれぞれの立場から重畳的に情報収集、分析及び検討を加える手続が整備された大銀行においては、取締役は、特段の事情のない限り、各部署において期待された水準の情報収集・分析、検討が誠実になされたとの前提に立って自らの意思決定をすることが許されるべきである。そして、上記のような組織における意思決定の在り方に照らすと、特段の事情の有無は、当該取締役の知識・経験・担当職務、案件との関わり等を前提に、当該状況に置かれた取締役がこれらに依拠して意思決定を行うことに当然に躊躇を覚えるような不備・不足があったか否かにより判断すべきである」と判示する。

さらに、最判平成22年7月15日（判時2091号90頁）は、「本件決定に至る過程においては、参加人及びその傘下のグループ企業各社の全般的な経営方針等を協議する機関である経営会議において検討され、弁護士の意見も聴取されるなどの手続が履践されているのであって、その決定過程にも、何ら不合理な点は見当たらない」と判示する。

　(ウ)　**倒産事件における経営判断の原則・信頼の原則**

倒産事件において、専門性の高い業務に関して取締役が専門組織に属する部下からの報告を前提に経営判断を行った場合や弁護士に意見聴取を行っている事案においては、経営判断の原則が適用され、信頼の原則が妥当する場合がある。かかる場合、管財人等が取締役の知識・経験・担当職務・案件との関わり等を前提に、当該状況に置かれた取締役がこれらに依拠して意思決定を行うことに当然に躊躇を覚えるような不備・不足があったことを主張立証することは容易でない場合も想定される。そのため、管財人等は、倒産事件において取締役の損害賠償責任を追及するか否かを判断する上で、信頼の原則が適用される事案か否かを事前に十分検討し、取締役に対する責任追及を行うか否かを決するべきといえよう。

　⑦　**過失相殺について**

取締役の善管注意義務違反に対して、取締役側から過失相殺が主張されることがある。

前記のとおり会社法は、取締役について「任務を怠ったこと」と「責めに帰することができない事由によるものであること」を区別し（会社法428条1項）、任務懈怠と過失を別の要件とする（二元説）。

民法上、過失相殺を定める規定としては民法 418 条と同法 722 条 2 項が存在するが、取締役の任務懈怠責任については、その本質が会社との間の任用契約上の債務不履行、特に不完全履行であると解されることから過失相殺については、民法 418 条が根拠条文となる[101]。例えば、東京地判平成 2 年 9 月 28 日（判時 1386 号 141 頁）は、取締役の任務懈怠責任について、原告会社の職員の職務懈怠や他の取締役の責任を認定した上で、これらを全体として原告会社の「組織上の欠陥」と評価し、過失相殺における債権者（会社）側の過失と評価して過失相殺の法理を類推適用している。また、福岡地判平成 8 年 1 月 30 日（判タ 944 号 247 頁）は、被告取締役の会社に対する任務懈怠責任を検討するに際して、他の取締役の監視義務違反を認定した上で原告会社がこのような「他の取締役の責任を不問に付したまま」被告取締役の責任のみを追及することが損害の公平な分担という過失相殺の法理の趣旨に照らして相当でないと判断している。

しかし、内部統制システムの構築義務が、善管注意義務の一内容をなすものと位置づけられる点に照らすと、取締役の任務懈怠責任における会社に対する損害賠償額を他の取締役の義務違反を理由に過失相殺によって減額することは、疑問であるといえよう[102]。

(3) 取締役に法令・定款違反行為が存在する場合
① はじめに

取締役に法令・定款違反行為があり、その結果会社に損害が生じた事案では、管財人等は事実関係を調査した上で、取締役に対する損害賠償責任を追及することを検討すべきであろう。管財人等の調査の過程で、取締役に法人財産の横領行為が存在する場合（刑法 253 条）や株主総会の承認手続を経ることなく過大な報酬を受給していた場合（会社法 361 条）のように法令・定款違反が認められ、その結果会社に損失を生じさせたといった事実が判明した場合は、取締役の損害賠償責任の有無を明らかにし、債権回収を図る必要が高いといえる。このよ

---

101) 岡伸浩「取締役の任務懈怠責任と過失相殺（上）」ビジネス法務 2010 年 5 月号（2010 年）116 頁以下。
102) 岡・前掲注 101) 124 頁以下。

うな場面では、管財人等は、裁判所と協議の上、取締役の損害賠償責任の査定申立てを検討するべきといえる。なお、既に述べたとおり、経営判断の原則の適用は、あくまでも取締役が経営者として法令を遵守した上で行う自由な裁量に基づく判断であることを前提とするものであり、取締役は法令違反を伴う経営判断をすることの裁量は与えられていないと考えられる。

② 「法令」の意義

前記のとおり会社法 423 条 1 項は、旧商法 266 条 1 項 5 号の「法令又ハ定款ニ違反スル行為ヲ為シタルトキ」との文言を「その任務を怠ったとき」（会社 423 条 1 項）に変更しているが、その実質には変更がないと解されている。そこで、会社法 423 条 1 項の取締役の任務懈怠責任にいうところの「法令」に違反する行為がどのような法令違反行為を意味するかという点に関して争いがある。

この点、「法令」とは、会社を名宛人とする会社の利益の保護を目的とした取締役がその職務の執行にあたって遵守すべき個別具体的規定と会社法上の善管注意義務違反に限定すべきであるとする立場（限定説）が主張されている。

しかし、取締役が会社の業務執行を決定して、その執行にあたる立場にある以上、会社が法令を遵守するように職務にあたることは当然であるといえる。そこで、ここにいう「法令」には、㈠会社や株主の利益保護を目的とする具体的な規定（例えば会社法 156 条ないし 160 条や 356 条等）のみではなく、㈡会社を名宛人とする法令以外の公益の保護を目的とする規定、例えば刑法や独占禁止法等を含むすべての法令が該当すると解すべきである（非限定説）[103]。

要するに、会社法 423 条 1 項は、取締役が会社に対する任務懈怠によって会社に損害を与えたすべての場合を包含する広範な責任に関する規定であると解される。

この点、前記最判平成 12 年 7 月 7 日は、旧商法 266 条 1 項 5 号の「法令」の意義について、「会社が法令を遵守すべきことは当然であるところ、取締役が、会社の業務執行を決定し、その執行に当たる立場にあるものであることからすれば、会社をして法令に違反させることのないようにするためその職務執行に際して会社を名あて人とする右の規定を遵守することもまた、取締役の会

---

[103] 『類型別会社訴訟Ⅰ〔第 3 版〕』208 頁。

社に対する職務上の義務に属するというべきだからである」として「法令」の意義を限定せず、会社を名宛人として会社が遵守すべき法令であれば、商法以外の法令も広く包含するという立場を明らかにしている。

　倒産事件において、例えば、取締役に法人財産の横領行為が存在する場合（刑法253条）や株主総会の承認手続を経ることなく過大な報酬を受給していた場合（会社法361条）のように取締役に具体的な法令違反が認められる場合は、前述のとおり経営判断の原則が適用されないと解されるため、管財人等は具体的な法令違反の有無について十分調査し、取締役の責任を検討する必要があるといえよう。

③　管財人等が主張すべき請求原因事実

　取締役に法令・定款違反行為が認められた場合に、管財人等側で主張立証すべき事実は、以下のとおりである[104]。

　　(ア)　取締役が、会社の取締役として、法令・定款違反行為をしたこと
　　(イ)　会社に発生した損害及び数額
　　(ウ)　(ア)及び(イ)の間の因果関係

　取締役は、委任契約の内容として当然に法令や定款を遵守すべき立場にあるため、取締役に具体的な法令違反行為や定款違反行為が認められる場合、それ自体が取締役としての不完全履行行為に該当する任務懈怠行為の内容を構成するといえる。そのため、管財人等は、取締役の任務懈怠行為の内容となる法令・定款違反行為について具体的に主張すれば足りることになる[105]。

④　相手方からの主張反論

　管財人等が取締役に対して法令違反による損害賠償を請求する場面で取締役側から会社の利益を図るために法令違反行為を行ったという主張が予想される。しかし、取締役には具体的な法令違反行為を行うか否かの裁量権は与えられていない。したがって、一般には会社の利益を図るために法令違反行為を行ったという主張は免責のための抗弁とはならないと解される[106]。

　管財人等から具体的な法令違反についての主張立証がなされた場合、取締役

---

[104]　『類型別会社訴訟Ⅰ〔第3版〕』203頁。
[105]　菅原・前掲注90）193頁以下。
[106]　『類型別会社訴訟Ⅰ〔第3版〕』209・210頁、菅原・前掲注90）195頁。

からは、例えば具体的な法令違反の認識可能性がなかったことや法令遵守の期待可能性がなかったこと等に関して、過失（帰責事由）の不存在を基礎づける具体的事実に基づく反論がなされる場合が考えられる[107]。

(4) 違法配当に関する責任
① はじめに
倒産事件において、取締役が会社に利益が出ているかのように粉飾決算を繰り返し、分配可能額を超えて剰余金の配当を行い、会社に損害を与えることがある。このような場合、管財人等は事実関係を調査した上で、違法配当を実施した取締役の責任追及を行うべきである。
② 会社法上の規律
(ア) 違法配当に関与した取締役の責任

会社が違法に剰余金を配当した場合、当該行為により金銭等の交付を受けた者及び以下の取締役等は、会社に対して連帯して、当該金銭等の交付受領者が受けた金銭等の帳簿価額に相当する金銭の支払義務を負う（会社法462条1項6号）。

(a) 当該行為に関する職務を行った業務執行者（会社法462条1項柱書）
　(あ) 業務執行取締役（指名委員会等設置会社〔平成26年改正会社法2条12号〕の場合は執行役）
　(い) 当該業務執行取締役・執行役の行う業務の執行に職務上関与した者として法務省令（会社法施行規則116条15号、会社計算規則159条）で定める以下の者
　　①剰余金の配当による金銭等の交付に関する職務を行った取締役・執行役（会社計算規則150条8号イ）
　　②株主総会において剰余金の配当に関する事項について説明した取締役・執行役（同ロ）
　　③取締役会において剰余金の配当に賛成した取締役（同ハ）
　　④監査役又は会計監査人からの請求に応じて分配可能額の計算に関する報告をした取締役・執行役（同ニ）

---

[107] 菅原・前掲注90) 196頁。田中亘「利益相反取引と取締役の責任（下）」商事1764号（2006年）8頁。

        (b) 配当財産の帳簿価額が分配可能額を超える場合の総会議案提案取締役（会社法462条1項6号イ）
        (c) 配当財産の帳簿価額が分配可能額を超える場合の取締役会議案提案取締役（同ロ）
    (イ) 違法配当に関する責任の性質
　違法配当に関する責任は、取締役の会社に対する任務懈怠に基づく責任というよりも債権者のために会社財産を維持する義務の違反に基づくものであるため、会社法は取締役の会社に対する任務懈怠責任（会社法423条1項）から分離し、会社法462条1項に基づく取締役の責任が任務懈怠責任と異なることを明らかにしている。

　会社法462条1項6号、2項は、違法配当を行った取締役の責任を過失責任とした上で、取締役が違法配当につき無過失であることの証明責任を取締役側に負わせている[108]。そこで、以上の取締役は、その職務を行うにつき注意を怠らなかったことを証明したときは、この金銭支払義務を負わない（会社法462条2項）。

　改正前商法では、違法配当を行った取締役の責任は無過失責任であると解されていたが会社法では無過失責任を維持する合理性もなく、結果責任を問うと配当に対する過度の萎縮等の弊害を生じさせるおそれがあるとの理由で、過失責任に変更されたものである。なお、支払義務を負う場合には、分配可能額を限度として総株主の同意がある場合を除き、この支払義務を免除することはできない（会社法462条3項）。このように任務懈怠責任の場合に比べて（同424条）、取締役等の免責要件を厳格にしている。この趣旨は、会社法462条1項の支払義務は流出した会社財産の回復を図り、債権者の利益を保護するための規定であるため債権者を無視して総株主の同意により支払義務の全部を免除することは適当ではないという点にある。

    (ウ) 取締役の負う損害賠償額
　取締役が違法配当を行った場合に責任を負う損害賠償額は、交付された金銭等の帳簿価格に相当する金額である（会社法462条1項）。

---

108) 奥島孝康＝落合誠一＝浜田道代編『新基本法コンメンタール会社法2』（日本評論社・2010年）397頁〔奥島孝康〕。

③ 管財人等が主張すべき請求原因事実

違法配当を行った取締役に対する損害賠償請求を行う場合の請求原因事実は、以下のとおりである[109]。

 (ア) 取締役が、取締役として、剰余金の配当に関する業務を行ったこと

 (イ) (ア)の剰余金の配当時において、分配可能額がないことを基礎づける事実

 (ウ) 違法な剰余金（配当金又は中間配当金）の分配額

④ 管財人等による立証方法

管財人等が取締役の違法配当の責任を立証する際は、剰余金の配当が違法になされたことを示すことが必要となる[110]。具体的には、決算書類、剰余金の配当議案及び剰余金の払込みに関する書類が証拠として必要となろう。

もっとも、倒産事件において違法配当が問題となる事案では、取締役により粉飾決算が行われている場合が多い。粉飾決算がなされているような事案では、粉飾に関して公認会計士や税理士の意見書等を添付することが必要となる場合がある。

また、配当に係る業務に関する職務を行った取締役を特定するための職制図や定款等の書類、株主総会議事録、取締役会議事録等が立証方法として必要となろう[111]。

⑤ 相手方からの主張反論

取締役が抗弁としての職務を行うにつき注意を怠らなかったことを証明すれば責任を免れる（会社法462条2項）。

倒産事件においては、近時の複雑化した会計ルールのもとでは、粉飾決算が

---

[109]　『類型別会社訴訟Ⅰ〔第3版〕』143・114頁、大江・前掲注82）677頁。

[110]　なお、東京地判平成16年10月12日（判時1886号111頁）は、被告の配当が違法であり、中間配当の議決、あるいは利益処分議案の株主総会への提出に賛成した取締役である原告らの損害賠償義務の存否が審理の対象となり、決算において配当するに足りる配当利益があったかどうかが争点となった。同判決は、百貨店経営会社のグループ会社に対する貸金についての貸倒引当金の計上に関して、問題となる時期においてグループ会社が簿価純資産上債務超過の場合であっても、予定された債務超過であり、不動産の評価益を考慮した時価純資産は資産超過の状態であり、貸倒懸念債権とはいえず、金融機関からの資金的支援もあったときは、会計基準上貸倒引当金の計上が必要であったとまでは認められないとして役員に対する損害賠償の査定の決定を取り消した。

[111]　『類型別会社訴訟Ⅰ〔第3版〕』170・171頁。

なされていたことを把握しようにも不可能であるか、少なくとも取締役に過失はなかった等の反論がなされる場合が考えられよう。

(5) 利益供与に関する責任
① はじめに
　倒産事件において、取締役が株主の権利行使に関して、財産上の利益を供与し、これが倒産手続開始決定後の調査により明らかになる場合がある。例えば、ある特定の株主に対して取締役が利益供与を行い、会社に損失を与えたことが管財人等の調査によって判明したような場合が考えられる。
② 会社法上の規律
　会社法は、株式会社は何人に対しても、株主の権利の行使に関して、財産上の利益の供与をしてはならないと規定する（会社法120条1項）。会社は、財産上の利益供与を行った取締役に対して、供与した利益の価額に相当する額を請求することができる（同120条4項）。管財人等は、取締役が利益供与を行っていた場合、供与した利益の価額に相当する額の支払を求めるべきである。
③ 管財人等が主張すべき請求原因事実
　利益供与を行った取締役に対して損害賠償請求を行う場合の請求原因事実は、以下のとおりである。
　　(ア) 取締役が、会社の取締役として、会社又は子会社の計算において、他人に対して財産上の利益を供与したこと
　　(イ) (ア)が株主権の行使に関するものであること
　　(イ)' (ア)が特定の株主に対し
　　　(a) 無償のものであったこと
　　　(b) 有償であったが会社又はその子会社の受けた利益が供与に係る利益に比して著しく少なかったこと
　　(ウ) 供与された利益額
④ 管財人等による立証方法
　管財人等が利益供与について訴訟で立証する場合、会社の利益供与の内容や、数額を確定するために、会社が供与した利益に関する証拠、例えば物品に関する契約書、領収書、役務の提供依頼書等の証拠によって、利益供与の事実を立

証することになろう[112]。
　⑤　相手方からの主張反論
　　(ア)　利益供与を行った取締役は無過失責任を負う（会社法120条4項）のに対して、それ以外の取締役は、過失責任を負う。そこで、利益供与を行った取締役以外の取締役は、請求原因に対して抗弁としてその職務を行うことについて注意を怠らなかったことを証明すれば、責任を免れる（同120条4項但書）。利益供与を行った取締役以外の取締役からは、利益供与の事実を認識できなかったこと等自らの過失の不存在を基礎づける具体的な事実に基づく反論がなされる場合が考えられる。
　　(イ)　また、問題とされた取締役からは、利益供与に該当しないとの反論が考えられる。

⑹　その他取締役の一般的義務
①　はじめに
　倒産事件において、取締役が代表取締役の違法行為を漫然と見過ごしたような場合、監視を怠った取締役の監視義務違反が問題となる。この点、監視義務懈怠という不作為の態様では、損害の原因となった他の取締役の行為（例えば、危機時期の誤認取引であるとか、決済見込みのない手形の振出等）を阻止し得る現実的可能性を考慮して、重過失、あるいは因果関係を否定する等の方法で免責される場合もある[113]。
　会社法は、取締役の職務執行が広範であるため、善管注意義務や忠実義務といった一般的な規定のみでは、必ずしも十分でないと考えて、次のような定めを用意している。
②　監視義務
　(ア)　監視義務の範囲
　取締役会設置会社では、取締役会は、会社の業務執行について監督すべき地位にある（会社法362条2項2号）。したがって、代表取締役はもちろん取締役会を構成する取締役は、会社に対して、取締役会に上程された事項だけでなく、

---
112)　『類型別会社訴訟Ⅰ〔第3版〕』184頁。
113)　佐藤鉄男『取締役倒産責任論』（信山社・1991年）287頁。

代表取締役の業務執行一般について、あるいは、代表権のない他の一般の取締役の行為について、これを監視して、必要があれば取締役会を自ら招集し、あるいは、招集することを求めて取締役会を通じて業務執行が適正に行われるようにする職務を有していると解されている。このような取締役の義務を監視義務という。最判昭和48年5月22日（民集27巻5号655頁）は、「株式会社の取締役会は会社の業務執行につき監査する地位にあるから、取締役会を構成する取締役は、会社に対し、取締役会に上程された事柄について監視するにとどまらず、代表取締役の業務執行一般につき、これを監視し、必要があれば、取締役会を自ら招集し、あるいは招集することを求め、取締役会を通じて業務執行が適正に行われるようにする職務を有する」と判示し、監視義務違反を理由として取締役会の第三者に対する損害賠償責任を認めている（会社法429条1項参照）。例えば、倒産事件においては、代表取締役が粉飾決算を行い、利益がないにもかかわらずあるかのように見せかけ、自らが支配する関連会社に対して多額の融資を実施した結果、会社に損害を与えたような場合に、代表取締役を監視するべき他の取締役の監視義務違反が問題となる[114]。

(ｲ)　東京地判平成17年6月14日

民事再生事件において取締役の監視義務違反が問題となった事案として、東京地判平成17年6月14日（判時1921号136頁）がある。

この事案では、Y社の取締役Bが、A社（Yの代表取締役X_1、X_2が、それぞれ取締役、代表取締役を務める会社）に対する資金援助をするために、売買を装った架空取引によってYからAに対する約束手形の振出し（以下「本件取引」という）を継続的に行っていた。その後再生手続開始決定を受けたYは、Aに対する債権が回収不能になったことにつきXらに善管注意義務、忠実義務違反があったとして、損害賠償請求権の査定を申し立てた。

裁判所は、XらがBを監督すべき立場にあったと認めた上で、Xらには「本件取引について、Yへの損害発生の危険性にかんがみ、それを正常な取引とするか中止をするか適切な措置をとる義務があったと言うべきである」としてXらの善管注意義務及び忠実義務違反を認定した。

---

[114] 監視義務と内部統制構築義務の関係につき、松本伸也「取締役の監視義務（下）」商事1972号（2012年）41頁。

(ウ) 管財人等が主張すべき請求原因事実

　管財人等が取締役の監視義務違反を理由に損害賠償請求する場合、以下の請求原因事実を主張立証する必要がある[115]。

　　(a)　取締役のある者が会社に損害を及ぼす違法行為をしたこと
　　(b)　相手方が会社の取締役として、(a)について監視義務に違反したことを特定ないし基礎づける具体的事実
　　(c)　会社に発生した損害及びその数額
　　(d)　(b)と(c)との間の因果関係

(エ) 管財人等による立証方法

　倒産事件において、管財人等が取締役の監視義務違反について立証するためには、取締役のある者が会社に損害を及ぼす違法行為をしたことや他の取締役が監視義務に違反したことを具体的に主張立証する必要がある。管財人等は、取締役会に上程されている事項であれば、取締役会議事録、取締役会における配布資料、説明資料等を用いて、これらの事実を主張立証し、非上程事項の場合には、マスコミ報道記事、メール、内部告発文書等に基づき、監視義務違反について主張立証することになろう。また、取締役が監督者であることを示すために定款、職制図等も証拠方法として必要になろう[116]。

(オ) 相手方からの主張反論

　取締役は、代表取締役の業務全てについてその監視権限を行使することは事実上不可能であり、業務執行取締役の任務違反行為のすべてについて監視義務違反を問われるわけではなく、取締役会の非上程事項については代表取締役の業務活動の内容を知り、また知ることが可能であるなど特段の事情があるのにこれを看過した場合に限り、監視義務違反が認められるとされている（札幌地判昭和51年7月30日判タ348号303頁、東京地判昭和55年4月22日判時983号120頁、東京地判平成7年10月26日判時1549号125頁等)[117]。

　監視義務違反を問われた取締役としては、業務内容、選任後の取締役の実際の職務内容に照らして違法な業務執行を発見できる機会が存在しなかったこと

---

115)　『類型別会社訴訟Ⅰ〔第3版〕』204頁。
116)　以上につき『類型別会社訴訟Ⅰ〔第3版〕』261頁。
117)　『類型別会社訴訟Ⅰ〔第3版〕』250頁。

等自らの過失の不存在を基礎づける具体的事実に基づく主張反論をする場合が考えられよう。

③ 内部統制システム（リスク管理体制）の構築義務

(ｱ) はじめに

一定程度以上の規模の会社の場合、健全な会社経営のために会社が営む事業の規模や特性等に応じたリスク管理体制（内部統制システム）を整備する必要がある。内部統制システムとは、企業が不祥事を行わないようにする会社内部の仕組みとして理解することができる。会社が構築すべき内部統制システムについては、取締役会設置会社では、会社法362条4項6号、会社法施行規則100条、取締役会非設置会社では、会社法348条3項4号、会社法施行規則98条、指名委員会等設置会社（平成26年改正会社法2条12号）の場合は、会社法416条1項1号、会社法施行規則112条がそれぞれ定めている。なお、これらの内容は、事業報告で開示し（会社法施行規則118条2号）、監査役等による監査の対象となる（同129条1項5号、130条2項2号、131条1項2号）。

倒産した会社は、内部統制システムが十分に機能していない会社がほとんどであろうと予想される。管財人等が取締役の内部統制システムの構築義務違反を理由に損害賠償責任を追及する場面は、例えば内部統制システムに重大な欠陥があり、会計監査人等から指摘を受けていたにもかかわらず、これを是正せず、その結果一般消費者等に対して重大な被害を与えて倒産に至った場合のように重大な内部統制システム構築義務違反の存在が倒産原因となったことが明らかなケース等限定的な局面で問題になると解する。

(ｲ) 取締役の内部統制システム構築義務

取締役は、取締役会の構成メンバーとして、又は代表取締役もしくは業務執行取締役として、内部統制システム（リスク管理体制）を構築すべき義務を負う。この点、前記大阪地判平成12年9月20日は、取締役のリスク管理体制構築義務について、「健全な会社経営を行うためには、目的とする事業の種類、性質等に応じて生じる各種のリスク、例えば、信用リスク、市場リスク、流動性リスク、事務リスク、システムリスク等の状況を正確に把握し、適切に制御すること、すなわちリスク管理が欠かせず、会社が営む事業の規模、特性等に応じたリスク管理体制（いわゆる内部統制システム）を整備することを要する。そして、

重要な業務執行については、取締役会が決定することを要するから（商法260条2項）、会社経営の根幹に係わるリスク管理体制の大綱については、取締役会で決定することを要し、業務執行を担当する代表取締役及び業務取締役は、大綱を踏まえ、担当する部門におけるリスク管理体制を具体的に決定するべき職務を負う。この意味において、取締役は、取締役会の構成員として、また、代表取締役又は業務担当取締役として、リスク管理体制を構築すべき義務を負い、さらに、代表取締役及び業務担当取締役がリスク管理体制を構築すべき義務を履行しているか否かを監視する義務を負うのであり、これもまた、取締役としての善管注意義務及び忠実義務の内容をなすものというべきである。監査役は、商法特例法22条1項の適用を受ける小会社を除き、業務監査の職責を担っているから、取締役がリスク管理体制の整備を行っているか否かを監査すべき職務を負うのであり、これもまた、監査役としての善管注意義務の内容をなすものというべきである。」と判示している。

　(ウ)　**管財人等が主張すべき請求原因事実**

　取締役が内部統制システム構築の基本方針の決定を行っていない場合、管財人等は、以下の請求原因事実を主張立証する必要がある[118]。

　　(a)　取締役のある者が内部統制システム構築の基本方針の決定をしなかったこと
　　(b)　会社に発生した損害及びその数額
　　(c)　(a)と(b)との間の因果関係

　これに対して、取締役が内部統制システム構築に関する決議は行っていたものの、適切に運用されていなかった場合は、取締役の善管注意義務違反の問題となり、管財人等の側が任務懈怠行為を具体的に主張立証する必要が生じる[119]。

　(エ)　**管財人等による立証方法**

　管財人等が取締役の内部統制システム構築義務違反に関する責任を問う場合の立証方法としては、取締役会の上程事項であれば取締役会議事録、その配布・説明・分析資料等が考えられる[120]。また、内部告発文書等も内部統制シ

---

118)　『類型別会社訴訟Ⅰ〔第3版〕』204頁。
119)　菅原・前掲注90）200頁以下。

ステム構築義務違反を基礎づける資料となるといえよう。とりわけ、ある時期に内部告発文書等の違法行為を指摘する内部通報等が存在したにもかかわらず、取締役がこれを認識しつつ適切に内部統制システム構築義務を履行せず放置したため会社に損害が生じた場面での証拠としては重要であるといえよう。取締役に内部統制システム構築義務違反が問われるような場合、管財人等は取締役が内部統制システム構築義務を履行していたか否かを検討するため倒産手続開始決定後、速やかにこれらの資料を収集し、分析すべきである。

(オ) 相手方からの主張反論

管財人等が取締役の内部統制システム構築義務違反について主張立証した場合、取締役からは、過失の成立を妨げる評価障害事実に基づく反論がなされる場合が考えられよう。

④ 競業避止義務違反について

(ア) はじめに

倒産事件において取締役の競業避止義務違反が問題になる事案として、例えば会社の取締役が別会社の代表取締役に就任し、会社の営業秘密を持ち出した上、従業員や重要顧客を奪取し、会社に損害を与えるような場合が考えられる。

管財人等は、取締役が競業避止義務違反により会社に損害を与えたような場合、競業避止義務違反に基づき損害賠償請求することが考えられる。

取締役が自己又は第三者の利益のために会社の事業の部類に属する取引(競業取引という)を自由にできるとすると、会社の取引先を奪うなど会社の利益を犠牲にするおそれが生じる。そこで、このような事態が生じないようにするため、会社法は、取締役会設置会社では、取締役がこのような競業取引を行う場合には、当該取締役はその取引について重要な事実を開示して、取締役会の承認を得なければならないとした(会社法365条1項、356条1項1号)。

(イ) 規制の対象

(a) 競業取引

取締役が取締役会に重要な事実を開示して承認を得なければならない場合として、会社法356条1項1号は、取締役が自己又は第三者のために株式会社の

---

120)『類型別会社訴訟Ⅰ〔第3版〕』260頁。

事業の部類に属する取引をしようとするときを挙げる。このような取引を競業取引という。取締役は、会社の事業の部類に属する取引を本来であれば会社のために行うべきであるのに、それを自己又は第三者のために行うと、会社の利益を犠牲にしてしまうおそれがあるので、これを規制したものである。

　(b)　自己又は第三者の「ために」

　競業取引規制の趣旨は、取締役が自己又は第三者の利益を図るため会社の利益を犠牲にするおそれがあるためこれを防止する点にある。かかる趣旨から取締役が自己又は第三者の「ために」とは、単に取引の主体としても名義が形式的に取締役や第三者に帰属するという意味ではなく、その取引の経済上の利益がだれに帰属するかが重要であり、自己又は第三者の名義をもってするか否かを問わず、自己又は第三者の計算においてという意味に解すべきである[121]。

　(c)　「会社の事業」の部類に属する取引

　「会社の事業の部類に属する取引」の「会社の事業」には、一時的に休止しているにすぎない事業や開業準備に着手している事業も含まれると解される。

　(ウ)　管財人等が主張すべき請求原因事実

　管財人等が取締役の競業避止義務違反を理由に取締役の責任追及をする場合、以下の請求原因事実を主張する必要がある[122]。

　　(a)　相手方が会社の取締役として、競業取引をしたこと
　　(b)　会社に発生した損害及びその数額
　　(c)　(a)と(b)の間の因果関係

　なお、(b)の損害の数額については、競業取引によって取締役又は第三者が得た利益の額が会社の損害の数額であると推定される（会社法423条2項）。この趣旨は、競業避止義務違反による会社の損害は得べかりし利益（逸失利益）であり、事柄の性質上その額の立証が極めて困難であると考えられたことから、その困難を緩和する点にある[123]。

---

121)　なお、この問題について立案担当者は、「介入権が廃止された会社法においては、計算説をとる実益はなく、また会社法では、『ために』と『計算において』（120条1項）と区別して用いられていることから、356条1項1号についても、民法99条と同様、『名義において』と解すべきことは明らかである」と主張する（相澤哲ほか編『論点解説　新・会社法』（商事法務・2006年）324頁）。
122)　『類型別会社訴訟Ⅰ〔第3版〕』203頁。

(エ) **管財人等による立証方法**

管財人等が取締役の競業避止義務違反を理由に損害賠償請求する場合に収集する証拠として、商業帳簿、計算書類及び附属明細書、会計帳簿、税務申告書類の控え等が考えられる。

(オ) **相手方からの主張反論**

相手方である取締役からは、取締役会において競業取引について承認を受けたこと、会社に生じた損害は取締役に発生した利益よりも少額であること等の反論がなされる場合が考えられよう[124]。

---

123)『類型別会社訴訟Ⅰ〔第3版〕』235頁。
124) 大江・前掲注82) 699頁。

第 5 章

預り金の破産財団帰属をめぐる信託的構成に関する考察

I　はじめに

　本章は、信託に関する近時の最高裁判例を検討し、これらの判例に共通する問題として信託の設定を取り上げ、破産財団への帰属をめぐる問題について考察することを目的とする。

　近時、弁護士が破産手続開始決定を受ける事案も生じるに至っており、当該弁護士が依頼者から預り金を受領している場面では、受託者を弁護士、委託者兼受益者を依頼者とする信託の設定を認めて、当該預り金が信託財産と認定されれば信託の倒産隔離機能により破産財団に属さず（信託法25条1項）、委託者であり受益者である依頼者は取戻権を行使できると解される（破産法62条）[1]。これに対して、信託の設定が認められないとすれば当該弁護士の財産として破産財団に属し、当該依頼者の預り金は破産債権（同2条5項）として、破産手続上行使することとなり（同100条1項）、依頼者は総破産債権者に対する配当によってしか回収できないこととなる。このような帰結は、弁護士に金銭を預託した依頼者の立場からは現実的に大きな差異が生じることとなる。その意味で、いかなる場合に信託の設定が認められるか、とりわけ当事者間に信託の設定に関する明確な意思がないにもかかわらず信託が認められるのか、それはなぜか

---

[1]　新井誠監修『コンメンタール信託法』（ぎょうせい・2008年）88頁〔植田淳〕は、「受託者個人が破産しても、信託財産は、破産財団に組み込まれず、受益者は取戻権を有する」と説明する。

という問題について、理論的考察を加えることは実務上も有益であると考える。

II 問題設定

本章では、債務整理事務の委任を受けた弁護士Aが委任事務処理のために依頼者Bから受領した金銭を預け入れるために銀行口座を開設した場合、その後、弁護士Aが破産手続開始決定（破産法30条1項）を受けたときは、銀行口座に預金した預り金は、弁護士Aの破産管財人に管理処分権が専属する（同78条1項）破産財団に帰属するか、という問題を検討する。

その際、弁護士の銀行口座の名義としては、実務上多々存在する①「弁護士A」名義、②「弁護士A預り口」名義、③「B代理人弁護士A」名義、④「B代理人弁護士A預り口」名義の4つの類型を想定することとする。

III 預金者の認定をめぐる解釈論

弁護士が依頼者からの預り金を自己の名義の銀行口座に預金した場合、依頼者と弁護士のいずれが預金者であるかによって、弁護士が破産手続開始決定を受けた場合において当該預金が破産財団に属するか否かの結論が異なると考えられる。まず、この問題を先行して考察の対象とする。

1 学 説

銀行口座の預金者は誰か、すなわち預金の出捐者と預入行為者が異なる場合に、そのいずれを預金者と認めるべきかという点に関する議論をめぐっては、以下のように学説の争いが存在する[2]。

---

2) 学説の紹介につき、潮見佳男『プラクティス民法・債権総論〔第4版〕』（信山社・2012年）344頁以下、川井健『民法概論3（債権総論）〔第2版〕』（有斐閣・2005年）296頁以下、榎本克巳「預金者の認定」潮崎勉編『裁判実務大系 第22巻』（青林書院・1993年）14頁以下。

(1) 主観説

　この見解は、預金の出捐者が誰であるかに関係なく、預入行為者（現実に預入行為を行った者）が特に他人のために預金する旨を明示しない限り、預入行為者が預金者であると主張する[3]。預入行為者が預入れを行うに際しての銀行に対する意思表示を重視することから主観説と呼ばれる。

　この主観説に立脚した場合、本章で設定した事案において、銀行に対して実際に預入行為をした預入行為者が弁護士Aである場合は、原則として預金者は弁護士Aであると考えられる。

　ただし、特に「B代理人弁護士A」名義又は「B代理人弁護士A預り口」名義の銀行口座を開設した場合において、依頼者Bが弁護士Aに対して普通預金契約締結の代理権を授与したという事情が存在するときは、弁護士Aが依頼者Bの代理人として預入行為を行う旨が金融機関に明示されているといえ、かかる場合は依頼者Aが預金者となる余地はあると考えられる。

(2) 客観説

　この見解は、銀行の窓口で実際に預金行為を行った者ではなく、預金の出捐者こそが預金者であると主張する[4]。預入行為者が出捐者の金員を横領して自己の預金とする等の特段の事情がない限り、自らの出捐により自己の預金とする意思で、自ら又は使者や代理人を通じて預金契約をした出捐者を預金者とする立場である。預金者が何人であるかは、出捐の事実によって客観的に定まると解することから客観説と呼ばれる。

　最判平成15年6月12日（民集57巻6号595頁）は、依頼者から弁護士に交付された金銭は民法649条の前払費用に該当し、依頼者から弁護士に交付された時点で弁護士に帰属するという理由から、当該預金の出捐者は弁護士であると判断した。客観説に立脚した場合、多くの場合には預金の出捐者は弁護士Aであるといえ、かかる場合は銀行口座に預金した預り金の預金者は弁護士A

---

3) 我妻栄『債権各論〔中巻二〕』（岩波書店・1962年）734頁、升田純「預金の帰属をめぐる裁判例の変遷」金法1555号（1999年）21頁。
4) 時岡泰「預金の帰属をめぐる問題点―預金者の認定について」金法425号（1965年）27頁。

であると考えることになろう。

(3) 折衷説

　この見解は、原則として出捐者が預金者である（客観説）とするが預金行為者が明示又は黙示に自己の預金であることを表示した場合には、預入行為者が預金者となると主張する立場である[5]。

　この折衷説に立脚した場合、本章で設定した事案では銀行口座に預金した預り金の出捐者は弁護士Ａとなり、預金行為者も弁護士Ａである以上、預り金は弁護士Ａに帰属するものと考えることになろう。

2　定期預金の事案における客観説の採用

　判例は当初、預金者の住所氏名を銀行に知らせず、印鑑を届け出るのみで契約する預金である無記名定期預金の事案で客観説を採用した。すなわち、最判昭和48年3月27日（民集27巻2号376頁）は、「無記名定期預金において、当該預金の出捐者が、自ら預入行為をした場合はもとより、他の者に金銭を交付し無記名定期預金をすることを依頼し、この者が預入行為をした場合であっても、預入行為者が右金銭を横領し自己の預金とする意図で無記名定期預金をしたなどの特段の事情の認められないかぎり、出捐者をもって無記名定期預金の預金者と解すべきである」と判示した。

　その理由は、預金者と銀行の間で無記名定期預金契約が締結されたにすぎない段階では、銀行は預金者が何人であるかにつき格別利害関係を有するものではないから、出捐者の利益保護の観点から特別の事情（預入行為者が金銭を横領し自己の預金とする意図で無記名定期預金をしたような事情）のない限り、出捐者を預金者と認めるのが相当であるという点にある[6]。無記名定期預金は預金者と銀行

---

[5]　大原栄一「商事判例研究」ジュリ263号（1962年）107頁は、その根拠として、かかる場合には「たとい出捐者が別にいたとしても、それは、現実に預入行為をした者と出捐者との内部関係にすぎないから、意思表示によって預金者を決定する例外的な場合に属し、銀行としては、現実に預入行為をした者を預金者と認めて差支えないものと解する」と指摘する。

[6]　潮見佳男『債権総論Ⅱ〔第3版〕』（信山社・2005年）256頁。なお、無記名定期預金は1998年に新規受入れが廃止されている。

の間で無記名定期預金契約を締結した時点では、無記名であるがゆえに銀行側とすれば預金者が誰かについての利害関係を有しない反面、出捐者の利益保護を重視した結果、客観説を採用したと解される。その意味で当該定期預金の無記名性は客観説の採用における大きな根拠と位置づけられていたのではないかと思われる。

また、預金証書又は預金通帳に住所氏名が記載される点で無記名定期預金と異なる記名式定期預金の事案である最判昭和 57 年 3 月 30 日（民集 36 巻 3 号 484 頁、金法 992 号 38 頁）は、上記の昭和 48 年判決を引用した上で、「この理は、記名式定期預金においても異なるものではない」と判示し、特段の理由を述べることなく記名式定期預金についても客観説を採用している。

これらの判例を踏まえて、判例は預金者の確定をめぐる議論について無記名式か記名式かを問わず預金の出捐者を預金者であるとする客観説を採用し、原則として出捐者を預金者とする立場に立つものと解されてきた[7]。

3　平成 15 年の 2 つの最高裁判例

このように従前の判例は無記名式か記名式かを問わず客観説を採用したとされているが、いずれも定期預金に関する事案であった。これに対して、普通預金について一般的基準を示した最高裁判例はない[8]。そこで、従来の定期預金に関する議論の射程が普通預金の場面にも及ぶかという点が問題となる[9]。なぜなら、定期預金と異なり普通預金は、随時、預入れや払戻しを予定しているため、ある一定の時点における口座残金について出捐者を確定することはそもそも困難であるといえ個々の預入行為についての出捐者を捉えて預金者とする客観説とは親和性を欠くのではないかという問題意識が生ずるためである[10]。

このような中で、同じく平成 15 年に示された以下の 2 つの最高裁判例は、普通預金に関する事案において定期預金に関する客観説を採用することなく、預金の出捐者、口座の開設者、委任事務の内容、預金口座の名義、預金通帳及

---

[7]　潮見・前掲注 6) 257 頁。
[8]　最高裁判例解説民事篇平成 15 年度（上）63 頁〔尾島明〕。
[9]　潮見・前掲注 6) 258 頁。
[10]　前掲注 8) 63 頁〔尾島〕。なお、雨宮啓「損害代理店専用口座預金者の認定について」銀法 549 号（1998 年）26 頁参照。

び届出印の保管状況等を総合的に考慮した上で、契約解釈の一般法理から銀行口座の預金者を確定するという論法を採用している[11]。

(1) 最判平成 15 年 2 月 21 日（民集 57 巻 2 号 95 頁）
① 事案の概要

本件は、損害保険会社の代理店が保険契約者から預かった保険料に係る預金債権の帰属が問題となった事案である。損害保険会社 X 社の損害保険代理店 A 社は、Y 信用組合に「X 社代理店 A 社 B」（B は、A 社の代表取締役）名義の普通預金口座を開設した（以下「本件預金口座」という）。本件預金口座は、A 社が X 社のために保険契約者から収受した保険料を自己の財産と区別して保管する目的で開設したものであった。

A 社は、保険料として収受した金銭をすべて本件預金口座に入金した。また、毎月 15 日頃に X 社から送付される保険料請求書に従い、毎月 20 日頃、本件預金口座から前月分の保険料全額の払戻しを受け、代理店手数料を差し引いた残額を X 社に送金していた。

ところが、A 社は 2 回目の手形不渡りを出すことが確実となった。そのため、A 社は Y 信用組合の小樽市店長に本件預金口座の通帳及び届出印を交付した。Y 信用組合は、Y 信用組合の A 社に対する債権と本件預金債権全額を対当額で相殺する旨の意思表示をした。

そこで、X 社は Y 信用組合に対して自己が本件預金口座の預金者であると主張して、預金の払戻しを求めて訴えを提起した（原告—X 社、被告—Y 信用組合、預金返還、仮執行の原状回復及び損害賠償請求事件）。本訴訟では、本件預金債権が損害保険会社（X 社）と保険代理店（A 社）のいずれに帰属するかが争点となった。

② 判　旨

原判決破棄、第 1 審判決の取消し。請求棄却。「金融機関である Y 信用組合との間で普通預金契約を締結して本件預金口座を開設したのは、A 社である。また、本件預金口座の名義である『X 社代理店 A 社 B』が預金者として A 社

---
11) 北居功「民法と信託—倒産隔離の理論構成」新井誠＝神田秀樹＝木南敦編『信託法制の展望』（日本評論社・2011 年）41 頁。

ではなくX社を表示しているものとは認められないし、X社がA社にY信用組合との間での普通預金契約締結の代理権を授与していた事情は、記録上全くうかがわれない。そして、本件預金口座の通帳及び届出印は、A社が保管しており、本件預金口座への入金及び本件預金口座からの払戻し事務を行っていたのは、A社のみであるから、本件預金口座の管理者は、名実ともにA社であるというべきである。さらに、受任者が委任契約によって委任者から代理権を授与されている場合、受任者が受け取った物の所有権は当然に委任者に移転するが、金銭については、占有と所有とが結合しているため、金銭の所有権は常に金銭の受領者（占有者）である受任者に帰属し、受任者は同額の金銭を委任者に支払うべき義務を負うことになるにすぎない。そうすると、X社の代理人であるA社が保険契約者から収受した保険料の所有権はいったんA社に帰属し、A社は、同額の金銭をX社に送金する義務を負担することになるのであって、X社は、A社がY信用組合から払戻しを受けた金銭の送金を受けることによって、初めて保険料に相当する金銭の所有権を取得するに至るというべきである。したがって、本件預金の原資は、A社が所有していた金銭にほかならない。

したがって、……本件事実関係の下においては、本件預金債権は、X社にではなく、A社に帰属するというべきである。」

③ 小 括

上記判例は、預金口座の開設者は誰か（A社と認定）、預金口座の名義はどのような者であったか（X社代理店A社B名義は、預金者として保険会社を表示しているとは認められないと認定）、委任事務の内容は何か（普通預金契約締結の代理権限を与えていないこと、A社のみが預金口座への入金及び預金口座からの払戻し事務を行っていたこと等を認定）、通帳及び届出印の保管状況はどのようになっていたか（A社が保管していたと認定）等を総合的に勘案して、本件事実関係のもとでは、預金債権はX社ではなく保険代理店であるA社に帰属するものと判断した[12]。

また、保険料の帰属について受任者が委任契約によって委任者から代理権を授与されている場合、受任者が受け取った物の所有権は当然に委任者に移転す

---

12) 前掲注8) 53頁〔尾島〕。

るとしつつも金銭については占有と所有が結合しているため、金銭の所有権は常に金銭の受領者である受任者に帰属し、受任者は同額の金銭を委任者に支払うべき義務を負うのみである[13]と指摘した上で、保険代理店が受領した金銭の所有権は常に金銭の受領者である保険代理店に帰属し、保険代理店は保険会社に同額の金銭を支払うべき義務を負うにすぎない旨を判示した。

　このような理解からすれば、保険代理店が集金した保険料（金銭）の所有権は保険代理店が占有を開始した時点から保険代理店に帰属すると解されることから当該保険料を預金した場合の出捐者は保険代理店であると考えるのが論理的帰結となろう[14]。そうすると、この判例は出捐者を預金者とする客観説のアプローチを採用していないものの、仮に客観説に立った場合でも出捐者は保険代理店であるA社となるため預金債権はA社に帰属するという結論が導かれた事案であったといえよう。

(2) 最判平成15年6月12日（民集57巻6号563頁）
① 事案の概要

　本件は、弁護士が銀行口座で管理する預り金に係る預金債権の帰属が問題となった事案である。X_1社は、弁護士X_2との間で、X_1社の債務整理に関する事務処理を委任する契約を締結した（以下「本件委任契約」という）。弁護士X_2は、本件委任契約に基づき、X_1社の債務整理の委任事務を遂行するため弁護士X_2名義の銀行口座（以下「本件口座」という）を開設し、X_1社から預かった500万円を本件口座に入金した。本件口座の預金通帳及び届出印は、弁護士X_2が管理していた。

　X_1社は、同社の代表社員AがX_1社に対して売却したAの個人資産である株式の代金20万円を本件口座に振り込んだ。また、Aは、X_1社が立て替えていたAの役員報酬に対する市民税、所得税等に相当する13万2000円をX_1社の代理人である弁護士X_2に支払い、弁護士X_2がこれを本件口座に振り込んだ。そのほか、本件口座には、X_1社の不動産及び動産の売却代金、X_1社の売掛金及び請負代金、X_1社への公租公課の還付金等が振り込まれた。他方で、

---

[13] 我妻・前掲注3）734頁、最判昭和39年1月24日（集民71号331頁）。
[14] 前掲注8）64頁〔尾島〕。

本件口座からは、X₁社の債権者に対する配当金及びその振込手数料、X₁社の従業員の給料、社会保険料、税金等が支出された。

　X₁社は、消費税、法人税等を滞納したため、税務署長Yは、これらの徴収のため本件預金債権を差し押さえ交付要求をした。そこで、Xらは、本件口座の預金債権はX₁社に帰属するものではなく弁護士X₂に帰属するものであり、当該差押えは滞納者の財産でないものに対してなされた違法なものであると主張して、差押えの取消し等を求めて訴えを提起した（原告―X₁社、弁護士X₂、被告―税務署長Y、債権差押処分無効確認等請求事件）。

　② 判　旨

　原判決破棄、第1審判決取消し。「X₂は、X₁から、適法な弁護士業務の一環として債務整理事務の委任を受け、同事務の遂行のために、その費用として500万円を受領し、X₂名義の本件口座を開設して、これを入金し、以後、本件差押えまで、本件口座の預金通帳及び届出印を管理して、預金の出し入れを行っていたというのである。このように債務整理事務の委任を受けた弁護士が委任者から債務整理事務の費用に充てるためにあらかじめ交付を受けた金銭は、民法上は同法649条の規定する前払費用に当たるものと解される。そして、前払費用は、交付の時に、委任者の支配を離れ、受任者がその責任と判断に基づいて支配管理し委任契約の趣旨に従って用いるものとして、受任者に帰属するものとなると解すべきである。受任者は、これと同時に、委任者に対し、受領した前払費用と同額の金銭の返還義務を負うことになるが、その後、これを委任事務の処理の費用に充てることにより同義務を免れ、委任終了時に、精算した残金を委任者に返還すべき義務を負うことになるものである。そうすると、本件においては、上記500万円は、X₂がX₁から交付を受けた時点において、X₂に帰属するものとなったのであり、本件口座は、X₂が、このようにして取得した財産を委任の趣旨に従って自己の他の財産と区別して管理する方途として、開設したものというべきである。

　これらによれば、本件口座は、X₂が自己に帰属する財産をもって自己の名義で開設し、その後も自ら管理していたものであるから、銀行との間で本件口座に係る預金契約を締結したのは、X₂であり、本件口座に係る預金債権は、その後に入金されたものを含めて、X₂の銀行に対する債権であると認めるの

が相当である。したがって、X₁の滞納税の徴収のためには、X₁のX₂に対する債権を差し押さえることはできても、X₂の銀行に対する本件預金債権を差し押さえることはできないものというほかはない。」

③ 補足意見

本判決には、深澤武久裁判官及び島田仁郎裁判官の共同補足意見がある。同補足意見については、後に検討する。

(3) 小 括

上記判例は、依頼者X₁社から債務整理事務の委任を受けた弁護士X₂が委任事務処理のために開設した普通預金口座に係る預金債権の帰属について、預金口座の開設者は誰か（X₂と認定）、預金口座の名義は何か（X₂名義と認定）、通帳及び届出印はどのように保管されていたか（X₂が保管していたと認定）等を勘案するというアプローチを採用した。かかる論法は、損害保険会社の代理店が保険契約者から預かった保険料に関する前掲最判平成15年2月21日と整合的であると評価できよう。

さらに、上記判例は、債務整理事務の委任を受けた弁護士が依頼者から債務整理事務の費用に充てるためにあらかじめ交付を受けた金銭の法的性質は、民法649条の規定する前払費用に該当すると判示している。その上で、このような理解から前払費用は交付の時に委任者の支配を離れ、受任者がその責任と判断に基づいて支配管理し委任契約の趣旨に従って用いるものであり、受任者に帰属するとして、本件口座に係る預金債権は弁護士X₂に帰属すると判示した。

裁判所の認定による本件事実関係の下では、依頼者X₁社から弁護士X₂に交付された金銭は民法649条の前払費用に該当し、X₁社から弁護士X₂に交付された時点で弁護士X₂に帰属するという理由から、本件口座における出捐者は弁護士X₂となる。さらに、預金契約の締結行為者、預金名義人及び預金管理者はすべて弁護士X₂となる。この点で、預金者の確定に関する主観説、客観説、折衷説のいずれの見解を採用しても預金者は弁護士X₂であると結論づけられる事案であったといえよう[15]。

4　預金口座の名義に関する考察

　以上のとおり、判例は、普通預金口座の預金者の確定が争われた事案において従来の客観説に立脚して考察するという態度ではなく、具体的事案における諸要素（預金口座の開設者、預金口座の名義、委任事務の内容、通帳・届出印の保管状況等）を考慮した上で契約解釈の一般法理に従って預金者確定を判断している[16]。

　この理由は必ずしも明らかではないが、定期預金の帰属に関する客観説によっても結論に差異はないものと解されることからすれば、先に考察したように普通預金の事案では、定期預金と異なる特徴から全体としての出捐者を特定することが困難であり出捐者保護を重視し出捐者は誰かを中心に考察を進める客観説を正面から取り上げるアプローチを採用しづらかったのではないかと予想される。

　そして、かかる契約法理に基づく考察によって、裁判所は預金口座の名義という形式のみからは名義によって預金者が一義的に確定するものではないと解されるが、本章で設定した類型にあてはめて考察した場合、それぞれの預金口座の名義ごとに次のように考えられよう。

(1)　「弁護士 A」名義

　「弁護士 A」名義で預金口座を開設した場合、弁護士の口座であることが名義上表れていることから、預金者を弁護士であると認定する方向に作用するものと考えられる[17]。

　前掲最判平成 15 年 6 月 12 日は、依頼者からの預り金であることを明示しないで単に弁護士名で預金口座を開設した事案であった。同判例は、依頼者（委任者）からの預り金は弁護士（受任者）に対する委任契約に基づく前払費用（民法 649 条）に該当すると解釈し、それが依頼者から弁護士に交付された時点で、依頼者の支配を離れ弁護士に帰属することを根拠に、かかる金員を保管する預

---

[15]　最高裁判所判例解説民事篇平成 15 年度（上）316 頁〔大橋寛明〕は、「本判決を預金の債権者の確定に関する主観説と客観説の対立の観点から読み解くのは、的を得ていない」と指摘する。
[16]　中田裕康『債権総論〔新版〕』（岩波書店・2011 年）330 頁、潮見・前掲注 6）257 頁。
[17]　前掲注 15）319 頁〔大橋〕。

金口座の預金者は弁護士であるとしている。ただし、同判決の深澤裁判官及び島田裁判官の共同補足意見は、預り金を保管する預金口座の預金名義について、「弁護士は、交付を受けた金銭等を自己の固有財産と明確に区別して管理し、専ら委任事務処理のために使用しなければならないのであって、それを明確にしておくために、金銭を預金して管理する場合における預金名義も、そのことを示すのに適したものとすべきである」として、預金名義は自己の固有財産と明確に区別して管理するために適したものとすべきであることを指摘する。

弁護士が依頼者委任事務のために預金口座を開設するのは、当該案件をめぐって受領した金銭や出入金のための口座であるのが通常であろうが、当該預金の名義が「弁護士A」名義のように単純な弁護士個人の名義である場合、弁護士自身の固有財産である他の預金口座と明確に区別されているとはいい難い[18]。そこで、預金者が弁護士であることを明示し他の同様の預り金とも区別し得るものとして、具体的には、「B代理人弁護士A預り口」名義とする等、各依頼者ごとに預り口を設けることが預金名義を自己の固有財産と明確に区別する預金名義としてふさわしいといえよう。このような名義であれば、先の共同補足意見が指摘する管理するために適したものと評価することができよう。

(2) 「弁護士A預り口」名義

「弁護士A預り口」名義とした場合は、「弁護士A」名義とは異なり、依頼者からの預り金を保管する旨を明示している。この場合も「弁護士A」名義と同様に、弁護士の口座であることが名義上表れていることから、預金者を弁護士であると認定する方向に作用するものと考えられる[19]。

例えば、東京高判平成15年7月9日（金法1682号168頁）は、滞納者Bの刑事被告事件の弁護活動を受任した弁護士Bが第二東京弁護士会の「業務上の預り金の取扱に関する規程」[20]に従い、「L法律事務所弁護士AB預り金口」名義の預金口座を開設し、預り金を入金・保管したところ、滞納処分により当該預金を差し押さえられた事案で、預金口座の名義のほか、口座開設の経緯、預金の管理・使用の方法、通帳及び印章の管理状況等から、他の要素を考慮した

---

18) 前掲注15) 319頁〔大橋〕。
19) 前掲注15) 319頁〔大橋〕。

上で当該預金は弁護士Aに帰属すると判断した。

(3) 「B代理人弁護士A」名義

「B代理人弁護士A」名義とした場合、法律効果は本人であるBに帰属することが原則であることから、預金者を依頼者本人であると判断する方向に作用することが考えられる[21]。

(4) 「B代理人弁護士A預り口」名義

「B代理人弁護士A預り口」名義とした場合は、「B代理人弁護士A」名義とした場合と同様、形式上は預金が「B代理人弁護士A」の部分によって代理の趣旨が外部に表示され、本人である依頼者Bに帰属する旨が外形的にみて表れているといえよう。したがって、かかる名義は預金者は依頼者本人であると判断する方向に作用することが考えられる。

また、先の共同補足意見の趣旨を踏まえ、弁護士の固有財産と明確に区別するという観点からは、「B代理人弁護士A預り口」とすることが最も望ましいと考えられる。

---

20) 判旨によれば、第二東京弁護士会の「業務上の預り金の取扱に関する会規」2条1項は、「会員は、受任事件につき依頼者から又は依頼者のために預った金銭(以下「預り金という。)を自己の金銭と区別し得るよう預り金であることを明確にする方法で記帳若しくは記録して保管しなければならない。」と規定し、同条2項は「会員は、預り金について、これを預け入れる銀行、郵便局その他の金融機関の預り金口座に遅滞なく入金して保管しなければならない。但し、預り金について、その趣旨に従い直ちに支出又は変換する必要がある場合並びに一事件又は一依頼者につき預り金の合計額が50万円未満のときは、この限りでない。」と規定する。

21) 鈴木正具「預り金と信託―弁護士の預り金を中心として」新井誠=神田秀樹=木南敦『信託法制の展望』(日本評論社・2011年) 442頁。例えば、広島高松江支判平成6年3月30日 (TKC文献番号22007812) は、①弁護士が依頼者の代理人であることを明示して預金契約を締結していること、②預金口座には弁護士が代理人として他から口座振替の方法で受領した金員及びこれに由来する金員のみが入金されたこと、③弁護士は普通預金が依頼者に帰属する金員であるという認識の下に税務処理していたと認められることを根拠に、預金債権は依頼者に帰属すると判断した。また、西野敏雄「判批」ジュリ1236号 (2002年) 128頁は、仙台高判平成14年3月28日 (判例集未登載) は、当該名義の預金が弁護士として行う業務についての預り金であり弁護士の出捐にかかるものでないことを自認していると認定し、「口座の名義及び預金の出捐者という形式及び実質の両面から考えて」、預金債権者は滞納会社であり弁護士ではないと判示した旨を指摘する。

Ⅳ 救済法理としての信託的構成

1 預金者の認定からの帰結──信託的構成の必要性

以上のとおり、預金者の認定の議論についていえば普通預金に関する預金者の認定においては従来の定期預金債権にかかる客観説がゆらぎ、今日では契約の一般法理による事実認定のアプローチが採用されているものと評価できよう[22]。もっとも、預金者の認定というアプローチのみでは、正当に預金者を保護できないという結論を導くこととなる場面が生ずる。本章の考察の対象である弁護士が委任事務処理のため委任者から金銭を受領し、弁護士名義の預金口座を開設して預り金を預金した後に、弁護士が破産手続開始決定（破産法30条1項）を受けた場合がその典型である。

かかる場合に前掲最判平成15年6月12日の事案のように預金者が弁護士であると認定された場合、同判決が「A社［依頼者］のX［弁護士］に対する債権を差し押さえることはできても、X［弁護士］の銀行に対する本件預金債権を差し押さえることはできない」と判示したとおり、預金はあくまでも弁護士に帰属する以上、当該弁護士の破産管財人に管理処分権が専属する（破産法78条）破産財団に帰属することになろう。その結果、弁護士に金銭を預託した依頼者は当該預金債権の返還を受けられず保護されないという結果を導くこととなる。

そこで、依頼者を救済するための法的構成として、預金者の認定アプローチではなく信託的構成（預り金に対する信託の設定）の適否を考察する必要が生ずるといえよう。かかる意味合いを込めて、この場面で用いる信託的構成を救済法理としての信託的構成と呼ぶことができる[23]。

2 信託的構成からの帰結

預り金について、依頼者を委託者兼受益者、弁護士を受託者とする信託が成

---

22) 潮見・前掲注6) 260頁。
23) 伊室亜希子「預り金の信託的管理──当事者が信託と認識していないのにその契約を信託と認定するメルクマールは何か」米倉明編著『信託法の新展開』（商事法務・2008年）69頁。

立し、当該預り金が信託財産として認められた場合、信託的構成をとるメリットとして以下の各点を挙げることができよう[24]。

　第1に、信託の倒産隔離機能により委託者である依頼者及び受託者である弁護士の双方の債権者から信託財産を保護することができる[25]。ここに倒産隔離機能とは、信託財産の独立性により信託財産を第三者から保護する機能をいう(信託法25条1項)。信託財産に倒産隔離機能を認めた趣旨は、信託財産は法形式上は受託者に属するが実質的には受益者こそが信託財産の権利者となるため、受託者の固有財産と分別管理され特定性を維持された信託財産に受託者の固有財産からの独立性を認めた点にある[26]。

　倒産隔離機能により、受託者が破産手続開始決定(破産法30条1項)を受けた場合でも信託財産に属する財産は破産財団に属さないため、受託者の倒産の影響を受けないこととなる(信託法25条1項)。また、信託財産は受託者の所有に属するものの受託者の債権者は信託財産に属する財産に対して強制執行等をすることはできない(同23条1項)。

　これを依頼者の弁護士に対する預り金にあてはめた場合、弁護士が破産した場合でも預り金は弁護士の破産財団に属さず、依頼者は取戻権を行使することが可能となるため(破産法62条)、依頼者の保護に資することになる。

　第2に、信託法は、信託財産に属しない債務に係る債権を有する者が当該債権をもって信託財産に属する財産と相殺することを原則として禁止する(信託法22条1項)。この趣旨は、第三者が本来責任財産として期待できないはずの信託財産によって自己の債権を満足すること、及び、これによって当該信託の受益者の利益が不当に害されることを防止するため信託財産に属する債権について相殺を制限した点にある[27]。

---

24) 伊室・前掲注23) 51頁。
25) 神田秀樹＝折原誠『信託法講義』(弘文堂・2014年) 3頁。
26) 新井監修・前掲注1) 68頁〔植田〕。
27) 新井監修・前掲注1) 81頁〔植田〕。

3 信託の成立要件の検討

(1) 問題の所在

　信託的構成により依頼者を保護することが可能になるとしても、いかなる場合に依頼者の弁護士に対する預り金が信託財産と認められるかを考察する必要が生ずる。とりわけ、実務上、依頼者と弁護士の間には委任契約（民法643条）もしくは準委任契約（同656条）の締結が認められるものの、それ以外に当事者間で信託を設定するという意思が明示的には示されないのが通常であり、現に当事者が信託法上の信託を設定する明確な意思を有していることは極めて稀であるといえる[28]。

　そこで、問題の本質は、当事者が具体的な信託設定の意思を有していない場合に、どのような要件の下で弁護士と依頼者の間で信託が成立し、弁護士の預り金が信託財産と認められ、その結果として弁護士が破産手続開始決定を受けた場合に信託の倒産隔離機能（信託法25条1項）によって弁護士の破産財団に属しないこととなるかという点にあるといえよう。

　この点について、前掲最判平成15年6月12日の深澤武久裁判官及び島田仁郎裁判官の共同補足意見は、弁護士名義の預金口座の下で管理されている預り金について、「会社の資産の全部又は一部を債務整理事務の処理に充てるために弁護士に移転し、弁護士の責任と判断においてその管理、処分をすることを依頼するような場合には、財産権の移転及び管理、処分の委託という面において、信託法の規定する信託契約の締結と解する余地もあるものと思われるし、場合によっては、委任と信託の混合契約の締結と解することもできる。この場合には、会社の資産は、弁護士に移転する（同法1条）が、信託財産として受託者である弁護士の固有財産からの独立性を有し、弁護士の相続財産には属さず（同法15条）、弁護士の債権者による強制執行等は禁止され（同法16条1項）、弁護士は信託の本旨に従って善管注意義務をもってこれを管理しなければならず（同法20条）、金銭の管理方法も定められており（同法21条）、弁護士は原則としてこれを固有財産としたりこれにつき権利を取得してはならない（同法22条1項）など、法律関係が明確になるし、債務者が債権者を害することを知っ

---

[28]　安永正昭「預かり金の預金口座の差押え等と信託成立の抗弁」同『信託及び資産の管理運用制度に関する法的諸問題』（トラスト60・2005年）62頁。

て信託をした場合には、受託者が善意であっても債権者は詐害行為として信託行為を取り消すことができる（同法12条）のである。これらの規定が適用されるならば、授受された金銭等をめぐる紛争の生ずる余地が少なくなるものと考えられる。」と述べている。

　もっとも、この共同補足意見は、本件預り金契約を信託契約あるいは委任と信託の混合契約の締結と解する余地を認め、これによって信託の認定を認めた場合の有用性について指摘するにとどまり、いかなる場合にいかなる要件を充足すれば信託契約あるいは委任と信託の混合契約が認められるかについては踏み込んで言及していない。これは、同判決は依頼者の債権者が預り金を差し押さえた事案であり、弁護士が破産手続開始決定を受けた事案ではなかったため、受託者の破産時の委託者（兼受益者）の保護という救済法理として、あえて信託の設定を認めた上で信託の倒産隔離機能（信託法25条1項）を用いるために信託的構成を持ち出すまでもなく、預金者は弁護士であると認定し、滞納税の徴収のために当該預金債権を差し押さえることはできないと構成することにより解決できる事案だったためであろうと推察する[29]。

(2) 信託の成立要件

　信託法は、「信託」について、「この法律において『信託』とは、次条各号に掲げる方法のいずれかにより、特定の者が一定の目的……に従い財産の管理又は処分及びそのほかの当該目的の達成のために必要な行為をすべきものとすることをいう」と定義する（信託法2条1項）。また、信託を設定する法律行為である信託行為として、信託契約、遺言信託、信託宣言の3種類があることを明確にしている（信託法2条2項）[30]。

　弁護士の預り金をめぐる場面は、この3種類のうち遺言信託（信託の遺言をする方法による信託）や信託宣言（信託の宣言をする方法による信託）による信託に該当

---

[29]　天野佳洋「預金者の認定と信託法理（中）」銀法623号（2003年）48頁は、「受託者である弁護士の倒産といった事態を想定した場合、委任者を保護するために、弁護士が受託者、預金債権が信託財産、委任者が委託者兼受益者との構成により、救済法理としての信託の適用を考えることになろう。最高裁の補足意見も、このような事態を想定した示唆と考えたい。」と指摘する。
[30]　神田＝折原・前掲注25）25頁。

しないことから依頼者と弁護士との間に信託契約による信託の設定が認められるかという問題に帰着することとなる。

信託法は、信託契約について「特定の者との間で、当該特定の者に対し財産の譲渡、担保権の設定その他の財産の処分をする旨並びに当該特定の者が一定の目的に従い財産の管理又は処分及びその他の当該目的の達成のために必要な行為をすべき契約」と規定する（信託法3条1号）。

信託契約の定義規定（信託法3条1号）に照らせば信託契約の成立要件は、一定の目的のもと、①委託者の受託者に対する財産権の移転その他の処分をすること、②委託者が受託者に対して当該財産につき他人をして一定の目的に従い管理又は処分させることにつき合意することであるといえる[31]。当事者が「信託」という用語を契約上で用いていない場合でも、かかる信託の成立（信託契約の締結）に向けられた契約当事者の内心的効果意思の合致が認められれば信託契約が成立するものと考えられる[32]。このような信託の成立に向けられた具体的意思を信託設定意思と呼ぶことができる。

既に述べたとおり、依頼者が弁護士に預り金を交付する場面では、当事者が信託を設定する明確な意思を有していることは稀である。このように当事者が明確な信託設定意思を有していない場合に、いかなる要件の下で信託設定意思が認められ、先の共同補足意見にいう「信託契約の締結」又は「委任と信託の混合契約の締結」がなされたと認められるのであろうか。

この点を考察する上で参考となる判例として、公共工事前払金について信託の成立を認定した最判平成14年1月17日（民集56巻1号20頁）がある。

(3) 最判平成14年1月17日（民集56巻1号20頁）

本件は、公共工事の請負者（乙）が保証事業会社（Y_1）の保証のもとに地方公共団体（甲県）から前払金の支払を受けたという事案である。本判決は、当

---

[31] 大村敦志「遺言の解釈と信託―信託法2条の適用をめぐって」米倉明ほか『実定信託法研究ノート』（トラスト60・1996年）37頁、道垣内弘人「最近信託法判例批評(8)」金法1598号（2000年）46頁。

[32] 四宮和夫『信託法〔新版〕』（有斐閣・1989年）106頁は、「当事者が信託を設定するに相当な意思表示をしなければならない。むろん、『信託』の語を使わなくても、信託設定の趣旨がうかがえるものであればよい」と述べる。

事者間の合意内容に照らせば、甲県と請負者（乙）との間で、甲県を委託者、乙を受託者、当該前払金を信託財産とする信託契約が成立したと解するのが相当であると判断した。

① 事案の概要

建設会社乙は、地方公共団体である甲県との間で、甲県公共工事請負契約約款に基づき、本件工事の請負契約を締結した（以下「本件請負契約」という）。

また、乙は、保証事業会社 Y_1 との間で、保証事業法及び東日本建設業保証株式会社前払保険金保証約款（以下「本件保証約款」という）に基づき、甲のために、本件請負契約が乙の責めに帰すべき事由によって解除された場合に乙が甲に対して負担する前払金から工事の既済部分に対する代価に相当する額を控除した額の返還義務（前払金返還債務）について、Y_1 社が保証する旨の契約を締結した（以下「本件保証契約」という）。その際、乙は Y_1 社に対する前払金の預託先（預託金融機関）として、Y_1 社があらかじめ業務委託契約を締結していた金融機関 Y_2 を選定した。

乙は、本件保証契約の保証証書を甲に寄託した上、前払金の支払を請求し、甲から本件前払金を Y_2 の別口普通預金口座（以下「本件預金口座」という）に振込みを受けて預金をした。

その後、乙の営業停止により本件工事は続行不能となったため、甲は本件請負契約を解除した。甲は、Y_1 社から保証債務の履行として、本件前払金から解除時までの本件工事の既済部分に対する代価に相当する額を控除した残金相当額の支払を受けた。乙は破産宣告を受け、X が破産管財人に選任された。

甲県公共工事請負契約約款によれば、請負者は前払金の支払を請求するためには、あらかじめ保証事業会社との間で保証契約を締結し、その保証書を甲に寄託しなければならず、また、前払金を当該工事の必要経費以外に支出してはならないとされていた。

また、各都道府県主管部長に通知されていた本件保証約款は、①請負者は、前払金を受領したときは、これを Y_1 社があらかじめ業務委託契約を締結している金融機関の中から請負者が選定した金融機関に、別口普通預金として預け入れなければならない、②請負者は、前払金を保証申込書に記載した目的に従い、適正に使用する責めを負い、預託金融機関に適正な使途に関する資料を提

出して、その確認を受けなければ、別口普通預金の払戻しを受けることができない、③Y₁社は、前払金の使途を監査するために、請負契約に関する書類及び請負者の事務所、工事現場等を調査し、請負者及び発注者に対して報告、説明又は証明を求めることができる、④Y₁社は、前払金が適正に使用されていないと認められるときには、預託金融機関に対して別口普通預金口座の払出しの中止その他の措置を依頼することができる等と定めていた。

　破産管財人Xは、本件預金は破産財団に属すると主張して、Y₁社に対して本件預金についてXが債権者であること等の確認、Y₂に対して本件預金の残額及びこれに対する遅延損害金の支払を求めて訴えを提起した（原告─破産管財人X、被告─保証事業会社Y₁・金融機関Y₂、預金払戻等請求事件）。

　Yらは、本件預金は発注者である甲を委託者兼受益者とし、請負者である乙を受託者とする信託契約上の信託財産と極めて類似したものと位置づけられるため、乙の破産によってこれが破産財団に帰属することはない等と主張した。

② 判　旨

　Yらの上告棄却。「本件請負契約を直接規律する甲県公共工事請負契約約款は、前払金を当該工事の必要経費以外に支出してはならないことを定めるのみで、前払金の保管方法、管理・監査方法等については定めていない。しかし、前払金の支払は保証事業法の規定する前払金返還債務の保証がされたことを前提としているところ、保証事業法によれば、保証契約を締結した保証事業会社は当該請負者が前払金を適正に使用しているかどうかについて厳正な監査を行うよう義務付けられており（27条）、保証事業会社は前払金返還債務の保証契約を締結しようとするときは前払金保証約款に基づかなければならないとされ（12条1項）、この前払金保証約款である本件保証約款は、建設省から各都道府県に通知されていた。そして、本件保証約款によれば、……前払金の保管、払出しの方法、Y₁による前払金の使途についての監査、使途が適正でないときの払出し中止の措置等が規定されているのである。したがって、乙はもちろん甲県も、本件保証約款の定めるところを合意内容とした上で本件前払金の授受をしたものというべきである。このような合意内容に照らせば、本件前払金が本件預金口座に振り込まれた時点で、甲県と乙との間で、甲県を委託者、乙を受託者、本件前払金を信託財産とし、これを当該工事の必要経費の支払に充て

ることを目的とした信託契約が成立したと解するのが相当であり、したがって、本件前払金が本件預金口座に振り込まれただけでは請負代金の支払があったとはいえず、本件預金口座から乙に払い出されることによって、当該金員は請負代金の支払として乙の固有財産に帰属することになるというべきである。

　また、この信託内容は本件前払金を当該工事の必要経費のみに支出することであり、受託事務の履行の結果は委託者である甲県に帰属すべき出来高に反映されるのであるから、信託の受益者は委託者である甲県であるというべきである。そして、本件預金は、乙の一般財産から分別管理され、特定性をもって保管されており、これにつき登記、登録の方法がないから、委託者である甲県は、第三者に対しても、本件預金が信託財産であることを対抗することができるのであって（信託法3条1項参照）、信託が終了して同法63条のいわゆる法定信託が成立した場合も同様であるから、信託財産である本件預金は乙の破産財団に組み入れられることはないものということができる（同法16条参照）」。

　③　小　括

　上記判例では、前払金の支払が保証事業法の定める前払金返還債務の保証があることを前提としており保証事業会社は本件保証約款（前払金保証約款）に基づかなければならないこと、本件保証約款が建設省から各都道府県に通知されていたことを認定している。しかも、本件保証約款には、前記のとおり①請負者は、前払金を受領したときは、これをY_1社があらかじめ業務委託契約を締結している金融機関の中から請負者が選定した金融機関に別口普通預金として預け入れなければならない、②請負者は、前払金を保証申込書に記載した目的に従い適正に使用する責めを負い、預託金融機関に適正な使途に関する資料を提出して、その確認を受けなければ別口普通預金の払戻しを受けることができない、③Y_1社は、前払金の使途を監査するために請負契約に関する書類及び請負者の事務所、工事現場等を調査し、請負者及び発注者に対して報告、説明又は証明を求めることができる、④Y_1社は、前払金が適正に使用されていないと認められるときには、預託金融機関に対して別口普通預金口座の払出しの中止その他の措置を依頼することができる等の定めがあり、信託の設定と評価し得るだけの仕組みが客観的かつ制度的に構築されていた場面であったということができる。

本件保証約款は各都道府県主管部長に通知されて周知されており、受託者がこの内容を認識し、かつ認容している以上、当該約款の客観的内容である仕組みが当事者間の合意内容に取り込まれた場面であったといえる点に本件の特色を見出すことができよう。

このように本判決は、契約当事者間における預託した金銭の使途の制限に関する合意のみならず、前払金に関する法規や契約当事者以外の者との間の契約内容をも具体的事情として考慮した上で信託契約の成立を認めたものといえる。その意味で上記判例の射程の範囲は慎重に捉えなければならないと考える[33]。

V 考　察

1　問題の所在

当事者間で委任契約を締結して委任者が一定の使途を定めて受任者に対して金銭を預けた場合に、当事者間で明示的に信託契約を締結していないときに、当該財産は委任契約の前払費用（民法649条）として交付されたものにとどまるのか、信託契約が締結されたとして当該財産は信託法上の信託財産として保護されるかの区別のメルクマールは何に求めるべきであろうか。

2　信託成立の場合の効果からのアプローチ

先に指摘したとおり信託法上の信託契約の成立要件は、一定の目的のもと、①委託者の受託者に対する財産権の移転その他の処分をすること、②委託者が受託者に対して当該財産につき他人をして一定の目的に従い管理又は処分させることにつき合意することであるといえる（信託法3条1号）。

もっとも、これらは、委任契約の内容に盛り込むことによっても当事者間の

---

[33] みずほ信託銀行＝堀総合法律事務所編『詳解信託判例―信託実務の観点から』（金融財政事情研究会・2014年）10頁〔藤池智則・関口諒〕は、「本判決は、……信託契約の成立のために、財産処分意思、および管理処分させる意思の合致が必要という前提のもとで、この管理処分させる意思については、使途を定めて金銭を預託するだけでなく、当該金銭が特定されてその使途の適正性が担保される具体的措置についての合意がなされて預託されていることを認定したうえで、管理処分させる意思を認めた。ただ、……信託契約の成立のために、こうした具体的措置が不可欠なものなのか、不可欠だとして、どの程度のものが必要なのかは本判決からは必ずしも明らかではない」と指摘する。

合意とすることが可能である。そこで、委任契約と区別された信託は、いかなる場合に成立するかという観点が必要となるが、この問題はそもそも信託とは何かという信託の本質に遡って考察する必要がある。

その際、信託法が、上記②を達成するために受託者に一定の拘束を課し、他人をして一定の目的に従い管理又は処分させるためにいかなる義務を予定しているかを検証することが重要となろう。信託法によって信託が成立した場合に発生する受託者の義務を概観すると次のとおりである。

(1) 信託事務遂行義務及び善管注意義務（信託法29条）

信託法は、受託者は、信託の本旨に従い、信託事務を処理しなければならないと規定する（信託法29条1項）。この趣旨は、委託者の信頼を受けて他人の財産を管理する受託者の一般的な義務として信託事務遂行義務を定めた点にある。

ここにいう「信託の本旨に従い」とは、受託者は単に信託行為の定めに従っていれば良いのではなく、信託行為の定めの背後にある委託者の意図すべきであった目的に適合するように信託事務を処理しなければならないことを意味する[34]。

また、信託法は、受託者は、信託事務を処理するにあたっては善良な管理者の注意をもってこれをしなければならないとして、受託者に善管注意義務を課している（信託法29条2項本文）。この趣旨は、受託者は委託者及び受託者の信認を受けて信託目的達成のために信託財産を委ねられるものであるため、信託事務を処理するにあたって要求される注意義務の基準として自己の財産に対するのと同一の基準では足りず、より高度な義務である善管注意義務を課した点にある[35]。

もっとも、善管注意義務に関する規定については、信託行為に別段の定めがあるときは別の注意義務を定める旨を規定している（信託法29条2項但書）。この趣旨は、私的自治の尊重という観点から受託者の善管注意義務に関する規定が任意規定であることを明確化した点にある。

---

[34] 新井監修・前掲注1) 117頁〔木村仁〕、四宮・前掲注32) 247頁、法務省民事局参事官室「信託法改正要綱試案 補足説明」(2009年) 第17。
[35] 新井監修・前掲注1) 118頁〔木村〕。

例えば、受託者が負う義務の内容を具体化し、その範囲を制限できるほか、善管注意義務の程度を加重又は軽減することが可能となる[36]。ただし、善管注意義務の全部を免除する定めが信託行為にある場合には、信認義務を本質とする信託の設定意思をそもそも有していなかったと考えられる[37]。

(2) 忠実義務（信託法 30 条～ 32 条）
① 忠実義務に関する規定

信託法は、受託者が受益者に対して忠実義務を負うことの一般的規定を定めるとともに（信託法 30 条）、典型的な忠実義務違反行為として、利益相反行為（同 31 条）と競合行為（同 32 条）を定める。

ここにいう忠実義務とは、受託者がもっぱら受益者の利益のためにのみ行動しなければならない義務をいう[38]。信託法が受託者の受益者に対する忠実義務を設けた趣旨は、信託を設定する場合には、信託財産の所有権が受託者に移転し受託者がその権限を濫用して自らの利益を図る危険性が高いため、受託者は自らの利益のためのみではなく受益者のためにのみ忠実に信託事務の処理を行うべきことを定めた点にある。

信託法 31 条と信託法 32 条が忠実義務に違反する行為類型として利益相反行為と競合行為を挙げているにもかかわらず信託法 30 条に忠実義務に関する一般的規定を設けたのは、信託法 31 条と信託法 32 条によって捕捉できない忠実義務違反行為が考えられるという考慮からである[39]。

もっとも、信託法 31 条 2 項、信託法 32 条 2 項は、受託者が当該行為について重要な事実を開示して受益者の承認を得た場合等の一定の要件の下で利益相反行為及び競合行為の禁止の例外を定めているとおり、忠実義務違反行為の禁止に関する規定は任意規定であるとされている。ただし、信託行為において忠

---

[36] 新井監修・前掲注 1) 119 頁〔木村〕。
[37] 新井監修・前掲注 1) 119 頁〔木村〕は、「善管注意義務の全部を免除する定めが信託行為にある場合には、信任関係を本質とする信託の設定意思をそもそも有していなかったと考えられる」と指摘する。
[38] 新井監修・前掲注 1) 123 頁〔木村〕。
[39] 新井監修・前掲注 1) 125 頁〔木村〕は、その例として「受託者が信託財産に関する非公知の情報を不当に利用して利得する行為などが考えられる」と指摘する。

実義務を一切免除することは、信託の本質に照らして無効であると解される[40]。

② 利益相反行為の禁止

信託法は、受託者の受益者に対する忠実義務の具体的内容として以下の4類型に属する利益相反行為を禁止する（信託法31条1項）。この趣旨は、受託者が自己又は第三者の利益を図って受益者の利益を害する危険性が高い利益相反行為を禁止した点にある。

第1に、自己取引として、信託財産に属する財産を受託者の固有財産に帰属させること、又は受託者の固有財産に属する財産を信託財産に帰属させることを禁止する（信託法31条1項1号）。この趣旨は、受託者が自己取引を行う場合には、受託者が自らの利益を優先させ受益者（信託財産）に損害を及ぼす危険性が高いことから、当該行為を禁止した点にある[41]。

第2に、信託財産間の取引として、信託財産に属する財産を他の信託の信託財産に帰属させることを禁止する（信託法31条1項2号）。この趣旨は、受託者が複数の信託を受託している場合に信託財産間の取引をすることは、受託者が一方の利益のためにのみ行動すると他方に対する忠実義務を全うできなくなることからこれを禁止した点にある[42]。

第3に、双方代理として、第三者との間において信託財産のためにする行為であって、自己が当該第三者の代理人となって行う行為を禁止する（信託法31条1項3号）。この趣旨は、受益者の利益と第三者の利益又は受託者の利益が相反することとなり、受益者に対する忠実義務に違反することから当該行為を禁止した点にある。

第4に、間接取引として信託財産に属する財産につき固有財産に属する財産のみをもって履行する責任を負う債務に係る債権を被担保債権とする担保権を設定することその他第三者との間において信託財産のためにする行為であって

---

[40] 新井監修・前掲注1）125頁〔木村〕は、「完全に忠実義務を排除する定めが信託行為に置かれていた場合には、通常は、当事者にそもそも信託を設定する意思がなかったものとみなされるであろう。もっとも、全部無効と解するか、又は一部無効として信託契約としては有効とするか若しくは他の財産管理契約として締結されたとみるかは、当事者意思の合理的解釈の問題に帰着するものと思われる」と指摘する。
[41] 新井監修・前掲注1）127頁〔木村〕。
[42] 同上。

受託者又はその利害関係人と受益者との利益が相反することとなる行為を禁止する。この趣旨は、受託者が第三者との間で信託財産のためにする行為でも、受託者又はその利害関係人と受益者の利益が相反する場合には受益者の利益を害するおそれが高いことから、当該行為を禁止した点にある。

もっとも、信託法は、利益相反行為に該当する行為でも以下のいずれかの要件を満たす場合には禁止が解除される旨を定めて（信託法31条2項）、利益相反行為の禁止の規定が任意規定であることを明確にしている。この趣旨は、形式的には利益相反行為に該当するものの実質的な観点からは受益者の利益を害するおそれがない行為について例外的に許容した点にある。

まず、信託行為に当該行為をすることを許容する旨の定めがあるとき（信託法31条2項1号）、又は、受託者が当該行為について重要な事実を開示して受益者の承認を得たとき（ただし、信託行為に反対の定めがない場合に限る）には、利益相反行為は例外的に許容される。この趣旨は、利益相反行為が禁止されるのは受益者の利益を保護するためであり、受益者の利益が害されるおそれのない上記の場合には禁止の例外を認めるのが相当という点にある[43]。

次に、相続その他の包括承継により信託財産に属する財産に係る権利が固有財産に帰属したときは、利益相反行為は例外的に許容される（信託法31条2項3号）。この趣旨は、かかる場合に受託者が信託財産に属する財産に係る権利を取得したとしても、受託者の意思とは無関係に生ずるものであり受益者の利益が害されるおそれはないため利益相反行為の禁止の例外として定めた点にある。

さらに、受託者が当該行為をすることが信託の目的の達成のために合理的に必要と認められる場合であって、受益者の利益を害しないことが明らかであるとき、又は、当該行為の信託財産に与える影響、当該行為の目的及び態様、受託者の受益者との実質的な利害関係の状況その他の事情に照らして正当な理由があるときは、信託行為の定め又は受益者の承認がなくとも利益相反行為は例外的に許容される（信託法31条2項4号）。この趣旨は、日常的に行われる取引等のすべてについて信託行為で定めたり受益者の利益を得るのは困難な場合が

---

[43] 新井監修・前掲注1）133頁〔木村〕。

あり得るし、受益者が多数の場合などには、受益者の承認の要件を満たすことは必ずしも容易ではないため、上記の要件を満たす場合にも利益相反行為の禁止の例外を認めることとした点にある[44]。

③　競合行為の禁止

信託法は、競合行為の禁止として、受託者が受託者として有する権限に基づいて信託事務の処理としてすることのできる行為であってこれをしないことが受益者の利益に反するものについては、これを受託者の固有財産又は受託者の利害関係人の計算でしてはならないと定める（信託法32条1項）。この趣旨は、ある行為を受託者の権限内の行為として行うべきところ、その機会を不当に奪って信託財産の利益となる機会を失わせ、受託者が自らの利益を図ることは忠実義務に違反することから、かかる競合行為を禁止した点にある[45]。

もっとも、信託法は、競合行為に該当する場合でも信託行為において競合行為を許容する旨の定めがあるとき（信託法32条2項1号）、又は、受託者が競合行為をすることについて重要な事実を開示された受益者が承認したとき（同32条2項2号）のいずれかの要件を満たす場合には、競合行為の禁止が解除される旨を定めて競合行為の禁止の規定が任意規定であることを明確にしている（同32条2項）。

この趣旨は、受益者の利益が害されることが低いものについては一律に禁止する必要はなく、かえって受託者に裁量権を与えて競合行為を許容することが受益者の利益となる場合も考えられることから上記の要件を満たす場合には、例外的に競合行為を行うことを許容した点にある。

(3)　公平義務（信託法33条）

信託法は、1つの信託に2人以上の受益者が存在する場合には受託者はそれぞれの受益者のために公平に職務を行わなければならないと規定し、受託者が公平義務を負う旨を定める（信託法33条）。この趣旨は、受託者は各受益者に対

---

44)　寺本昌広『逐条解説新しい信託法』（商事法務・2007年）121頁。
45)　新井監修・前掲注1）132頁〔木村〕は、信託法32条1項の競業行為に該当する行為として、「信託事務処理として適切な不動産を購入する義務を負っている受託者が、ある不動産を信託財産として購入することが受益者の利益となるにもかかわらず、受託者の固有財産として購入し、その値上がり益を取得する行為は、競合行為に当たる」と指摘する。

して等しく信託事務遂行義務（同29条1項）を負っているのであるから、受益者の一方のみを有利に扱うような事務処理をすることは許されず各受益者を公平に扱うべきものと考えられることから受託者が公平義務を負うことを明らかにした点にある。

公平義務の内容は、善管注意義務と同様に信託行為の定めや信託の目的等によって異なるものと考えられる。したがって、信託行為において、受益者間で格差を設けることが定められている場合には、その定めに基づいて信託事務を遂行したとしても原則として公平義務に違反することはないとされている[46]。同様に、不利益を受ける受益者の承認を得た上で受益者間で異なった対応をすることも許されるとされている[47]。この意味で公平義務に関する信託法33条は任意規定であると解される。ただし、法制審議会では、善管注意義務をすべて免除することができないのと同様、公平義務についても完全に免除することは不可能であるという見解が示されている[48]。

(4) 分別管理義務（信託法34条）

信託法は、受託者は、信託財産に属する財産と固有財産及び他の信託の信託財産に属する財産を分別して管理する義務を負う旨を規定する[49]（信託法34条）。この趣旨は、信託財産の特定性を確保し、これによって受託者の倒産から信託財産を隔離する点、及び、受託者の任務懈怠によって生じた信託財産の損失を立証することを容易にすることにより受託者の忠実義務違反行為又は善管注意義務違反行為を未然に防止する点にある[50]。

分別管理の方法は、信託財産の種類に応じて次のとおり定められている。ま

---

[46] 寺本・前掲注44) 121頁。

[47] 同上。

[48] 信託法部会第26回議事録参照。寺本・前掲注44) 121頁は、「受託者が、各受益者間の利益に関して全く恣意的に裁量権を行使することができるとするのは、信託の本質に照らして適切でないと思われる。各受益者の利益に関して、受託者に幅広い裁量権が与えられていたとしても、信託の目的、裁量権行使の指針等によって、その範囲が確定される必要がある。したがって、裁量権行使の濫用を規制する指導原理としての公平義務の役割を完全に排除することはできないものと思われる」と指摘する。

[49] 信託法における分別管理義務の詳細につき、岸本雄二郎『信託制度と預り資産の倒産隔離』（日本評論社・2007年）232頁以下。

[50] 新井監修・前掲注1) 142頁〔木村〕。

ず、不動産や船舶上の権利、建設機械等の信託の登記又は登録をすることができる財産は、当該信託の登記又は登録を備える方法による（信託法34条1項1号）。次に、金銭を除く動産は、信託財産と個別財産又は他の信託財産とを外形上区別することができる状態で保管する方法により分別管理すべきこととなる（信託法34条1項2号イ）。

さらに、金銭及び動産以外の財産（金銭債権等）は、計算を明らかにする方法によって分別管理を行わなければならない（信託法34条1項2号ロ）。したがって、これらの財産は帳簿等を作成することによって（同37条）、計算管理すべきこととなる。

信託法は、信託財産と固有財産の間であるか、信託財産と他の信託財産の間であるかを問わず、分別管理の方法に関して信託行為で別段の定めを置くことを許容し（信託法34条1項但書）、分別管理義務の強行法規性を緩和している。もっとも、別段の定めを設けることができるのは分別管理の方法についてであり、分別管理義務それ自体を免除するような定めを設けることはできないと解される[51]。

(5) 信託事務の処理の委託における第三者の選任及び監督に関する義務（信託法35条、28条）

信託法は、一定の要件のもとで受託者が第三者に信託事務の処理を委託することを認めた上で（信託法28条）、受託者が信託事務の処理を第三者にする場合には、委託の目的に照らして適切な第三者に委託し、かつ、第三者に対して信託の目的のために必要かつ適切な監督を行うべき義務を負う旨を規定する（信託法35条1項・2項）。この趣旨は、受託者が委任事務の処理を第三者に委託する場合には適切な者を選任し、かつ信託の目的達成のために必要な監督を行う義務を課すことにより、受益者の利益の保護を図った点にある。

受託者が第三者の選任監督上の義務を負うのは受託者の注意義務に関する信託当事者の合理的な意思を推測したものであり善管注意義務（信託法29条2項）の適用場面の1つと理解されるところ、受託者の選任監督上の注意義務の基準

---

[51] 寺本・前掲注44) 139頁。

についても善管注意義務と同様に加重又は軽減できるものと解されている[52]。

また、信託行為において指名された第三者、又は信託行為において受託者が委託者又は受益者の指名に従い信託事務の処理を第三者に委託する旨の定めがある場合、当該定めに従い指名された第三者に信託事務の処理が委託されたときは、「当該第三者が不適任若しくは不誠実であること又は当該第三者による事務の処理が不適切であることを知ったときは、その旨の受益者に対する通知、当該第三者への委託の解除その他の通知」をすることで足りる旨を規定する（信託法35条3項）。この趣旨は、上記の場合は受託者がその裁量により委託者の選定を行うわけではないため受託者の注意義務を軽減した点にある[53]。さらに、信託法は、信託法35条3項の義務について、私的自治の尊重の観点から信託行為の定めにより加重・軽減できる任意規定である旨を定めている[54]（信託法35条4項）。

(6) 帳簿作成・報告義務（信託法36条〜信託法39条）

信託法は、受託者は委託者又は受益者の求めに応じて信託事務の処理状況等について報告する義務や帳簿等の作成、報告及び保存義務等を負う旨を定める（信託法36条以下）。

① 委託事務の処理の状況等の報告義務（信託法36条）

信託法は、受託者は委託者又は受益者の求めに応じて信託事務の処理の状況ならびに信託財産に属する財産及び信託財産責任負担債務の状況について報告する義務を負う旨を定めている（信託法36条）。この趣旨は、委託者及び受益者の受託者に対する監督的機能を強化する点にある。

受益者が本条に基づいて報告を請求する権利は、その重要性に鑑みて制限することはできないが（信託法92条7号）、委託者の受託者に対する報告請求権は信託行為の定めによって制限することが可能である（信託法145条1項）と解されている[55]。

---

[52] 寺本・前掲注44）142頁。
[53] 同上。
[54] 同上。

② 帳簿等の作成、報告及び保存義務（信託法37条）

信託法は、受託者は信託事務に関する計算ならびに信託財産に属する財産及び信託財産責任負担債務の状況を明らかにするため信託帳簿（信託財産に係る帳簿その他の書類又は電磁的記録）等を作成し、その内容を受益者に報告する義務、及びこれらを負う旨を定めている（信託法37条1項・2項・3項）。この趣旨は、受託者による信託事務処理の適正を担保するとともに受益者の受託者に対する監督的機能を強化することによって、受益者の利益を保護する点にある[56]。

信託法37条3項に定める積極的報告義務を除いて、帳簿等の作成・保存に関する同条の規定は片面的な強行規定であり、信託行為で受益者に不利な定めを設けることはできないと解されている。受益者の帳簿等の閲覧及び謄写請求権は信託の監督権能を確保する極めて重要な権利であり信託行為において制限（軽減又は免除）できないとされているところ（信託法92条8号）、当該請求権を行使する基礎として帳簿等の作成・保存は不可欠であると考えられているためである[57]。

③ 受益者の帳簿等の閲覧等の請求（信託法38条）

受託者は、受益者の請求に応じて受益者に対して帳簿等を閲覧又は謄写させる義務を負う（信託法38条）。この趣旨は、受益者による受託者に対する監督的機能の実効性を図る点にある。そこで、同条は片面的強行規定であるとされ、受託者に有利となる定めを設けることは妨げないが受益者に不利となる定めを設けることはできないとされている[58]。

④ 受益者による他の受益者の氏名等の開示請求（信託法39条）

信託法は、受益者が2人以上存在する信託の場合において、受託者は、受益者の請求に応じて他の受益者の氏名等を開示すべき義務を負う旨を定める（信託法39条）。この趣旨は、受益者が複数存在する場合には、受益者が受益権の行使に関して意思決定をするには他の受益者を知る必要があるため受益者が受託者に対して他の受益者の氏名等の開示請求を認めた点にある[59]。

---

55) 新井監修・前掲注1) 159頁〔木村〕。
56) 神田＝折原・前掲注25) 81頁。
57) 神田＝折原・前掲注25) 81頁、新井監修・前掲注1) 165頁〔木村〕。
58) 神田＝折原・前掲注25) 82頁、新井監修・前掲注1) 172頁〔木村〕。
59) 神田＝折原・前掲注25) 84頁、新井監修・前掲注1) 174頁〔木村〕。

ただし、かかる受託者の開示義務は強行規定ではなく任意規定とされ、信託行為で別段の定めを設けることができるとされている（信託法39条3項）。なぜなら、受託者の中には自己の氏名等を他の受益者に知られたくない者も存在し得ること、受託者としても受益者の個人情報を把握できない場合もあり得るため常に受託者に受益者に関する情報を開示する義務を課すことは、受益者に不可能又は困難を強いることとなるためである[60]。

(7) 小　括

　以上のとおり信託が成立した場合には、受託者は他人のために財産を管理処分する者として、様々な義務を負うこととなる。とりわけ、一般の委任契約と区別して、預り金を信託財産として倒産隔離機能により保護するという観点からは、分別管理義務（信託法34条）が受託者に該当する者に課されているか否かは重要な要素となると解される[61]。前述のとおり、現行信託法のもとでも、分別管理の方法自体については強行法規性を緩和されているが他の諸義務が任意規定であるのに対して分別管理義務自体を免除することはできないと解されているのも、分別管理義務が信託の本質と直接結びつく重要な義務であることを信託法自体が表明したものと解されよう。

3　信託の本質――信認関係に基づく財産主体と利益享受主体の分離

　以上の信託法が規定した受託者に関する義務に照らして、信託の設定に必要不可欠な要件とは何であろうか。これは、いかなる要素が存在し、これを当事者が認識し、かつ認容した場合に信託設定意思を認め信託契約の成立を肯定できるかという問題である[62]。この問題について、道垣内弘人教授は、物権的救済という観点から「ある者が他人のために財産の管理・運用を請け負った場合には、当該財産の所有権がその管理者に移転している場合でも、権利者に所有者と同様の物権的救済を認めることにした（信託法14条-18条）」のが信託法であり、「信託とは、所有者でない者に所有者と同様の物権的救済を認めるという法理であり、信託法はそれを可能にするための法律である」と説明する[63]。

---

60) 寺本・前掲注44) 155頁。
61) 信託における分別管理義務の詳細につき、岸本・前掲注49) 232頁以下。

そして、信託の成立が認められるか否かの判断は、受益者に所有権が帰属していないにもかかわらず所有者と同様の物権的救済を認めるべきであるか否かという実質的判断によるべきであるという立場から、「財産を管理処分させる意思」の要件として信託設定意思を要し、その存否は受託者に分別管理義務が課されているかが重要な要素となるとする見解を主張する[64]。

つまり、信託とは所有者でない者に所有者と同様の物権的救済を認める法理であり、信託法が適用され受益者に物権的救済が認められるのは、受託者が信託財産について、受任者が他人のために占有する動産と同様の状況にある場合であるとし、したがって、信託の成立を認めるべき場合とは、受益者が純粋な

---

[62] 大村・前掲注31) 37頁は、「信託の定義（概念）については多数の解説がなされているが、ここではその詳細には立ち入らず、この規定の文言に即して考えてみよう。[引用者注：旧信託法] 1条によれば、『信託』＝ A『財産権ノ処分其ノ他ノ処分ヲシ』＋ B『他人ヲシテ一定ノ目的ニ従ヒ財産ノ管理又ハ処分ヲ為サシムル』となる。Aは委託者の行為（＝処分行為が必要）、Bは受託者の権利義務（＝信託目的にそった管理・処分の権限を持ち義務を負う）をそれぞれ定めているわけである。以上は繰り返すまでもないことなのであるが、ここで大事なのは、ある行為ないし法律関係が以上の要素を備えていれば（P）、それは『信託法』でいう信託にあたる（Q）ということである」と説明する。私見も信託の本質に関する基本的視座として、かかる立場に賛成するものである。なお、従来からこの問題についての学説を分析し、学説上、信託の本質として信託財産が「委託者からの離脱」と呼ばれる要素に、「信託目的にそった委託者の管理処分権および義務」が、「最小限対応した受託者の権利・義務」という要素に、それぞれ対応するものと評価できるとの指摘につき、道垣内弘人「信託の設定または信託の存在認定」道垣内弘人＝滝沢昌彦＝大村敦志編『信託取引と民法法理』（有斐閣・2003年）8頁参照。

[63] 道垣内弘人『信託法理と私法体系』（有斐閣・1996年）217頁。同「最近信託法判例批評（9・完）」金法1600号（2001年）84頁は、「信託の成立を認めるにあたっては、背後に、その者に物権的救済を与えるべきであるという判断が存在することになる。」と指摘し、さらに「そのうえで、所有権を認めることによって物権的救済を認めうるのであれば、そうすればよいし、所有権を認めることができない場合には、信託の成立を認めることになる。」と説明する。

[64] 道垣内・前掲注63) 金法1600号84頁は、「わが国の信託法における信託の特異性を、受託者の義務内容ではなく、所有権が存しないにもかかわらず物権的救済が認められることに置いて考えるときには、むしろ分別管理義務をポイントとして考えるべきではなかろうか。このことは分別管理義務を定める信託法28条[引用者注：現行信託法34条]が、強行法規であるという立場を採ることと直結するわけではない。当事者が明確な意思を表示していないとき、その取引関係を『信託』と性質決定する際のポイントを述べているだけである。信託法上、受託者に課されている諸義務を導くことが、委任に関する民法の適用によっても可能だと解するときには、あえて信託と呼称することのメリットは、物権的救済の肯定にある。そして、分別管理が課されていないときには、受益者に物権的救済を与えることは困難であると思われ、そうであるならば、わが国において、それを信託と呼称することにはあまり意義が認められないのではないか、と思うのである」と指摘する。

財産権帰属者としては行動できず、そこからの利益を得られないときであると解し、かかる客観的事情が存在する場合には当事者は信託設定意思を有するものとされる[65]。

他方で、信認義務を課するという視点から樋口範雄教授は、信託の意思をめぐる基本法理として、受託者に該当する者に対して当該財産を取り扱うに際して別の受益者の利益のために行動する信認義務を課す意思が表示されていることが重要であり、受託者と受益者の間で信認関係（fiduciary relation）を作り上げるような意思表示が存在するか否かを重視すべきであると主張する[66]。

この両者については、信託の設定をめぐり物権的救済を重視するのか、あるいは、信託法上の信認関係を重視するのかというアプローチの違いはあるものの、ある財産をめぐる仕組みが法的関係として存在する際に当事者がそれを明確に信託として認識していない場面で信託の設定を見出すという問題を考察するに際しては、ともに極めて重要な観点として尊重されるべきであると考える。

私見では、信託法上の信託の本質は、財産の帰属主体と利益の享受主体を分離し、新たな財産主体が自ら利益を享受しないという点にあり、信託とはこの制度が委託者と受託者の信認関係[67]で包摂された法律関係であると考える[68]。このような理解から信託関係においては、受託者が信託財産を自己の利益のために当該財産を用いることはできないという制度が仕組みとして確保されてい

---

[65] 道垣内弘人「信託の定義・信託の設定」新井誠＝神田秀樹＝木南敦編『信託法制の展望』（日本評論社・2011年）23頁。

[66] 樋口範雄「アメリカ信託法ノートⅠ」（弘文堂・2000年）20頁は、受益者にあたる人に対して、「当該財産を取り扱うにあたり、別の受益者の利益のために行動するエクイティ上の義務（信認義務＝fiduciary duty）を課す意思が表示されているかが、ポイントだと言ってよい。」と指摘する。

[67] 信託における信認の意味について「信託における信認関係では、単に受託者を信頼して託するというだけでなく、受託者が信託財産の利益を自分に帰せしめてはいけないという基本思想のもとでそれを実現するための構造も含めて信認関係を理解し、これを意図する。これが設定意思になるということですか。」という質問に対し、道垣内弘人教授は、「そこがポイントだろうと思う」と指摘され、さらには、「その仕組みが整えられていること」、「その仕組みは、一般的には意思によって整えられる」と指摘する。私見もこの立場に賛成するものである。能見善久＝道垣内弘人編『信託法セミナーⅠ―信託の設定・信託財産』（有斐閣・2013年）58頁。

[68] 能見＝道垣内編・前掲注67）58頁〔沖野発言〕。

るか否かが重要な判断基準となるものと考えられる[69]。そして、この仕組みとしては、信託法が信託成立に際して受益者に一定の拘束としていかなる義務規定を用意したかという観点が重要であると考える。

　加えて、一定の財産が信託の設定を通じて信託財産と評価されるためには、類似の場面として、特に委任における前払費用（民法649条）と信託財産の区別という点に焦点を当てる必要があろう。委任における前払費用は、前掲最判平成15年6月12日が指摘するように委任者から受任者に対して支払われた時点で金銭における占有と所有の一致というドグマによって受任者の財産に帰属し、委任者は受任者に対して同額の返還請求権を取得するのみとなる。かかる観点からは信託における倒産隔離とは、信託を委任契約など他の法制度と区別する際の重要な効果として位置づけるべきであると考える[70]。そうだとすれば、信託契約が成立するためには、信託法上の明文の要件である①財産を処分する意思、及び、②一定の目的のために財産を管理処分させる意思の合致、のみならず、③信託設定の効果として発生する倒産隔離を正当化できるような具体的事情として信託設定に向けられた意思（信託設定意思）が必要であると解される[71]。そして、この倒産隔離という法的効果の発生を正当化できるためには、受託者に移転した目的物が特定され、分別管理義務が課されていることが特に重要な要素となると考える。もちろん、先に考察したとおり分別管理義務自体は信託設定の効果であって成立要件そのものではない。しかし、ある一定の法的関係は果たして信託といえるか否かを検証する場面では、信託成立の効果としての分別管理義務の発生の前提として目的物が物理的に分別され、特定されている

---

[69]　道垣内・前掲注62) 25頁。
[70]　能見善久教授は、委任等の他の制度と信託との区別に際して倒産隔離機能の存在を重視され「結局信託を委任などの他の制度と区別するのは、倒産隔離なのではないかと考えたのです」と指摘する。その上で倒産隔離があくまでも信託の効果であることを踏まえ「信託が成立した場合の効果であって、これを信託の要件のところに読み込むのは妥当でない」とし、「そこでそのような効果を導くような仕組みとしての信認関係、その中に忠実義務と分別管理義務が含まれるのだと思いますが、これを意図するのが信託設定意思ということではないかと思われます。」と指摘する（能見=道垣内編・前掲注67) 64頁〔能見発言〕。本章は、基本的にこの立場に賛成するものであるが、信託設定意思を発見する際のメルクマールとしては、委任との区別の観点から分別管理の有無を重視するものである。
[71]　能見=道垣内編・前掲注67) 57頁〔道垣内発言〕。

必要があるといえるのである。なぜなら、分別管理を実現するためには通常の場合、目的物が特定されていることが不可欠となり、これによってはじめて信託の効果として重要な倒産隔離が実現できる素地を見出すことが可能となると考えられるからである。そして、このような仕組みが当事者の法的関係として構築され、これを認識し、かつ、認容して法律関係に入った場合は、当事者が具体的に信託設定意思を表示していない場合であっても、そこに信託設定意思を見出すことができ信託を設定することができると解するべきであろう。

VI 弁護士の預り金との関係

　依頼者が弁護士に対して、委任事務処理のために金銭を預託した場合、①財産を処分する意思、及び、②一定の目的のために財産を管理処分させる意思の合致は認められる。

　もっとも、かかる事実のみでは、委任契約に基づく前払費用（民法649条）として交付されたものにとどまるのか、信託契約による信託の設定が認められるのかを区別できないことから、③信託設定意思が必要となると解する。また、その判断にあたっては、前述のとおり、目的物が分離され、受託者である弁護士が当該財産を自己の利益のために用いることはできないという仕組みが確保されているか否かが重要な判断基準となるものと考えられる[72]。その際は、倒産隔離機能との関係で、目的財産の分別管理の存否が重要な要素となると考えるべきことはすでに考察したとおりである。

---

[72]　鈴木・前掲注21）445頁は、「解釈論として信託的構成が可能であるとしても、第三者の資産を預る立場の専門職としては、判例上明確に認められていない解釈論にのみ頼ることは危険」であるとし、「弁護士個人が対応できる具体的な方策としては、受任契約において、『本受任事件に関連して依頼者から、または依頼者のために弁護士が預る金員については、依頼者を委任者兼受益者、弁護士を受託者とする信託関係の下での信託財産を構成し、弁護士が開設、管理する専用の信託口座に保管され、本受任契約の趣旨に従って管理、支出されるものとする』旨を明示的に合意することが考えられる。立法論的には、弁護士会において預り金を信託財産として扱うための標準約款を定め、受任契約に『本受任事件に関連して依頼者から、または依頼者のために預り金を受ける場合は、〇〇弁護士会推奨預り金標準約款に従うものとする』といった条項を設けることにより、その標準約款に定めた条件を弁護士と依頼者の間の条件として取り込むことができるような仕組を導入して、依頼者の保護、延いては弁護士制度の保護を目指すべきであろう。」と指摘する。

一般に、弁護士の業務上の預り金の取扱いについては、各単位弁護士会の会規で、分別管理を義務づけている[73]。もっとも、この点については「分別管理は弁護士会での内部規範（モラル）にとどまっており、各事件の受任契約において必ずしも合意の対象とはなっていないようである。そこで、弁護士の委任事務処理に伴う預り金について、一般的に委任者との関係で分別管理義務が明確となっているわけではないと考えられる。したがって、弁護士の預り金について一般的に信託が成立するというわけにはいかないと考えられる」[74]との指摘がある。かかる指摘は、現実を捉え実務家としての認識とも合致するものであり私見も賛成する。

このような実務の実情を踏まえるならば、弁護士の預り金について前掲最判平成15年6月12日の補足意見が述べる「信託契約の締結」又は「委任と信託の混合契約の締結」を認めるためには、当事者間で会規に従った財産管理方法により預り金を保管・管理する旨を定める必要があるといえよう。より具体的には、当事者間で委任契約を締結する際に、弁護士が委任事務の遂行のために依頼者から預託を受ける金銭については、「（依頼者）代理人（弁護士）預り口」名義の口座を開設する等、委任契約の趣旨に従って管理、保管する旨を合意することを要するものと考えられる。

これに対して、預金口座の名義を弁護士本人名義とする等、専用口座との表示が明確でなく、分別管理する旨を定めていない場合には、必ずしも「信託契約の締結」又は「委任と信託の混合契約の締結」を肯定することはできないものと解する。

---

[73] 第二東京弁護士会の会規については、前掲注20）参照。
[74] 安永・前掲注28）74頁。

第 2 編

濫用的会社分割をめぐる理論的課題

第6章

濫用的会社分割と民事再生手続

　本章は、民事再生手続の申立てに先立って会社分割が行われ、分割会社の優良コア事業が新設会社に移転したという場面を想定し、その場合の民事再生手続上の諸問題について検討するものである。先行する会社分割手続は、会社法が要求する諸手続を履践しており会社法違反は存在しない。さらに新設分割計画において新設会社に移転した債権者に対して分割会社が連帯保証をしていることから、債権者は異議の申出ができない状況にある。債権者としては、自らの関与なくして会社分割手続が遂行され、その後、抜け殻となった分割会社が民事再生手続を開始したこととなる。このような事態に直面した再生債権者の多くは、不透明感や不公平感を抱くといえよう。かかる状況のもとで民事再生手続においていかに対応し、適正な手続を実現すべきか。本章は、会社法では形式的に適法に行われた会社分割手続がその後の民事再生手続との関係では濫用的と位置づけられる事案を想定して、会社法と民事再生法が交錯する場面について民事再生手続における問題を提起することを目的とする。

I　問題提起——濫用的な会社分割[1]

1　会社分割は、株式会社等がその事業に関して有する権利義務の全部又は一部を分割後、他の会社（承継会社）又は分割により設立する会社（新設会社）に

---

[1] 本章は、筆者として特定の事案に対する意見や主張等を述べるものではないことをあらかじめお断りする。

承継することを目的とする会社法上の行為[2]であり（会社法2条29号・30号）、企業再編の手法として頻繁に利用されている。本章は、会社分割手続が会社法上要求された諸手続を履践しつつ、他方で、再生債権者にとって一定の不利益となる場面について民事再生手続においていかなる対応が可能かといった、いわば会社法と民事再生法が交錯する実務上の問題点について問題を提起することを目的とするものである。なお、議論の対象を絞るため新設分割の事案で、かつ、分割会社及び新設会社がいずれも株式会社である場合を対象とする。

2 まず、民事再生手続に先行して会社分割手続が以下のように行われた場面を想定する。①株式会社（分割会社。後に民事再生手続の申立てを行い、再生債務者となる会社。民事再生手続開始後は、「再生会社」という）が、優良なコア事業を新設分割によって新設会社に移転する。②新設会社は分割会社の旧商号を続用しない。③分割会社は、会社分割において対価として取得した新設会社の株式（100％）を別のスポンサー会社に廉価で譲渡する。④その後、分割会社は、民事再生手続開始の申立てを行う。⑤分割会社（再生会社）は、再生債務者として民事再生手続において、当該株式の譲渡代金を弁済原資とした再生債権者に対する弁済を内容とする再生計画を策定する。⑥再生計画に基づく弁済率は、破産手続開始決定を受けた場合の予想破産配当率を若干上回っており清算価値保障原則（民事再生法174条2項4号）を充足している。

　本章では、以上のスキームによって民事再生手続開始の申立てに先立って行われた会社分割手続を濫用的な会社分割と呼ぶこととする。もっとも、濫用的な会社分割というものの、先に述べたとおり、会社法上の会社分割手続としては必要な諸手続を履践しており明らかな法令違反は存在しない点が特色といえる。

3 上記のスキームでは、本件会社分割によって分割会社（再生会社）の優良なコア事業は新設会社に移転しており、しかも会社分割の対価である株式も第三

---

[2] 江頭憲治郎『株式会社法〔第5版〕』（有斐閣・2014年）882頁以下。神田秀樹『会社法〔第16版〕』（弘文堂・2014年）365頁以下など。

者に対して譲渡しているため分割会社はもはやめぼしい資産を有していない状態であり、不採算事業を中心としたいわば抜け殻同然の株式会社となっている。

4　ところが、会社法上の会社分割手続は、以下に述べるとおり一定の場面では分割会社の債権者に対して異議手続を与えていない。また、新設会社に承継された債権者も、分割会社（再生会社）が新設会社の債務を連帯保証することによって債権者として異議を述べる機会を付与されないこととなる。その結果、分割会社（再生会社）の債権者（再生債権者）としては、自らが何ら関知せずに会社分割手続が進められているという状況に陥ることとなる。このような状況で民事再生手続開始の申立てに先立って会社分割がなされた場合、民事再生手続上いかなる問題が生じ、いかなる対応をすることができるか[3]。

Ⅱ　会社分割手続における債権者保護手続との関係

1　会社法810条1項は、「次の各号に掲げる場合には、当該各号に定める債権者は、消滅株式会社等に対し、新設合併等について異議を述べることができる。」と定め、2号で新設分割の場合、「新設分割後新設分割株式会社に対して債務の履行（当該債務の保証人として新設分割設立会社と連帯して負担する保証債務の履行を含む。）を請求することができない新設分割株式会社の債権者（第763条第12号又は第765条第1項第8号に掲げる事項についての定めがある場合にあっては、新設分割株式会社の債権者）」と規定する。

2　このように会社法は、会社分割手続に際して一定の債権者に異議を述べる機会を付与し、債権者保護手続を用意している。会社分割後に分割会社に対して債務の履行を請求することができなくなる債権者の引当てとなる財産は新設会社の資産のみになるため債権者保護を図ったものである。また、会社法制定

---

[3]　全国倒産処理弁護士ネットワーク編『新注釈民事再生法（上）〔第2版〕』（金融財政事情研究会・2010年）236頁〔三森仁〕は、「民事再生の制度趣旨に合致しない会社分割スキームの利用」として懸念を示す。

前の旧商法下でいわゆる人的分割と呼ばれたタイプの会社分割[4]（会社法763条12号ロ）における分割会社の全債権者については、会社分割手続によって分割会社の財産が流出し、その対価を分割会社でなく分割会社の株主が取得することになるため同じく債権者保護の要請から異議を述べる機会が付与されている（同810条1項2号第二括弧書）。

3 他方で、この会社法810条1項柱書及び2号の反対解釈によれば、会社分割後に分割会社に対して債務の履行を請求することができる分割会社の債権者は、債権者保護手続の対象外となる。これは、会社分割によって新設会社に移転した資産の対価として分割会社に株式等が交付され、分割会社の引当財産の減少をもたらさないため債権者保護の要請が働かないからである。

この会社分割後に分割会社に対して債務の履行を請求することができる債権者には、会社分割に際して、分割会社から新設会社に対して債権が移転された債権者のうち分割計画に基づき分割会社との間で新設会社を主たる債務者、分割会社を連帯保証人とする連帯保証契約を締結した債権者も含まれることとなる（会社法810条1項2号第一括弧書）[5]。

4 以上より、新設分割において分割会社の債権者として残存した者は当然のことながら債権者保護手続としての異議を述べる機会が付与されないのみならず、新設会社に移転された債権者もまた分割会社が連帯保証を行うことによって同じく債権者保護手続として異議を述べる機会を付与されないという事態が生じることとなる。このような場面に遭遇した分割会社（再生会社）の債権者や分割会社（再生会社）から新設会社に移転した債権者の多くは、たとえ会社法上の会社分割に必要な諸手続を履践していたとしても、後に遂行される民事再生手続において、一連の行為を全体として捉え不透明感や不公平感を抱くこととなろう。

---

4) 江頭・前掲注2）882頁。特に885頁注6参照。
5) 中川晃「会社分割において債権者保護手続を省略できる場合」商事1597号（2001年）51頁参照。相澤哲ほか編『論点解説 新・会社法』（商事法務・2006年）691頁。江頭・前掲注2）839頁。前田庸『会社法入門〔第12版〕』（有斐閣・2009年）741頁。

III 民事再生手続上の諸問題

それでは、民事再生手続その他関連諸法との関係でどのように対応すべきであろうか。

1 会社分割無効の訴えとの関係

(1) 会社法は、会社分割無効の訴えを用意しており、分割の効力が生じた日から6か月以内に訴えをもってのみ主張することができる（会社法828条1項10号〔新設分割〕）。また、提訴権者は、会社分割の効力が生じた日において、「新設分割をする会社の株主等若しくは社員等であった者又は新設分割をする会社若しくは新設分割により設立する会社の株主等、社員等、破産管財人若しくは新設分割について承認をしなかった債権者」である（同828条2項10号〔新設分割〕）。

(2) このように会社分割無効の訴えの提訴権者に監督委員は含まれていない。そのためDIP型再建手続である民事再生手続内では、監督委員が事実上会社分割無効の訴えの提起を促すことはなし得ても、それ以上にイニシアティブを発揮するには限界があるのではないかと考える[6]。

---

[6] 民事再生手続における監督委員の地位一般のあり方について、民事再生実務合同研究会編『民事再生手続と監督委員』（商事法務・2008年）7頁以下〔小河原寧〕は、東京地方裁判所における民事再生手続の運用の状況として「監督委員の監督の程度についてどのように考えるかは、一概に論じ得ない問題である。」と民事再生手続における監督委員の関与の程度について指摘する。私見は、DIP型再建手続である民事再生手続のもとにおける監督委員は、果たして後見的役割を担う存在であるのか、それとも場面によっては積極的に再生手続に関与すべき役割を担うのかについて一概に確定できず、また確定すべき問題ではないと考えるものである。渡邉敦子「民事再生手続における監督委員の地位と職務」櫻井孝一先生古稀祝賀『倒産法学の軌跡と展望』（成文堂・2001年）113頁以下。今泉純一「監督委員に関する若干の考察」今中利昭先生古稀記念『最新倒産法・会社法をめぐる実務上の諸問題』（民事法研究会・2005年）189頁以下は、大阪地裁における監督命令等の状況を踏まえて説明する。監督委員としてどの程度関与すべきかは、「諸事情とのバランスの中で適切な判断をしなければならない。」と指摘するが、賛成である。なお、園尾隆司＝小林秀之『条解民事再生法〔第3版〕』（弘文堂・2013年）297頁以下〔高見進〕。全国倒産処理弁護士ネットワーク・前掲注3）310頁以下〔印藤弘二〕。

2　詐害行為取消権・否認権との関係

(1)　では、会社分割自体を民法上の詐害行為取消権（民法424条1項）の対象として取り消すことができるか、また同様に監督委員が再生裁判所から否認権の付与（民事再生法56条1項、135条1項）を受けて否認権を行使し得るか、すなわち当該会社分割が詐害行為取消権や否認権の対象となるか、という問題がある。

(2)　学説では、会社分割のような組織法上の行為も詐害行為取消権や否認権の対象となるとする見解（肯定説）と組織法上の行為であるからこれを否定すべきであるという見解（否定説）が対立する。肯定説は、たとえ会社分割といった組織法上の行為であっても、これを詐害行為取消権や否認権の対象から除外する理由はなく、むしろ逸失した財産の取戻しのために必要であれば詐害行為取消権や否認権の対象となると主張するものである[7]。これに対する否定説の主な論拠は、次のとおりである。

① **組織法上の行為性との関係**

そもそも詐害行為取消権（民法424条1項）や否認権（民事再生法127条以下）は債権者を害する取引行為を対象とするものであり、本来的に会社分割のような組織法上の行為を予定していない。

② **効果との関係――相対効**

さらに否定説は、詐害行為取消権や否認権の効果の点に着眼して説明する。

---

7)　斎藤秀夫ほか編『注解破産法（上巻）〔第3版〕』（青林書院・1999年）454頁は、「会社の組織法上の行為、たとえば新株の発行、会社の設立（合名会社の設立につき大判昭和16・5・16新聞4701号22頁）、現物出資、合弁等の会社法上の行為も、否認の余地がある。」とする。弥永真生『リーガルマインド会社法〔第13版〕』（有斐閣・2012年）334頁注19は、「組織再編行為に際しての債権者保護手続として個別催告が要求されない場合があることなどから、詐害行為取消権（民424条）によって会社債権者を保護する必要が認められ、また、詐害行為取消権によって保護されると解する余地があると解される。」とする。

なお、更生会社の営業譲渡行為が更生債権者らを害するとして、管財人の譲受人に対する否認請求が認められた事例として、東京地判昭和46年12月24日（判時659号85頁）がある。また、営業譲渡を詐害行為に該当するとした上で、詐害行為に該当する営業譲渡を取り消した場合に、営業の引渡しに代えて時価相当の損害の賠償を認めた事例として、長崎地判昭和36年12月27日（下民集12巻12号3245頁）がある。

すなわち、詐害行為取消権や否認権は、それがひとたび行使されると取引の安全に与える影響が甚大となるため取消権者である債権者と債務者との間のみで効力が生ずるいわゆる相対効のみを認めるのが通説・判例[8]の立場である。

　分割会社の債権者が詐害行為取消権を行使した場合、その効果は、あくまでも詐害行為取消権を行使した当該債権者と濫用的な会社分割を行った再生会社との間でのみ生じる[9]。また、監督委員が否認権の付与を受け（民事再生法56条1項、135条1項）、再生会社の行った濫用的な会社分割を対象に否認権を行使して、これが功を奏した場合、監督委員との関係で再生会社と新設分割会社との間の当該会社分割の効力が否認されることとなる。その意味で、会社分割後に分割会社か取引先などの第三者との間で行った取引行為の効力は、転得者に対する否認権（民事再生法134条1項）が認められる場合を除き、監督委員の否認権行使によっても影響を受けるものではないといえ、かえって混乱を招くおそれが生じる[10]。

③　効果との関係——原状回復

　さらに民事再生法は、否認権行使の効果として、「再生債務者財産を原状に

---

[8]　大連判明治44年3月24日（民録17輯117頁）。
[9]　相澤ほか・前掲注5) 674頁は、債務の履行の見込みのない会社分割を行った場合について、「債権者保護手続の対象とならない債権者においては、会社分割による財産移転行為について詐害行為取消権（民424条）を行使する余地がある。」とする。その効果については、「詐害行為取消権が行使されても、個別の財産移転が取消権の行使対象者との関係で相対的に取り消されるだけであるから、会社分割の効力自体には影響を与えない。」と説明する。
[10]　東京地方裁判所商事研究会編『類型別会社訴訟Ⅱ〔第2版〕』（判例タイムズ社・2008年）779頁は、会社分割行為を詐害行為取消権によって取り消すことの可否について、「詐害行為取消権の効果についても、判例によればその効力は相対効しかないこと、詐害行為取消権の行使により会社分割自体の効力が失われるとした場合に、会社分割の無効判決の効力に関する規定（会843条）の準用が可能かどうかという問題もあることからすれば、詐害行為取消権の行使によって会社分割の効力を失わせることは難しいのではないかと思われる。」とする。なお、東京地方裁判所商事研究会編『類型別会社訴訟Ⅱ〔第3版〕』（判例タイムズ社・2011年）770頁は、「組織法上の行為であっても詐害行為取消権の対象とならないわけではなく、会社分割も財産権を目的とする法律行為であるから、詐害行為取消権の対象となるとした裁判例がある。……会社分割について詐害行為取消権の行使を認めたとしても、判例によればその効力は相対効しかなく、会社分割自体の効力は失われない等、会社分割に及ぼす効力は限定されたものにすぎないから、会社分割を詐害行為取消権によって取り消したとしても、会社分割無効の訴えを定めた趣旨を没却するものではない」とする。

復させる。」と定めている（民事再生法132条1項）。仮に会社分割を詐害行為取消権ないし否認権によって取り消した場合、この原状回復の内容をいかに捉えるか、という点が問題となる。

(3)　以上のとおり、会社分割といった組織法上の行為が詐害行為取消権や否認権の対象となるかについては学説上争いがあり本章は、否定説の論拠に賛成するものである。

　また、実際上も仮に否認権等の行使が認められ、理論上原状回復が可能であったとしても、すでに優良コア事業の移転後であり、再生会社はすでに抜け殻同然となり、受け皿会社として機能できない状況にある中で果たして否認権行使が現実的であり、かつ、事業の再生にとって有用かという問題が残るといえよう。

(4)　なお、分割会社からの第三者（スポンサー）に対する株主譲渡については、取引行為として否認権等の行使を検討する余地はあろう。

3　民事再生法25条4号の「不誠実な申立て」との関係

(1)　民事再生法25条4号は、裁判所が再生手続開始の申立てを棄却しなければならない事由として、「不当な目的で再生手続開始の申立てがされたとき、その他申立てが誠実にされたものでないとき」を規定している。本章で掲げたいわゆる濫用的な会社分割を経て行われた再生手続開始の申立てがこの「申立てが誠実にされたものでないとき」に該当し、不誠実な申立てであるとして再生手続開始の申立て自体が棄却されるべきかという問題が生じる。

(2)　裁判例（東京高決平成19年7月9日）[11]は、民事再生手続が開始原因を緩和するなど利用しやすい倒産処理制度として設けられた制度である上、債権者の多数の同意や裁判所の監督を受けて行われる手続であることに照らすと、再生手続開始申立ての棄却事由として定められている「不当な目的で再生手続開始の申立てがされたとき」とは、真に再生手続の開始を求める意思や真に再生手続を進める意思がないのにもっぱら他の目的（一時的に債権者からの取立てを回避

し、時間稼ぎを図ること等）の実現を図るため再生手続開始の申立てをするような場合など、申立てが再生手続の本来の目的から逸脱した濫用的な目的で行われた場合をいうものと解すべきであって、再生手続を行う過程で解決されるべき事項について債務者に至らぬ点があったとしても、これをもって不誠実ということはできず、もとより債務者の行為に対する懲罰という意味合いなどを含ませることもできないものというべきであると判示する。その上で、たとえ債務者に粉飾決算や財産隠匿行為等の問題点がうかがわれるとしても、これらは再生手続が開始された後において監督委員の監督、否認権の行使、最終的には再生計画案に対する債権者の決議等によって決せられれば足りるものであり、再生手続の開始を否定する事由にはあたらないというべきであるとしている。

(3)　以上の裁判例は、債務者に粉飾決算や財産隠匿行為等の問題がある事案を前提とするものであり、その射程範囲を検証する必要がある。本章が対象とする濫用的な会社分割を優良コア事業を中心とする財産隠匿の一環として広く捉えることが可能であれば、上記裁判例を基本的な判断枠組みとして参考とした上で、濫用的な会社分割の後に申し立てられた民事再生手続が果たして不誠実な申立てに該当するかを検討する余地はあるといえる。上記裁判例によれば、再生手続開始後の監督委員の監督、否認権の行使、最終的には、再生計画案に対する債権者の決議等によって決せられるべき問題であるということとなろう。

(4)　しかも、実務上民事再生手続の申立段階で先行する会社分割手続が果た

---

11)　判タ1263号347頁。民事再生法25条4号との関係のその他の裁判例として、東京高決平成17年1月13日（判タ1200号291頁）、東京高決平成19年9月21日（判タ1268号326頁）がある。後者は、「再生計画は債権者の多数の同意を要件とするものであることや、再生手続は裁判所の監督を受けて行われるものであること等を考え併せると、法25条の要件をあまり広く解するのは相当でないから、同4号にいう『不当な目的で再生手続開始の申立てがされたとき、その他申立てが誠実にされたものでないとき』とは、専ら第三者をだまして利得を得る目的で申立てがされた場合、真に再生手続の開始を求める意思や再生手続を進める意思がないのに、専ら他の目的（一時的に債権者からの取立てを回避し、時間稼ぎを図ること等）で再生手続の申立てをする場合等、申立てが本来の目的から逸脱した濫用的な目的で行われた場合をいうものと解すべきである。」と限定的に解釈する。

して濫用的であるか否かを精査して開始決定の有無を判断することは、迅速な手続の進行という実務の運用上の観点[12]から現実的には困難であるといえよう[13]。

4 再生債務者の公平誠実義務との関係

(1) 次に、再生手続開始決定がなされ、再生債務者がこの濫用的な会社分割を是正することなく再生手続を遂行した場合、これが再生債務者の公平誠実義務に違反するかという問題が生じる。

(2) 民事再生法38条1項は、「再生債務者は、再生手続が開始された後も、その業務を遂行し、又はその財産（日本国内にあるかどうかを問わない。第66条及び第81条第1項において同じ。）を管理し、若しくは処分する権利を有する」とし、同条2項は、「再生手続が開始された場合には、再生債務者は、債権者に対し、公平かつ誠実に、前項の権利を行使し、再生手続を追行する義務を負う」と規定する。後者の義務が再生債務者の公平誠実義務と呼ばれる。

(3) 本章のテーマである濫用的な会社分割は、再生手続開始決定前にすでに

---

[12] 東京高決平成19年9月21日（判タ1268号326頁）は、民事再生法25条の位置づけについて「民事再生手続が開始されるためには、法21条の定める要件が存在し、かつ、法25条の定める手続開始申立棄却事由が存在しないことが必要である。」とした上で、このように「法25条が、再生手続の開始に対する消極的要件の形で規定されているのは、利用しやすい再建型の倒産処理制度を設けるという上記の趣旨に沿って、倒産状態に陥った債務者を早期に再建するために、早期に再生手続開始の決定がされる必要があり、その調査を比較的短期間にすべきであるとしているものと解されるものである。」とする。

[13] 高松高決平成17年10月25日（金判1249号37頁）は、民事再生法1条の目的規定を掲げた上で、民事再生法25条4号は、「不当な目的で再生手続開始の申立てがされたとき、その他申立てが誠実にされたものでないとき」に該当する場合には、裁判所は、再生手続開始の申立てを棄却しなければならない旨を規定しているところ、民事再生法の上記目的に鑑みると、同法は、25条1項ないし3号所定の各申立棄却事由とは別に、債務者に不当な目的がある場合又は不誠実な申立てをした場合を包括的に同条4号の申立棄却事由として定めたものであると位置づけている。その上で、再生手続開始の申立てに至る経緯、同申立て後から本件再生手続開始の決定、そして、現在に至るまでの間の相手方の態度を斟酌して、再生債権者に対する関係のみならず、裁判所に対する関係でも不誠実極まりないとして、民事再生法25条4号にいう「申立てが誠実にされたものでないとき」に該当するという判断枠組みを採用している。

実行された場面を想定している。そこで、濫用的な会社分割手続を実行した後に再生手続開始の申立てを行い、その結果、再生手続開始後に再生債務者となった場面も、公平誠実義務に基づいて、その履行として自らが再生手続遂行以前に行った会社分割手続について、これを取り消す等の行為が求められているとまでいえるかという問題が生じる。再生債務者の公平誠実義務は、再生手続開始前の再生債務者自身の行為を是正すべき義務もその内実とするかという問題であり、再生債務者を再生手続開始決定により発生する再生手続上の機関として位置づけると、あくまでも公平誠実義務は再生手続開始後の義務であるのか、それとも手続開始前の自らの行った行為との関係でも公平誠実義務を負うのか、再生債務者の第三者性と呼ばれる問題との関係でも議論すべき問題であるといえる[14]。

5　民事再生手続の廃止事由との関係

再生債務者による公平誠実義務違反が再生手続廃止の原因となるかという問題がある（民事再生法193条1項）。もっとも、この点については、もともと民事再生法193条1項各号が定める義務違反の内容が保全処分違反（1号）、裁判所の許可、監督委員の同意事項の潜脱（2号）、認否書提出義務違反（3号）といった個別的な内容であるのに対して、公平誠実義務違反は一般的かつ抽象的な内容であることに照らすと民事再生法193条の手続廃止事由として再生債務者の公平誠実義務違反は想定されていないと考えるのが自然であること、さらに公平誠実義務違反に対しては、管理命令の発令等によって対処することが再生債権者の利益にも資することを理由にこれを否定的に捉える立場が有力であり、私見も民事再生法193条1項の規定の仕方に照らして否定的に解する立場に賛成する[15]。

---

14) 伊藤眞「再生債務者の地位と責務（上）（中）（下）」金法1685号（2003年）12頁以下・1686号（2003年）113頁以下・1687号（2003年）36頁以下。特に再生債務者の法律上の地位と公平誠実義務に関しては、（中）1686号115頁以下。
15) 伊藤眞『破産法・民事再生法〔第3版〕』（有斐閣・2014年）796頁。

6 役員の損害賠償請求権の査定との関係

　濫用的な会社分割によって債権者に損害が生じた場合には、債権者が民事再生手続上の損害賠償請求権の査定申立てをすることが考えられる（民事再生法143条2項）[16]。しかし、役員に対する損害賠償の請求をもって濫用的に行われた会社分割それ自体に対する直接的、抜本的解決となるかは疑問が残る。

7 再生計画案の不認可事由との関係

　(1)　では、濫用的な会社分割に対しては、「再生債権者の一般の利益に反するとき」（民事再生法174条2項4号）に該当するとして再生計画を不認可とすることができるであろうか。

　(2)　一般に、本条にいう「再生債権者の一般の利益」とは破産配当率よりも再生計画による弁済率の方が上回るという清算価値保障原則を意味すると解されている。本章の対象とする場面は、再生手続における弁済率が予想破産配当率を上回っており、その意味で清算価値保障原則に違反するものではないといえよう。しかし、再生手続自体が適正に遂行されていなくとも予想破産配当率を若干でも上回りさえすれば、「再生債権者の一般の利益」が常に充足されていると考えることには、実務感覚として躊躇を覚えることも事実である。

　(3)　また、本章の想定する濫用的な会社分割手続は、少なくとも会社法上の諸手続に形式的に違反するものではなく、むしろ、会社分割に必要な諸手続を履践している。しかも、民事再生法違反も存在しない以上、「法律の規定に違反し、かつ、その不備を補正することができないものであるとき」（民事再生法174条2項1号）に該当すると位置づけることは困難であろう[17]。

　(4)　いずれにしても再生計画の認可又は不認可の決定は、再生債権者が再生

---

16)　民事再生実務合同研究会・前掲注6)〔宮川勝之〕。特に210頁以下参照。
17)　東京高決平成15年7月25日（金判1173号9頁）は、再生手続開始により中断中の詐害行為取消訴訟を否認訴訟として受継すれば回収の見込みがないとはいえない場合に、当該詐害行為取消訴訟を受継しないで成立した再生計画は、「再生債権者の一般の利益に反する」ものであるとしている。

計画に対して賛成し、可決している状態において問題となるが、再生債権者が再生計画に賛同し可決していればその限度では再生債権者にとっては、もはや濫用的な会社分割とはいえなくなったとも評価し得るといえ、その意味でこれを不認可とするには相当の事由が必要となると考える。

IV まとめ

　以上、本章は、会社法上は形式的に適法であるとしても、再生手続開始前の債権者に何ら異議を申し述べる機会を付与せず、いわば濫用的に会社分割が行われた場合の民事再生手続における問題点を指摘したものである。民事再生手続に先行する会社分割手続が、会社法上特段の瑕疵がない場合であっても、事後の民事再生手続を想定して、一連の手続として行われ、それによって民事再生手続上、再生債権者が不公平な立場に立たされるとすれば、何らかの手続的手当が必要となるものと考えられる。

　とりわけ、先行する会社分割が債権者からの追及を免れるために行われた濫用的なものであるといえる場合には、その必要性はいっそう高いといえよう。このような場合には、本章で指摘した問題点以外にも民事再生法に照らして、種々の問題が生じ得るといえる。この問題は、冒頭でも指摘したとおり、会社法と民事再生法の交錯する場面であり、また、民事再生手続が予想破産配当率を上回る弁済率（清算価値保障原則）のほか、手続の適正をどこまで求めているか、DIP 型の民事再生手続において透明性ある公正な手続を実現するためには、最終的に再生債権者の判断にゆだねるとしても、監督委員としてどの程度積極的な関与をすべきか、といった民事再生法の根本にかかわる理念的な問題も含むものといえる。本章が理論上、実務上の問題提起の一助となることを期待したい。

第2編　濫用的会社分割をめぐる理論的課題

〔追記〕

　本章は、NBL922号に掲載した論考である。

　掲載に先立って、筆者が平成21年2月27日に東京地方裁判所から民事再生手続における監督委員に選任された事案で、はじめて会社分割を濫用して優良事業のみを新設分割会社に移転し、残存債権者の利益を害する結果を招いた事案に遭遇した。当時は、組織法上の行為と位置づけられていた会社分割に、果たして倒産法上の否認権を行使できるのか、仮に行使できるとした場合、会社分割における法的安定性確保の要請との関係で、その効果をどのように解すべきか、といった諸問題について、実務上も裁判例が乏しく、理論的な検証もなされていない状況にあった。

　そこで、実務と学理の双方に対する問題提起として執筆したのが本章である。

　その後、周知のとおり、濫用的会社分割をめぐっては数々の裁判例が登場し、理論的深化がなされ倒産法と会社法の交錯する重要問題として認識されるに至った。やがては、平成26年会社法改正で、詐害的会社分割における残存債権者の保護として、継承会社等に対する直接履行請求が認められ（759条4項、761条4項、764条4項、766条4項）、倒産手続開始前の段階については、一応の立法的な手当がなされるに至った。今後は、会社法上の直接履行請求権と倒産手続における破産管財人等の否認権との関係等、さらに検証されるべき問題は残る。

　実務で生起した新たな事象について、これを問題提起し、裁判例が登場し、理論が進化し、法の改正に至ったものである。

　実務と理論を架橋する契機の1つとして、本章は、あえて当時のままの内容を本書に掲載したものである。

第7章

濫用的会社分割と破産法上の否認権
——詐害行為取消権との対比からの考察

I　はじめに

　本章は、いわゆる濫用的会社分割について破産法上の否認権行使の可否、否認できるとした場合、否認権の対象は何か、という問題等について、会社分割を詐害行為取消権によって取り消す場合と対比して検討することを目的とする。その際、本章で検討する濫用的会社分割とは、新設分割によって優良コア事業と一部の債権者に関する負債（義務）のみを新設分割設立会社（以下「新設会社」という）に承継し、当該新設分割の対価として株式の交付を受けた新設分割会社（以下「分割会社」という）が新設分割後直ちに破産手続開始決定を受けた場面を想定し、分割会社の破産管財人が否認権を行使する場合を念頭に置く。本章は、濫用的会社分割について詐害行為取消権を行使する場面を中心に問題点を考察し、破産法上の否認権を行使する場面に関し、両者の制度上の違いから否認権特有の考察が必要であることを指摘することを目的とする。

　なお、破産法が用意した否認権の類型のいずれに該当するかという問題については、本章の考察の対象外であることを付言する。

II　裁判例の概観

1　主な裁判例

　濫用的会社分割をめぐっては、近年相次いで裁判例が出されている。主なも

のを概観すると次のとおりである。

(1) 東京地判平成17年12月20日（金法1924号58頁）
破産管財人である原告が、主位的に破産会社が行った会社分割について旧破産法72条1号（故意否認）に基づき否認権を行使し、予備的に財産移転行為について否認権を行使して、逸出した財産の返還に代わる価額償還を求めた事案であり、原告の請求を棄却した。

(2) 大阪地判平成21年8月26日（金法1916号113頁）
詐害行為取消権に基づいて会社分割の取消しと承継不動産の所有権移転登記の抹消登記手続を求めた事案である。会社分割のうち、各不動産の承継にかかる部分を取り消し、当該不動産の抹消登記手続を認容した。

(3) 大阪高判平成21年12月22日（金法1916号108頁）
上記(2)大阪地判平成21年8月26日の控訴審判決である。

(4) 福岡地判平成21年11月27日（金法1911号84頁）
否認決定に対する異議請求事件であり、詐害行為否認を認め、請求を認容した。

(5) 福岡地判平成22年1月14日（金法1910号88頁）
詐害行為取消権における詐害性を否定した上、法人格否認の法理に基づき原告の請求を認容した。

(6) 東京地判平成22年5月27日（金法1902号144頁）
詐害行為取消権に基づいて、価額賠償請求を認容した。

(7) 東京高判平成22年5月27日（金法1910号77頁）
上記(6)東京高判平成22年10月27日の控訴審判決であり、詐害行為取消権についての第1審判決を維持した。

(8) 最判平成 24 年 10 月 12 日（民集 66 巻 10 号 3311 頁）

上記(3)大阪高判平成 21 年 12 月 22 日の上告審判決である。

(9) その他

名古屋地判平成 23 年 7 月 22 日（金判 1375 号 48 頁）

福岡高判平成 23 年 10 月 27 日（金法 1936 号 74 頁）（原審は法人格否認を肯定）

2 動 向

　以上のように会社法制定後の裁判例は、会社分割に対する詐害行為取消権の行使を肯定している。また、破産法上の否認権については、否定する東京地判平成 17 年 12 月 20 日が存在するものの、その後、福岡地判平成 21 年 11 月 27 日が肯定説を採用している。これらの裁判例の動向に照らせば、現在の実務の趨勢は、詐害行為取消権・否認権のいずれについても適用を肯定する方向にあり、財産的救済については価額償還請求権の行使によって対処しているといえよう[1]。

　もっとも、後に指摘するように詐害行為取消権か否認権かを問わず、肯定説と呼ばれる見解もその内実は、新設分割における法人の設立までを取り消すものではなく、結論として会社分割の効果のうち財産移転行為のみを取消しや否認の対象とするにとどまっている。

III　会社分割の性質

1　包括承継（一般承継）

(1) 特定承継と包括承継

　一般に、特定承継・包括承継とは何かについて売買によってある物の所有権を取得するというように個々の権利を承継するものを特定承継、相続人や合併会社が被相続人や合併前の会社の権利義務を包括的に承継する場合のように他

---

1) なお、東京地方裁判所商事研究会編『類型別会社訴訟 II〔第 3 版〕』（判例タイムズ社・2011 年）770 頁も肯定説に転じている。

人の権利義務を、一身専属権を除いて一括して承継することを包括承継（又は一般承継）という[2][3]。

(2) 会社分割は包括承継か

以下に紹介するように、会社分割は、果たして包括承継か否かといった最も根本的な属性について、論者によって認識の一致が認められていない。

① 包括承継であるとする立場

会社分割は、包括承継（又は一般承継）であると説明される場合が多い。例えば、最判平成22年7月12日（判時2096号145頁。日本アイ・ビー・エム会社分割事件）は、「……新設分割の方法による会社の分割は、会社がその営業の全部又は一部を設立する会社に承継させるものである。……これは、営業を単位として行われる設立会社への権利義務の包括承継であるが……」と判示する。

学説では、例えば、前田庸教授は、会社分割の性質について「平成12年改正法は、会社分割を現物出資的に構成せず、合併と同様に権利義務の包括承継の効果を伴う組織法上の行為として把握する立場から立法している。すなわち、そこでは、合併と同様に、分割をする会社（以下、「分割会社」という）の権利義務が分割によって事業を承継する既存の他の会社（吸収分割の場合。2条29号、たんに「継承会社」という）または分割により設立する会社（新設分割の場合。2条30号、たんに「新設会社」という）に包括的に承継され、それに対して株式等（旧会社法では原則として株式に限られていたが、会社法により、株式の発行以外の対価の交付も可能となった）が発行されるので、必ずしも事業の承継の対価としての資金の用意は不要となる。……」と説明する[4]。

また、江頭憲治郎教授は、「会社分割による権利義務の承継は、合併と同じく一般承継であるが、会社分割の場合、行為後にもとの権利義務の帰属主体（分割会社）も残存するので、それが解散する合併の場合よりも『承継』の効果が若干複雑になる」と説明する[5]。

---

2) 『法律学小辞典〔第4版〕』（有斐閣・2004年）917頁。
3) 『法律用語辞典〔第3版〕』（有斐閣・2006年）1257頁。
4) 前田庸『会社法入門〔第12版〕』（有斐閣・2009年）719頁。
5) 江頭憲治郎『株式会社法〔第5版〕』（有斐閣・2014年）883頁。

②　包括承継ではないとする立場

これに対して近時、会社分割を包括承継と説明することに消極的な立場も主張されている。

例えば、会社分割は、承継会社又は新設会社が交付する株式等を対価として分割の対象となる事業に関する権利義務の一部（債務も含む）が包括的に承継会社又は新設会社に移転する点で合併に類似するが、合併と異なり分割会社は分割後も存続するので包括承継という概念を使うのは必ずしも適切ではないとする立場[6]や会社分割による権利義務の移転を「包括承継」であると説明すべき実益は法的には存在しないといってもよく、会社分割に関して包括承継という構成を強調することに関する疑問を指摘する立場も存在する[7]。

2　検　討

包括承継とは、権利義務を一括して承継する場合である。この概念に従えば会社分割が包括承継であるとすると会社分割により承継対象となる権利義務は、新設分割計画書（新設分割の場合）に従って一括して承継すると考えることになる。もっとも、相続や合併のように、もともとの主体が消滅する場合を包括承継と呼ぶのであれば、会社分割の場合は、従前の会社が消滅せずに引き続き存続する点で相続や合併と同様の意味の包括承継ではないといえる。

ところで、民法の一般原則に照らせば、本来、債権（債務）を移転するためには、個別の債権者の同意を取得することが必要である。しかし、会社分割では、分割の効果として債務も原則として個別の債権者の同意なくして免責的に承継会社（新設分割においては、新設会社）に移転する[8]。この点を説明するためには、相続や合併と同じ意味での包括承継ではないとしても、少なくとも会社分割（新設分割）は、一般承継であるという説明は維持されるべきであろう。

以上から本章では、会社分割は一般承継であり、新設分割の場合であれば、分割によって承継の対象となる事業に関する権利義務（資産負債）は分割の効

---

6)　神田秀樹『会社法〔第16版〕』（弘文堂・2014年）368頁。資産の移転については、第三者対抗要件の具備が必要である点も指摘する。
7)　郡谷大輔「会社分割法制上の法際問題」事業再生と債権管理132号（2011年）58頁以下。
8)　神田・前掲注6)　368頁。

果として債務も個別の債権者の同意なくして一体的に新設会社に移転することとなると理解する。

IV　濫用的会社分割と詐害行為取消権

1　詐害行為取消訴訟の要件事実

以上を前提に、濫用的会社分割と詐害行為取消権をめぐる諸問題について検討する[9]。

まず詐害行為取消訴訟の原告・被告の主張立証の構造を確認する。一般に詐害行為取消訴訟における原告である債権者は、請求原因事実として、①詐害行為前の被保全債権の発生原因事実、②債務者が債権者を害する財産権を目的とする法律行為をしたこと、③当時債務者は無資力であったこと、④債務者の悪意（詐害の意思）を主張立証する必要がある。これに対して、被告は、受益者が前記②の行為が債権者を害することを知らなかったことを主張立証する必要が生じることになる。本章で問題とする濫用的会社分割（新設分割）の場面であれば原告が分割会社に残された残存債権者であり、被告である受益者は新設分割によって設立された新設会社となる。

2　濫用的会社分割に対する詐害行為取消権の可否

(1)　組織法上の行為であることとの関係

まず、会社分割のような組織法上の行為は、詐害行為取消権の対象とはならないのではないかという問題がある。さらに、詐害行為取消訴訟における要件事実との関係では、会社分割は組織法上の行為であることと関連して、「財産権を目的としない法律行為」（民法424条2項）に該当し、詐害行為取消権の適用は認められないのではないかが問題となる。

---

9)　なお、この問題について、郡谷大輔弁護士は、現状について、「残念ながら、筆者を含む会社法立法担当者は、濫用的会社分割に対する詐害行為取消権の適用可能性を指摘するにとどまり、実際の適用関係まで整理するに至らず、学識経験者からはこうした考え方に対する支持がほとんど得られなかったことや、会社法自体が実際の損害回復を検討する法分野ではなかったことから、ほとんど議論に進展がみられず現在に至っている」としている（郡谷・前掲注7) 64頁）。

しかし、組織法上の行為とは会社法上の説明概念であるといえ、これを理由に直ちに否定する根拠とすることは妥当でない[10]。新設分割は分割会社がその事業に関して有する権利義務の全部又は一部を新設会社に承継させる法律行為であり、事業に関して有する権利義務とは、まさに財産権に他ならない。よって、新設分割は組織法上の行為としての側面と財産法上の行為としての側面を併せ有しているといえ、財産権を目的とする法律行為に該当し（民法424条2項）、詐害行為取消権の対象となると解される。また、現に同じく組織法上の行為である会社設立行為（大判大正7年10月28日民録24輯2195頁）、営業譲渡（最判昭和42年3月14日判タ206号99頁）が詐害行為取消権の対象となるとする裁判例が存在する。

　さらに、会社分割が組織法上の行為であることと関連して、新設会社の設立をはじめとする組織法上の行為を取り消すと法的安定性を著しく害するのではないかという点を検討する必要がある。

　会社法は、会社分割の効力を争うためには会社分割無効の訴えという特別の方法を用意し、提訴権者、提訴期間、効力を限定して法的安定性を確保すべく配慮している（会社法828条1項9号・10号）。ところが、仮に会社分割が詐害行為取消権の対象になるとすると、本来会社分割無効の訴えによらなければならない会社分割無効の主張を詐害行為取消訴訟において主張することとなり、会社分割無効の訴えの制度趣旨を潜脱するものとして法的安定性を害するので許されないという主張が考えられる[11]。

　これに対して、会社法は新設分割について詐害行為取消権の適用を否定する明文の特則規定を設けていないこと、会社分割無効の訴えの制度と詐害行為取消訴訟とはそれぞれ要件及び効果も異なる別個の制度であるといった反論が主張されている。

　もっとも、詐害行為取消権の適用を認めた裁判例は後に検討するように価額償還を用いて解決し、さらに詐害行為取消権の効果を相対効と解した上で取消

---

10)　神作裕之「商法学者が考える濫用的会社分割問題」金法1924号（2011年）36頁以下は、「道具概念」とする。
11)　東京地方裁判所商事研究会・前掲注1) 779頁、岡伸浩「濫用的会社分割と民事再生手続」NBL922号（2010年）9頁。

しの効果は法人の設立までは及ばない等と解する方法によって、いずれも会社分割（新設分割）における組織法的側面の中核である新設会社の設立の効力の取消しまでを認めていない。肯定説と呼ばれる見解も法的安定性確保への配慮から新設会社の設立という組織法的側面を維持した上で会社分割の財産権的側面についてのみ取消しの効力を及ぼし、この限度でのみ肯定しているのが実情である[12]。

(2) 詐害行為取消権の対象

では、濫用的会社分割に関し、詐害行為取消権の対象である「法律行為」（民法424条）はどのように捉えるべきであろうか。

会社分割で承継の対象とされた事業に関する権利義務は、一般承継として新設会社に承継される。このような一般承継である会社分割のうち資産負債の移転のみを詐害行為取消しの対象とすることは可能であろうか[13]。

従来の裁判例には、以下のとおり会社分割それ自体を詐害行為取消権の対象とするものと新設会社への権利（資産）の承継を取り上げたものが混在しており、必ずしも一致していない。

① 会社分割自体を詐害行為取消権の対象とする裁判例

ア 東京地判平成22年5月27日（金法1902号144頁）

新設分割が詐害行為取消権の対象となることを認めている。主文第2項で原告を分割会社とし、被告を新設会社とする平成20年6月19日に効力が生じた会社分割を被保全権利の金額の限度で取り消すとした上で、主文第3項で新設会社に対して、承継対象資産のうち被保全債権の額に相当する金額についての価額賠償を認めている。

イ 東京高判平成22年10月27日（金法1910号77頁）

上記東京地判平成22年5月27日の控訴審判決であり、原審（第1審）の判決を維持したものである。

---

[12] 相澤哲ほか『論点解説 新・会社法 千問の道標』（商事法務・2006年）674頁等多数。
[13] この問題は、とりわけ、会社分割による承継の対象に債務が含まれている場合に問題が生ずる。神作裕之「濫用的会社分割と詐害行為取消権（上）」商事1924号（2011年）11頁。

ウ　名古屋地判平成 23 年 7 月 22 日（金判 1375 号 48 頁）

　新設分割が詐害行為にあたるとして、詐害行為取消権に基づいて当該会社分割の取消しを求めるとともに価額賠償を請求した事案で、主文第 1 項で会社分割を被保全権利の限度で取り消すとし、主文第 2 項で被保全権利の額の金員についての価額賠償を認めている。

エ　最判平成 24 年 10 月 12 日（民集 66 巻 10 号 3311 頁）

　新設分割を対象とする詐害行為取消権の可否につき、これを肯定している。判旨は以下のとおりである。

　「新設分割は、1 又は 2 以上の株式会社又は合同会社がその事業に関して有する権利義務の全部又は一部を分割により設立する会社に承継させることであるから（会社法 2 条 30 号）、財産権を目的とする法律行為としての性質を有するものであるということができるが、他方で、新たな会社の設立をその内容に含む会社の組織に関する行為でもある。財産権を目的とする法律行為としての性質を有する以上、会社の組織に関する行為であることを理由として直ちに新設分割が詐害行為取消権行使の対象にならないと解することはできないが（大審院大正 7 年（オ）第 464 号同年 10 月 28 日判決・民録 24 輯 2195 頁参照）、このような新設分割の性質からすれば、当然に新設分割が詐害行為取消権行使の対象になると解することもできず、新設分割について詐害行為取消権を行使してこれを取り消すことができるか否かについては、新設分割に関する会社法その他の法令における諸規定の内容を更に検討して判断することを要するというべきである。そこで検討すると、まず、会社法その他の法令において、新設分割が詐害行為取消権行使の対象となることを否定する明文の規定は存しない。また、会社法上、新設分割をする株式会社（以下「新設分割株式会社」という。）の債権者を保護するための規定が設けられているが（同法 810 条）、一定の場合を除き新設分割株式会社に対して債務の履行を請求できる債権者は上記規定による保護の対象とはされておらず、新設分割により新たに設立する株式会社（以下「新設分割設立株式会社」という。）にその債権に係る債務が承継されず上記規定による保護の対象ともされていない債権者については、詐害行為取消権によってその保護を図る必要性がある場合が存するところである。

ところで、会社法上、新設分割の無効を主張する方法として、法律関係の画一的確定等の観点から原告適格や提訴期間を限定した新設分割無効の訴えが規定されているが（同法 828 条 1 項 10 号）、詐害行為取消権の行使によって新設分割を取り消したとしても、その取消しの効力は、新設分割による株式会社の設立の効力には何ら影響を及ぼすものではないというべきである。したがって、上記のように債権者保護の必要性がある場合において、会社法上新設分割無効の訴えが規定されていることをもって、新設分割が詐害行為取消権行使の対象にならないと解することはできない。そうすると、株式会社を設立する新設分割がされた場合において、新設分割設立株式会社にその債権に係る債務が承継されず、新設分割について異議を述べることもできない新設分割株式会社の債権者は、民法 424 条の規定により、詐害行為取消権を行使して新設分割を取り消すことができると解される。この場合においては、その債権の保全に必要な限度で新設分割設立株式会社への権利の承継の効力を否定することができるというべきである。

　以上によれば、本件新設分割が詐害行為取消権行使の対象になるものとして、被上告人の請求を認容した原審の判断は、是認することができる。論旨は採用することができない。」

　須藤正彦裁判官の補足意見は、以下のとおりである。

　「私は法廷意見に賛同するものであるが、本件新設分割によって債権者が害されることについて、以下の私見をもって補足しておきたい。

　本件新設分割によって、その直前の時点での A 社に対する一般債権のうち、上告人によって承継されない本件保証債務（約 4 億 5500 万円）を含む債務に係る一般債権（以下「本件残存債権」という。）と、承継された債務に係る一般債権（以下「本件承継債権」という。）とは、その引当てとなる財産（責任財産）が異なることになる。すなわち、原審の確定した事実によれば、本件新設分割の直前の時点では、一般債権総体（本件保証債務に係る債権及びその余の債権）を構成していた本件残存債権及び本件承継債権のいずれにとっても、責任財産は、本件新設分割直前に A 社が有していた一般財産の総体、つまり、本件不動産（担保余力分約 3300 万円）及びその余の資産であって、共通のものであった。ところが、本件新設分割によって、本件残存債権の責任財産

は、本件不動産（担保余力分）が失われ、上告人に承継されない一般財産及び上告人の株式のみとなったのに対し、本件承継債権の責任財産は、本件不動産（担保余力分）を含む承継された一般財産となった。本件新設分割直前、A社は、本件保証債務を除いても債務超過の状態で、責任財産として見るべきものは本件不動産程度で、大幅な実質的債務超過状態であったこと、及び本件残存債権の額の方が本件承継債権の額に比して相当に多額であることもうかがわれる。本件残存債権の責任財産として新たに加わる上告人の株式は本件新設分割の対価であるが、その対価が相当なものであるとしても、本件新設分割により承継させる権利義務、つまり第1審判決別紙承継権利義務明細表①記載の資産と負債の差額や、上告人の資本金が100万円であることから見ると、その株式の価値は、100万円からさほど隔たるところはないといえる。そうすると、上記の本件事情のもとでは、説明の便宜上極く比喩的に言うならば、本件新設分割によって、多額である本件残存債権の責任財産は、約3300万円のものが100万円程度のものとなってしまったのに対し、少額である本件承継債権のそれは約3300万円のものが引き続き維持されることになったのである。要するに、本件新設分割における対価が相当であるとしても、A社の純資産（株式価値）は変動しないが、本件残存債権の責任財産は大幅に変動するなどの事態が生じ、かつ、本件残存債権の債権者と本件承継債権の債権者との間で著しい不平等が生ずるに至ったということである。」

② 新設会社への権利（資産）の承継行為を詐害行為取消権の対象とする裁判例

ア 大阪地判平成21年8月26日（金法1916号113頁）

主文第1項で、被告（新設会社）が平成19年10月1日にした会社分割のうち、別紙物件目録記載の各不動産の承継にかかる部分を取り消し、主文第2項で、被告（新設会社）は、上記各不動産について別紙登記目録記載の各所有権移転登記の抹消登記手続をせよ、と判示している。主文第1項が示すように、詐害行為取消権の行使によって、会社分割を当該不動産の承継にかかる部分について取り消した点、すなわち、特定の資産移転行為の承継にかかる部分について取消しを認めた点に特色がある。

イ 大阪高判平成21年12月22日（金法1916号108頁）

大阪地判平成 21 年 8 月 26 日（金法 1916 号 113 頁）の控訴審判決であり、控訴を棄却し、第 1 審判決を維持している。第 1 審判決と同様に会社分割のうち不動産の所有権移転に係る部分の取消し及び本件不動産につきなされた所有権移転登記手続の抹消登記手続を認めている。なお、判示部分には、「また、詐害行為取消権の行為によって取り消されるのは、個々の財産移転にすぎず、しかも取消権の行使対象者との間で相対的に取り消されるにとどまり、会社分割の効力自体に影響を与えるものではない」とある。

③ 検　討

会社分割（新設分割）は、新設会社の設立行為と分割会社からの事業に関する権利義務（資産負債）の一般承継が一体となって行われる点に特質がある。もっとも、かかる特質は会社分割を実行する際の不可分一体性であり、既に行われた会社分割について詐害行為取消権の対象は何かを検討する際は、新設会社の設立行為と権利義務（資産負債）の移転行為を必ずしも一体的に不可分のものと捉える必要はないといえよう。詐害行為取消権の目的に照らして、被保全権利の範囲内で、会社分割に伴って行われた権利義務の移転行為のいずれを取り消すかを選択すれば足り、新設会社の設立と分離して会社分割における権利義務（資産負債）の移転行為を詐害行為取消権の対象とすることは可能であると解する[14]。

では、さらに詐害行為取消権の対象として新設会社に承継された権利義務（資産負債）のうち権利（資産）移転行為のみを取消しの対象とすることができるであろうか[15]。既に検討したように本来、会社分割は一般承継であり、一般承継とは、分割の対象となった権利義務を一体的に包括して承継の対象とする法制度である以上、新設会社に対する権利義務の承継は一体的に行われるものである。よって、移転した権利義務のうち権利（資産）移転行為を取り上げて

---

14) 内田博久「倒産状態において行われる会社分割の問題点」金法 1902 号（2010 年）58 頁。山本和彦「会社分割と倒産手続」事業再生と債権管理 132 号（2011 年）15 頁は、「会社分割でいえば、法人格の新設・承継等は維持されるとしても、その財産法上の効果（財産権の移転あるいは債務の引受け等）のみが否定される、と解することになる」と説明する。
15) なお、この問題について山本・前掲注 14) 18 頁は、資産と負債は、対価的関係に立つものであり、相手方は、財団債権を有するべきであるとする。

詐害行為取消権の対象とするためには、別途説明を必要とする[16]。

　この問題を解決するためには、詐害行為取消権の制度趣旨や機能に遡って考察することが必要であろう。もともと詐害行為取消権の制度は、特定の債権者の被保全権利を保全するため、その範囲で債務者の行った責任財産減少行為を取り消し、逸失した責任財産を取り戻して回復する制度である。したがって、詐害行為取消権において何を取消しの対象とするかという問題は、債務者の行った行為のうち果たして何が責任財産減少行為であると評価できるかという観点から考察すべきである。また、会社分割が一般承継であることとの関係では、一般承継とは、会社分割（新設分割）が新設会社が分割会社に対して交付する株式を対価として、分割の対象となる事業に関する権利義務（資産負債）の全部又は一部を包括的に新設会社に移転することを意味し、承継債務との関係でいえば、債務も原則として債権者の同意なくして免責的に新設会社に移転することを説明するための概念である。比喩的にいえば、会社分割における一般承継とは、個別の資産負債の承継が束になったものであり、分割計画書ないし承継権利義務明細表の記載の個々の資産負債の移転行為の集合体であるということができる。したがって、会社分割が一般承継であるとしても、そこに詐害行為取消権の対象となる個々の資産移転行為を観念することは可能であり、責任財産減少行為としてこれを詐害行為取消権の対象とすることも認められるべきである。

　もっとも、このような解決は、被保全権利の範囲で特定の債権者を保護するという詐害行為取消権の場面では説明しやすいといえるものの、後に検討するように、被保全債権の範囲という概念を持たない否認権行使の場面では、別途、否認権特有の観点から考察する必要がある。

---

[16] 難波孝一「会社分割の濫用を巡る諸問題」判タ1337号（2011年）20頁以下は、新設分割を行い新設会社を設立するにあたっては、分割会社の権利義務が一体として新設会社に承継されるが、新設会社が設立された後は、権利（資産）部分と義務（債務）部分を分離して考えられること、新設会社に承継された債権者は、詐害行為取消権により一部減少した財産から弁済を受ければ足りるといえることから、権利義務を一体として取り消す必要はなく詐害行為取消権の対象である新設会社に承継された権利（資産）と義務（債務）を分離し、権利（資産）部分のみを取消しの対象できるとする。

3 詐害性の有無について

　濫用的会社分割はいかなる意味で残存債権者を「害する」（民法424条）といえるであろうか。

　濫用的会社分割における詐害性をいかに捉えるかについて、詐害性の有無は、一般財産が計算上減少したか否かの観点から判断されるとの立場からは、新設分割では、権利（資産）のみならず義務（負債）も承継される上、これに対する対価として新設会社の株式の全部が分割会社に交付されることになるためバランスシート上の変化は認められず、計算上分割会社の一般財産は減少していないともいえよう。

　しかし、濫用的会社分割における詐害性は、会社分割によって分割会社の事業に関して有する権利義務（資産負債）を承継させ、これに対して株式を取得した分割会社の行為を全体として捉え、詐害行為として認識すべきであると解すべきである[17]。すなわち、詐害行為取消権は、総債権者の共同担保となるべき債務者の一般財産（責任財産）を保全するための制度であるから無資力である債務者が一般財産を減少させ得る法律行為をした場合に、これが詐害行為となるかは単に当該法律行為の前後で計算上一般財産が減少したか否かという観点だけではなく、たとえ計算上は一般財産が減少したとはいえないときでも、一般財産の共同担保としての価値を実質的に毀損して債権者が自己の有する債権について弁済を受けることがより困難になったと認められる場合には、詐害行為に該当すると考えるべきである[18]。

　さらに、分割会社が新設会社に承継された債務について重畳的債務引受をする場合には、分割会社は債務（負債）額は減少しないのに財産だけが新設会社に逸出しており、共同担保が減少しているとする立場が主張されている[19]。

　新設分割においては、権利義務（資産負債）の移転行為の対価として新設分割の株式が分割会社に発行されることになる。その結果、分割会社においてはバランスシート上の一般財産の減少は特段認められないことになろう。しかし、

---

[17]　難波・前掲注16）20頁以下及びそこに引用された文献。
[18]　東京地判平成22年5月27日（金法1902号144頁）。
[19]　分割会社が新設会社に承継した債務を重畳的債務引受する場合には、分割会社は債務（負債）額は減少していないのに財産だけが新設会社に逸出しており、共同担保が減少するといえる（福岡地判平成21年11月27日金法1911号84頁）。

たとえ計算上は一般財産が減少したとはいえないとしても、一般財産の共同担保としての価値を実質的に毀損して、債権者が自己の有する債権について弁済を受けることがより困難になった場合には詐害性を認定することができると考える。濫用的会社分割では、分割会社からは無担保の残存資産が逸出し、新設分割によって分割会社は実態を喪失しているのに対して、対価として取得した新設会社の株式は非上場会社の株式であり流動性に乏しく強制執行の手続においてもその財産評価や換価に著しい困難を伴うことが想定される。これらの状況を総合考慮すれば、濫用的会社分割の場面では一般財産の共同担保としての価値を実質的に毀損しているということができる。

4 受益者の悪意について

　詐害行為取消権を行使するにあたっては、受益者が詐害行為につき悪意であることが必要となる。では、濫用的会社分割に詐害行為取消権の行使を検討する場合、詐害行為取消権の要件である受益者の悪意はどの点に認められるであろうか。

　まず、悪意の有無の基準時は詐害行為時と解すべきである。濫用的会社分割の場面では、詐害行為取消訴訟の被告となる受益者は新設会社である。濫用的会社分割では、詐害行為時である会社分割時に受益者である新設会社（被告）が設立されることになる。そこで、受益者たる新設会社（被告）の意思をどのように判断するかが問題となる。この点、新設分割においては分割会社の代表取締役が手続を進めるのであり、通常は分割会社と何らかの意思の連絡が存在することが想定されることから新設会社の代表取締役ないし業務執行機関である取締役会のメンバーである取締役の認識に基づいて判断すべきであると考える。

　なお、名古屋地判平成23年7月22日は、分割会社の代表取締役と新設会社（被告）の代表取締役に同一人が就任していた事案で分割会社に詐害の意思があるとすれば、新設会社（被告）にも詐害の意思があると擬制するのが相当であると認定している。

5　詐害行為取消権行使の効果について

　詐害行為取消権の効果は相対効とされている。この相対効について、判例（大連判明治44年3月24日民録17輯117頁）は、詐害行為取消しは債権者と受益者との間で解決する問題であるという観点から、詐害行為が取り消された効果は債権者（原告）と受益者（被告）との間だけで生じるとする。また、民法学の基本的なテキストでも、「取消しの効果は、逸出した財産を回復するに必要かつ十分な範囲内で、相対的にのみ生ずるから（取消しの相対的効力）、債務者を被告とする必要はないとした。つまり、債務者には当事者適格がない」[20]、「このように判例は、詐害行為の問題は債権者Aと受益者Cとの間で解決させるという立場であり、その前提として、詐害行為が取り消された結果は、AC間だけで生じ、他の人には影響を及ぼさないと考える。これを取消しの相対的効力、あるいは、相対的取消しという」[21]、「『相対』とは、『対人的』ということであって、これは、〈関係当事者以外には効力を及ぼさない〉、ということを基本とする観念である（相対性の基本原理）。そこで、債権者Aの『取消し』――すなわち、詐害行為の取消しと目的物の返還請求――が『相対的』であるというのだから、これは、AのCに対する取消訴訟では、債務者Bにその効力を及ぼさないし、Dに対する訴訟では、C・Bに影響を与えないことを意味する」と説明されている[22]。つまり、詐害行為取消権の効果が相対的であり、相対効を有するという場合の相対効とは、詐害行為取消権の効果としての詐害行為の取消しの効力は、債権者と受益者との間でのみ生じるという人的な意味における相対性を意味すると解されている。

　このような相対効の観点からすれば、濫用的会社分割の場面で債権者を分割会社の残存債権者、債務者を分割会社、受益者を新設会社と捉え、詐害行為取消訴訟においては分割会社に残された残存債権者が原告、受益者である新設会社が被告となり、人的な意味において分割会社の残存債権者（原告）と新設会社（被告）との両者の間でのみ詐害行為取消の効力が生ずるということになる[23]。

---

20)　内田貴『民法Ⅲ〔第3版〕』（東京大学出版会・2005年）319頁。
21)　中田裕康『債権総論〔新版〕』（岩波書店・2011年）251頁。
22)　近江幸治『民法講義Ⅳ〔第3版補訂〕』（成文堂・2009年）171頁。

V 濫用的会社分割に対する否認権行使の場面との対比

1 はじめに

濫用的会社分割の効力が問題とされた従来の裁判例の多くは、詐害行為取消権を対象とするものである。既に検討したように、これらの裁判例は、会社分割を詐害行為取消権の対象としているとはいっても、いずれも会社分割全体の効力自体を取り消したものではなく組織法上の側面を維持しつつ被保全債権の範囲で価額賠償を認める手法で救済の必要性から具体的妥当性を図ったものと評価できる。

では、このような濫用的会社分割と詐害行為取消権に関する議論は、破産法上の否認権との関係でも、そのまま妥当するであろうか。具体的には、濫用的会社分割に対する否認権行使の可否、否認できるとした場合、否認権の対象は何か、新設会社の設立も含めて否認されるのか、事業に関する権利義務（資産負債）の移転行為が否認の対象となるのか、さらに、このうち個々の権利（資産）移転行為を否認の対象とすることができるか、といった点が問題となる。以上の点について、詐害行為取消権との対比という観点から考察する。

2 詐害行為取消権との対比

破産法上の否認権と民法上の詐害行為取消権は沿革的には共通するものの現行法のもとでは、その制度趣旨、目的、要件を異にする制度である。破産法上の否認権の行使は、破産財団を原状に復させるという効果を有し（破産法167条1項）、破産財団を増殖せしめ総債権者の保護を実現するという機能を有する。この点で、特定の債権者の特定の被保全債権を保全するために機能し、被保全債権の限度で責任財産が回復することを目的とする民法上の詐害行為取消権とは異なる。詐害行為取消権を行使する場面と否認権を行使する場面の違いを列挙すると次のようになる。

　ア　詐害行為取消権の成立には、被保全債権の存在が必要である。
　イ　詐害行為取消権は、特定の債権者の保護として機能する。

---

23) 渡邊博己「詐害的会社分割と分割会社債権者の保護」法時83巻2号（2011年）106頁以下。

ウ　詐害行為取消権には判例・学説上、取消権者という特定の債権者に事実上の優先弁済権が認められている。

このうち特に重要な点が上記アの被保全債権という概念を持つか否かという点である。詐害行為取消権と破産法上の否認権は、前者が被保全債権という概念を有するのに対して、後者がこれを有しないという点で大きく異なる。民法424条に基づいて一般の債権者が個別的に自らの債権の確保を図るために詐害行為取消権を行使する場合、目的財産が可分であれば、詐害行為取消権による取消しの範囲は取消債権者の被保全債権の額によって限界づけられている[24]。詐害行為取消権は、債権者の債権を保全するためにその債権を害すべき債務者の行為を取り消す権利であるから、被保全債権を超過して行使することはできない[25]。また、詐害行為自体は単一の行為であっても、詐害行為の目的物が可分であるときは取消しの範囲はその債権者の被保全債権額が限度となる[26]。もっとも、これには例外があり、対象となる目的物が不可分な場合は、取消しの範囲は債権者の被保全債権の範囲を超えても目的物全体に及ぶと解されている[27]。詐害行為の目的物の中に担保権が付された部分がある等、その全部を取り消すことができないとき、その被保全債権額等を除いた一般財産の部分につき一部取消しをするほかない（その上で、原状回復の方法として現物返還を認めるものとして、最判昭和54年1月25日民集33巻1号12頁、価額賠償を認めるものとして、最大判昭和36年7月19日民集15巻7号1875頁）とされている。このように詐害行為取消権は、被保全債権の範囲での責任財産の保全を目的としており、結局は、その範囲で価額賠償を実現することによって救済できるという発想になじみやすい。この意味では、詐害行為取消権の場合は、被保全債権の範囲で取り消した上で価額賠償を請求するという発想が可能であるといえよう。

しかし、破産手続では、破産管財人が否認権を行使する段階では債権調査を経て破産債権が確定しているとは限らず、否認権は「破産財団を原状に復せしめる」（破産法167条）ことをその効果とするものであり、逸出した被産者の一

---

[24]　大判大正9年12月24日（民録26輯2024頁）。
[25]　最判昭和30年10月11日（判タ53号37頁）。
[26]　大判明治42年6月8日（刑録15輯735頁）。
[27]　前掲注25）。

般財産を原状に回復させ、破産財団を増殖することによって破産債権者全体に対する配当原資を確保する目的で行使されるものである。詐害行為取消権が特定の債権者を保護するのと異なり、否認権には破産債権の額による限界づけはなく、また同様の理由から債務超過を回復するのに必要な範囲でのみ否認の効果が生じるという限界も見出せない[28]。今般、会社分割に対して詐害行為取消権の行使を認めたと評されている種々の裁判例は、あくまでも被保全債権の範囲で特定の債権者の財産保全として機能する詐害行為取消権の行使の場面で妥当するものの、これを超えて破産法上の否認権行使の場面も詐害行為取消権の場合と同様の処理が可能か否かは検討を要するのである。

3　最判平成17年11月8日

さらに最判平成17年11月8日[29]（以下「最高裁平成17年判決」という）との関係も考察する必要がある。最高裁平成17年判決は、会社更生法上の否認権の効果は、対象となる行為の目的物が可分である場合には、詐害の程度に応じて目的物の一部に生じるにとどまるのか（限定説）、それとも目的物のすべてに及ぶか（非限定説）という問題について、非限定説を採用したと解される。

本判決では、会社更生法上の更生管財人が根抵当権者を相手方として、本訴において、本件根抵当権設定等契約が旧会社更生法78条1項1号に規定する更生債権者又は更生担保権者（以下「更生債権者等」という）を害することを知ってした行為にあたると主張して、否認権を行使し（以下、同号に規定する行為があったことを理由として行使する否認権を「1号否認権」という）、本件各不動産すべてについて、本件根抵当権設定等登記の旧会社更生法による否認登記手続を請求した事案である。これに対し、根抵当権者側が、1号否認権と民法424条所定の詐害行為取消権とは制度趣旨を同じくするものであるから、更生管財人が旧会社更生法による否認登記手続を求めることができるのは、本件各不動産のうち、本件根抵当権の設定によって更生会社の有していた積極財産の総額を上回

---

[28]　伊藤眞ほか『条解破産法〔第2版〕』（弘文堂・2014年）1135頁。特に一般承継であることに鑑みれば、一般承継の対象となった権利義務の移転行為のうちの特定の資産移転行為という財産移転行為を観念できず、これを否認することの合理的根拠を見出すことは困難であると指摘される。東京地判平成17年12月20日、神作・前掲注13）11頁参照。
[29]　判タ1198号104頁。

ることとなった債務及び責任の額である約4億8620万円に相当する部分にとどまるべきであると主張して、これを争った。

最高裁平成17年判決は、①1号否認権は、更生手続が開始されたことを前提に裁判所により選任され、更生会社の総財産についての管理権を有する管財人が旧会社更生法78条1項1号に該当する行為により逸出した更生会社の一般財産を原状に回復させ、更生債権者等に対する弁済原資を確保するとともに更生会社の事業の維持更生を図る目的のもとに、その職責上行使するものであって、一般の債権者が民法424条に基づき個別的に自らの債権の確保を図るために詐害行為取消権を行使する場合の取消債権者の債権額のような限界は存在しないこと、②更生債権及び更生担保権については、届出、調査の期日における調査、確定の訴え等の旧会社更生法所定の手続によって確定すべきものとされている（旧会社更生法125条、126条、135条、147条等）し、届出期間内に届出をしなかった更生債権者及び更生担保権者であっても更生手続に参加することが一切できなくなるわけではなく、期間後の届出が許される場合もある（同127条、138条等）上、更生会社に属する一切の財産の価額等については財産評定等の旧会社更生法所定の手続によって確定すべきものとされている（同177条等）ので、管財人が1号否認権を行使する時点では、更生債権、更生担保権、更生会社に属する財産の価額等がすべて確定しているわけではないということ2点を挙げた上で、管財人が1号否認権を行使する場合には、旧会社更生法78条1項1号に該当する行為の目的物が複数で可分であったとしても目的物すべてに否認の効果が及ぶと解するのが相当であると判示している。

本件は、ゴルフ場のコースという土地の全体を一括して利用することが必要とされる事案であるという特殊性がある。しかし、判示の結論に至るための理由部分に該当する上記の①、②はいずれも会社更生法上の否認権のみに妥当するものではなく、会社更生法と破産法の手続的相違を踏まえれば、基本的には破産法上の否認権の性質とも共通する。

4　考　察

以上の問題意識を前提に濫用的会社分割と否認権について考察する。

(1) 否認権行使の可否

　まず、濫用的会社分割に対する否認権行使の可否が問題となる。この問題は会社分割のような組織法上の行為は否認権の対象となるかという観点から議論されるが、既に検討したとおり、会社分割は組織法上の行為であるものの分割会社の事業に関する権利義務（資産負債）の移転行為という財産権的側面も有する。よって、詐害行為取消権と同様の意味で否認権の行使は認められると考える。

(2) 否認権の対象

　では、否認権の対象はどのように解すべきであろうか。

　本章で検討したように会社分割（新設分割）は、事業に関する権利義務の全部又は一部を分割により設立する新設会社に承継するものである（会社法2条30号）。

　この会社分割（新設分割）における会社の設立行為と事業に関する権利義務（資産負債）の移転行為は一体とされており、会社分割のうち権利義務（資産負債）移転行為のみを否認権の対象とすることができるか、さらに、一般承継と解される権利義務移転行為のうち、権利（資産）移転行為のみを否認権の対象とすることが果たして可能かという問題がある。

　この点については、新設分割自体を否認権の対象とする考え方、新設会社の設立を否認権の対象から除外した上で、分割計画書における権利義務（資産負債）の移転部分のみを対象とする考え方、分割計画書における個々の権利（資産）の移転行為を否認権の対象とする考え方が主張されている。

　会社法2条30号は、新設分割について「1又は2以上の株式会社又は合同会社がその事業に関して有する権利義務の全部又は一部を分割により設立する会社に承継させることをいう」と規定する。この規定からみても新設分割における新設会社の設立はまさに会社分割に基づくものであり、新設会社の設立と権利義務（資産負債）移転行為は一体的な行為であることは明らかである。また、新設会社の基本的事項は、新設分割計画によって定める必要があること（会社法763条）、新設会社は、その成立の日に新設分割計画の定めに従い分割会社の権利義務を承継すると規定していること（会社法764条1項）から、新設分

割の本質は会社設立行為と権利義務の一般承継とを一体化した組織法上の行為であるという点にあり、新設分割の場合は新設会社の設立と事業に関する権利義務の承継（一般承継）が一体として行われる点に（例えば、事業譲渡や事業の現物出資による会社の設立等と異なる）本質的な特徴がある。新設分割自体を否認権の対象とする考え方は、会社分割（新設分割）を会社の設立行為と事業に関する権利義務の一般承継が一体となった全体としての組織法上の行為であるとする考え方と親和性を有する。会社分割（新設分割）は、事業に関する権利義務の移転と新たな法人の設立を一体として認めた制度であり、分割時には、組織法上の面と資産（事業に関する権利）という財産法上の面を一体として会社分割を構築している。そこで、会社分割自体を否認権の対象とするのであれば、法人格の設立自体の効力も否定するのが論理的な帰結と解されよう。

　会社分割の本質をこのように理解した場合、分割による設立と分離して、新設分割によって創設した新設会社の法人格を維持しつつ、事業に関する権利義務（資産負債）の移転行為を否認権の対象とする理論的な根拠及び合理性について、さらに探究する必要があろう。この問題については詐害行為取消権の場面でも検討したように、既に会社分割が行われた後は新設分割における組織法上の行為の中核である法人の設立を対象とせず、権利義務（資産負債）の移転行為自体を否認権の対象とできると解すべきである。また、否認権の目的が破産者の行為によって破産財団から流出した財産を回復することであり、既に設立した新設会社の法人格を消滅させたとしても破産財団の原状復帰という結果とは直接結びつかないといえる。むしろ、否認権行使の効果として、会社法が用意した会社分割無効の訴え（会社法828条1項10号・新設分割の場合）と同様に会社分割を無効とし、新設分割会社の設立という組織法上の行為を否認の対象とすることまで認めるのは、法的安定性を害し妥当でない。否認権の効果が物権的形成権的効果である以上、取引安全や法的安定性に対する配慮のため否認権行使による介入は可及的に限定されるべきであるといえよう。さらに、否認権の効果が破産財団を原状に復させる点にある以上、破産財団との関係では、新設分割のうち法人格の設立行為を否認権行使の対象に含まずとも、事業に関する権利（資産）の移転行為を対象とすればこの目的は実現できるといえる。会社の設立を否認権の対象から除外した上で、分割計画書における権利義務

（資産負債）移転行為を否認権の対象とすべきであると考える。

この問題について、伊藤眞教授は、「実体法上の行為の効果を倒産法秩序の目的を達成するのに必要な限度で変容することを認める」[30]という倒産法的再構成[31]という法理によって説明される。倒産法的再構成とは、本来、「破産をはじめとする倒産処理手続においては、手続開始前に有効に行われた法律行為の結果たる権利義務に拘束されるのが原則」であるものの、場合によっては、資産価値を最大限のものとしてそれを利害関係人に配分しようとする制度の目的を実現し、また破産負債者その他の利害関係人間の公平を回復するために、利害関係人の権利義務が変更ないし修正される場合があるとするものである[32]。この倒産法的再構成を正当化する根拠は、手続の目的を実現し、利害関係人間の公平を回復することにあるとした上で、特に「倒産法的再構成によって不利益を受ける利害関係人の地位を考えれば、再構成を受忍すべき正当な理由が存在することが前提となる」とされる[33]。その上で、この倒産法的再構成の法理を濫用的会社分割の場面にあてはめ、実体法上一体の行為として行われている新会社設立と資産負債の移転行為を否認の目的を達成するために必要な限度で両者を分離して否認の対象とし、後者についてのみ否認の成否を検討すべきであると説明される。

では、さらに一歩進めて会社分割として行われた事業に関する権利義務（資産負債）の移転行為のうち、資産移転行為ひいては個々の資産移転行為を否認権の対象とすることは可能であろうか。

分割計画書における資産の移転のみを対象とする考え方として、詐害行為取消権の場面である東京地判平成22年5月27日（金法1902号144頁）[34]は、「……本件会社分割が詐害行為取消権に基づき取り消されたとしても、その取消しの効力は、本件被保全債権を保全するために必要な範囲で原告と同被告と

---

30) 伊藤眞「会社分割と倒産法理との交錯―偏頗的詐害行為の否認可能性―責任財産の割合的減少をどのように捉えるか」NBL968号（2012年）12頁以下、特に19頁。
31) 伊藤眞「証券化と倒産法理―破産隔離と倒産法的再構成の意義と限界（上）（下）」金法1657号6頁・1658号82頁（2002年）。
32) 伊藤・前掲注31)特に金法1657号10頁以下。
33) 伊藤・前掲注31)金法1657号11頁。
34) 金判1345号26頁。

の間で相対的に及ぶにとどまり、かつ、価格賠償の効力しか有しないのであり、本件会社分割によって承継した事業それ自体を取り戻すものではない……」とする。

なお、参考までに同判決の主文の該当部分は「2　被告株式会社〇〇を新設分割株式会社とし、被告株式会社△△を新設分割設立株式会社とする平成□年□月□日に効力が生じた会社分割を1911万5040円の限度で取り消す」、「3　被告株式会社△△は、原告に対し、1911万5040円及びこれに対する前項の判決確定の日の翌日から支払済みまで年5分の割合による金員を支払え」という内容である。

しかし、この裁判例は、既に検討したように新設分割を被保全権利の範囲でこれを「限度として取り消す」という内容であり、会社分割を被保全権利の範囲で取り消すと同時に（主文第2項）、あわせて被保全権利と同額の価額賠償請求を認めるという論理構成を採用している。このような論理構成は、被保全債権という概念を持つ詐害行為取消権の場合には妥当するとしても、かかる限界を持たない否認権の場合には直ちに妥当するとはいい難い。

なお、資産の移転と債務の承継との関係について、債務の承継を資産移転の対価とみなして否認の対象としては、会社分割のうち債務の承継及び交付株式を対価とする資産の移転であると説明する立場が主張されている[35]。このように会社分割における分割会社から新設会社に対する負債の移転（債務の承継）を資産の移転行為の対価と捉えれば、分割会社からみれば権利（資産）移転行為のみを観念し得ることとなる。もっとも、会社分割における資産移転を負債承継の対価と捉えることに対しては、実務上、DCF方式が採用される場面では分割会社の資産と負債は一体として評価されていることと整合的か、濫用的会社分割の中には承継対象の義務（負債）であっても今後の新設会社での将来の取引を考慮して友好的な取引先の負債（債務）を選別して承継対象とする場面もあり、かかる場面では、当該負債を承継すること自体に意味があり、単なる資産移転の対価とは認めにくいのではないか、契約上の地位を移転する場合、資産と負債は一体として承継される以上、資産の移転と負債の承継に対価性を

[35)]　伊藤・前掲注30）特に19頁。山本・前掲注14）15・18頁等。

見出しにくいのではないか、といった問題点を指摘することができると考える。
　破産法上の否認権は、破産財団を原状に復させる（破産法167条1項）という効果を有するものであり、本来の目的は、破産者が行った行為又はこれと実質的に同視できる法律効果を破産債権者に対する関係で失わせ、これによって破産財団を回復させる点にある[36]。そこで、たとえ否認対象行為が一体化された1個の行為であっても、性質上可分であり、しかも当該行為の一部を取り消すことによって破産財団の回復が可能となるのであれば破産財団の増殖という否認権の目的に照らして破産裁判所の監督のもと（破産法75条1項）、破産管財人の判断に基づき当該行為の一部について否認権を行使することも否認権の機能として認容できると解する。
　この問題に関連して、否認権行使の範囲をめぐり一部否認の可否という問題が論じられることがある[37]。この問題は、例えば、不動産が不相当な価格で売却された場合に、その限度で否認できるとすることが当事者間の衡平に合致し具体的合理性のある解決となるという問題意識のもとに主張されている[38]。そこで、この一部否認といわれる問題をふまえ、会社分割における組織法上の行為（新設会社の設立行為）と財産移転行為（資産負債の移転）のうち、後者のみを対象として否認することの理論的根拠を見出すことができるかという点について検討する。
　もともと一部否認の可否という問題提起は、たとえ1個の行為であっても相当な範囲内の行為は否認権の対象とすることなく、相当性を超える部分についてのみを否認の対象とすることはできないか、という形で問題が提起された。例えば、不動産の売買代金価額が適正でないとして否認されたときには、相手方が適正な額との差額のみを支払えば足りると解することができるのではないか、これができれば信用不安の状態に陥った企業と取引をなす相手方の地位は、はるかに安定したものとなるという問題意識から出発していた[39]。この議論の

---

36)　伊藤眞『破産法・民事再生法〔第3版〕』（有斐閣・2014年）507頁。
37)　田原睦夫「破産手続における相当性を超える処分行為と否認——一部否認の可否をめぐって」金法1402号（1994年）13頁、塩崎勤「破産手続における一部否認の可否」金判1060号（1999年）158頁等。
38)　塩崎・前掲注37) 159頁。
39)　田原・前掲注37) 13頁以下。

射程を明確にするため示された場面を引用すると、「たとえば運転資金調達のために時価1億円の土地を8000万円で売却した場合に、合理的均衡の範囲内とされれば否認されないが、合理的均衡なしとされれば、売買契約が全部否認され、当該土地は破産財団に復帰することとなり、買受人はきわめて不安定な立場に立たされる。かかる場合に、2000万円の限度でのみ否認できると解することができるならば、買受人は、追加出損の危険があるとはいえ、当該土地を安心して利用することができる」とし、相当性を超える処分行為について一部否認が認められるべきことを論じたものである[40]。この意味で、もともとの一部否認の可否という問題はたとえ否認対象行為が1個の法律行為ないし法律的行為であったとしても、それが性質上可分であるときは、否認の対象となるのは相当な範囲を超えて不当性を帯びる範囲に限ることの可否を議論の対象とするものである[41]。

　私見は、従来の一部否認の理論は、全体として1個の行為であってもそこに相当な部分と不相当な部分が存在する場合、不相当な部分のみを否認権の対象とすることを内実としていたが、これを推し進め、全体として不当性を帯びる否認該当行為のうちそれが可分であり、しかも破産財団の増殖という否認権の目的に合致するのであれば当該部分についてのみ否認権の対象とすることも否認権の機能として認められるものと解するものである。破産法上の否認権の対象としての「破産者の行為」（破産法162条等）は、その実質に照らして、破産者の責任財産から一定の財産が逸失する効果をもたらすものであれば足りると考える。このことは破産法が執行行為の否認（同165条）のように明確な破産者の行為とはいえないものまでも否認の対象としていることからも推知できる[42]。先に検討したように会社分割における一般承継とは、分割の対象となる事業に関する権利義務（資産負債）の全部又は一部を包括的に承継会社又は新

---

40)　田原・前掲注37）13頁以下。
41)　塩崎・前掲注37）158頁。山木戸克己『破産法』（青林書院新社・1974年）190頁以下。谷口安平『倒産処理法〔第2版〕』（筑摩書房・1985年）253頁。加藤哲夫『破産法〔第6版〕』（弘文堂・2012年）305頁。なお、加藤は、「このような要件が学説の中に登場する契機となったのは、適正価格での不動産の売却行為が否認されうるかという問題であった」と指摘する。
42)　加藤・前掲注41）298頁以下。

設会社に移転すること、承継債務との関係でいえば、債務も原則として債権者の同意なくして免責的に承継会社又は新設会社に移転することを説明するための概念である。むしろその実質は、個別財産の移転を要素とし[43]、個々の資産移転行為の集合体であるということが可能であろう。よって、濫用的会社分割においては、破産管財人として事業に関する権利義務（資産負債）の移転行為のうち、資産移転行為を否認権の対象とすることも可能であると解する。

　なお、ここで先に紹介した最高裁平成17年判決との関係が問題となる。最高裁平成17年判決は、ゴルフ場という土地を一括して利用することによって、事業の継続が実現できるという事案において、会社更生法上の否認権の行使主体である更生管財人自身が否認権の効果を全体に及ぼすことが更生会社の更生に資すると意図して、たとえ目的物が可分であっても目的物全体に対して、否認権を行使した事案である。その意味で更生管財人自身が否認権の対象を目的物全体として選択した場面であるといえる。これに対して、濫用的会社分割において破産管財人が分割会社から新設会社に承継した資産移転行為のみを否認の対象とする場面は、破産管財人が自らの判断に基づいて当該資産移転行為に対して否認権を行使することが破産財団の増殖に繋がると判断し、全体としての事業に関する権利義務（資産負債）の移転行為のうち、全体ではなくその一部を選択して否認の効果を及ぼそうとする場面である。よって、更生管財人が全体に対して否認の効果を及ぼすことを目的とした場面とは異なるということができる。むしろ、1個の行為と評価されるものの一部に対してであっても破産管財人が否認権行使の対象とすべくこれを選択することも、それが可分であり、その効果からみて「破産者の行為」（破産法167条）と評価でき、しかも破産財団の増殖に繋がる場合であれば、否認権の機能としてこのような破産管財人による否認権行使を否定すべき理由はないと考える。

　では、さらに資産移転行為のうち個々の資産移転行為を否認権の対象とすることは可能であろうか。新設分割は、分割会社がその事業に関して有する権利義務（資産負債）の全部又は一部を新設会社に承継させることである。この事業に関する権利義務をいかなる内容として把握するかは、新設分割ごとに様々

---

[43] 福岡地判平成22年9月30日（判タ1341号200頁、金法1911号71頁）。

な態様があり得る。そこで、当該否認権の対象となった新設分割において新設会社に承継された資産が特定可能であり、かつ、可分であれば、否認権を行使して取り消す範囲を個々の資産部分とすることも理論的には可能であると考える。もっとも、破産財団の増殖という観点から見れば、会社分割における資産移転行為のうち特定の資産移転行為のみを否認権の対象として破産管財人が選択することは、特段の事情があれば格別、実務上は稀なことといえよう。

VI おわりに

　濫用的会社分割と否認権をめぐっては、裁判例や学説の多くは、詐害行為取消権と否認権の場面をほぼ同様の思考過程で処理しているものと思われる。現在の裁判例は、現行法の枠内という限界の中で、理論的に困難な問題についてこれを乗り越えるべく工夫した結果であると評することができるといえよう。

　もっとも、このような解釈は、結果の妥当性を実現するという役割を果たしているといえるものの結論に至る理論的な面に着目すれば、両者の法的性質の差異から生ずる相違点を必ずしも十分に反映しているとはいえない。本章は、詐害行為取消権と破産法上の否認権は同一に論じられるべきでなく、両者の制度上の違いを踏まえて否認権特有の機能を探求することによって解決すべきことを提唱するものである。今後、早期の適切な立法的対応によって濫用的会社分割をめぐる諸問題につき根本的解決が実現することを期待したい。

第8章

濫用的会社分割に関する改正提言

I　はじめに

　詐害的な会社分割（本章では、「濫用的会社分割」という）に関して、平成26年6月20日に成立した会社法の一部を改正する法律（平成26年法律第90号、以下「改正会社法」という）は、吸収分割会社又は新設分割会社（以下「分割会社」という）が吸収分割承継会社または新設分割設立会社（以下「承継会社等」という）に債務の履行の請求をすることができない債権者（以下「残存債権者」という）を害することを知って会社分割をした場合、残存債権者から承継会社等に対して、承継会社等が承継した財産の価額を限度として当該債務の履行を請求（以下「履行請求」という）することができる旨を規定する（改正会社法759条4項、761条4項、764条4項、766条4項）。

　一方で、破産法をはじめとする倒産法のもとでは、以下で検討するように様々な法律構成を採用することによって濫用的会社分割に対処しているものの問題の抜本的解決につながる立法的手当てはなされていない。

　そこで、本章は、改正会社法のもとで濫用的会社分割の規律に関する倒産法の改正の提言を行うことを目的とする。なお、本章における議論の対象は破産法とする。

II 従来の議論

1 濫用的会社分割の概念

　濫用的会社分割とは、分割会社が承継会社等に債務の履行の請求をすることができる債権者（以下「承継債権者」という）と残存債権者を恣意的に選別した上で承継会社等に優良事業や資産を承継させる等の残存債権者を害する会社分割[1]をいう（会社法制の見直しに関する中間試案の補足説明の第2部第6の1）。

2 債権者保護との関係

　現行会社法（平成17年7月26日法律第86号）のもとでは、濫用的会社分割がなされた場合でも残存債権者には当該会社分割に対して異議を述べる機会が与えられていない（会社法810条2項2号参照）。この趣旨は、残存債権者は従前のとおり分割会社に対して債務の履行を請求できる状況にあり、しかも分割会社は移転した純資産の額に等しいと考えられる対価（例えば承継会社の株式）を承継会社等から取得するため、分割会社の会社分割の資産状況に変化はなく異議手続による保護を図る必要がないと考えられたためである。また、会社法は承継会社等に承継された債権者の保護を図るという趣旨から、会社分割無効の訴えの原告適格を会社分割について承認しなかった債権者に対してのみ認め、残存債権者に対しては原告適格を認めていない（同828条2項9号・10号参照。東京高

---

1) ある会社分割が行われた場合、当該会社分割が濫用的会社分割に該当するか否かの判断に関しては、以下の見解がある。
(1) 弁済率の低下する残存債権者の同意がある場合には、濫用的会社分割に該当しないとする見解（難波孝一「会社分割の濫用を巡る諸問題」判タ1337号（2011年）34頁）
(2) 以下の①又は②の要件を満たす場合には、濫用的会社分割に該当しないとする見解（松下淳一「濫用的会社分割についての覚書」事業再生と債権管理138号（2012年）149頁）
　① 残存債権者全員が会社分割及びその自己の債権の回収可能性への影響について同意すること
　② 会社分割に同意しない残存債権者について、分割前の清算価値（分割会社の事業を一体として売却したと仮定した場合の価値として捉える）から算出される仮定的な清算配当に相当する額の弁済がなされること
(3) いくつかの要素を総合考慮して、濫用的会社分割に該当するか否かを判断すべきとする見解（綾克己「倒産実務の視点からみた濫用的会社分割」土岐敦司＝辺見紀男編『濫用的会社分割』（商事法務・2013年）133頁）

判平成 23 年 1 月 26 日金法 1920 号 100 頁)。そこで、裁判例は、残存債権者の救済を実現するため、問題となった当該事案の特性に照応して会社法 22 条 1 項の類推適用 (最判平成 20 年 6 月 10 日集民 228 号 195 頁) や法人格否認の法理 (福岡地判平成 23 年 2 月 17 日金法 1923 号 95 頁、福岡地判平成 22 年 1 月 14 日金法 1910 号 88 頁) の適用、分割会社の債権者による詐害行為取消権 (民法 424 条 1 項) の行使 (最判平成 24 年 10 月 12 日民集 66 巻 10 号 3311 頁) を認める方法等を採用している。

3　否認権行使に関する裁判例

次に、破産法上の否認権を行使した裁判例を概観すると、残存債権者を保護する観点から破産法上の否認権行使を肯定した裁判例として福岡地判平成 21 年 11 月 27 日 (金法 1911 号 84 頁)、福岡地判平成 22 年 9 月 30 日 (金法 1911 号 71 頁) がある。

(1)　福岡地判平成 21 年 11 月 27 日 (金法 1911 号 84 頁)

①　事案の概要

食料品の加工、販売を業とする A 社は、新設分割会社である X 社に対して、その事業・資産一切及び債務の一部を承継させ、A 社は承継債務について重畳的債務引受けを行った。その後、A 社は破産手続開始決定を受け、Y が破産管財人に選任された。

破産管財人 Y は、A 社の行った新設分割により設立された X 社に対して、当該新設分割は、X 社に 1 億 2997 万 1786 円相当の資産を取得させることにより A 社の債権者を害する行為といえ破産法 160 条 1 項 1 号に該当するとして否認の請求を申し立て、破産法 168 条 4 項に基づき上記資産相当額の償還及び遅延損害金の支払を請求した。破産裁判所が破産管財人 Y の請求を全部認容する決定をしたため、X 社がこれを不服として本件決定の取消し等を求めた。

②　判　旨

「法 160 条 1 項 1 号にいう『破産債権者を害する』とは債権者の共同担保が減少して債権者が満足を得られなくなることをいうものと解するのが相当である (最高裁昭和 40 年 7 月 8 日第一小法廷判決・裁判集民事 79 号 703 頁参照)。」

「A 社は、本件新設分割時、債務超過であったにもかかわらず、本件新設分

割により、その資産のすべてをX社に承継させており、債権者の共同担保となるべき資産はほぼ皆無の状態になっていた。他方、A社は、本件新設分割により、その債務の一部をX社に承継させているものの、同時に、上記債務につき、重畳的債務引受けをしているため、本件新設分割後において、その債務総額は変動していない。このように、A社は、本件新設分割により、既存の資産及び債務のうち、その資産のみ逸失させたのであり、……債権者の共同担保が減少して債権者が満足を得られなくなったものであることは明らかである。また、……A社代表者は、本件新設分割により、A社がその資産すべてを失うこと、これにより、非承継債権者が弁済を受けることができなくなることを知りながら、本件新設分割を行ったものであることは明らかであり、破産者の故意についてもこれを認定することができるから、本件新設分割は［破産法160条1項の］詐害行為に当たるというべきである。」

「破産法に定められている否認権行使の要件は、会社分割の無効原因とは必ずしも一致するものではなく、また、その効果は、対象となっている行為による財産権の移転を当事者間において相対的に否定するにとどまり、会社の組織法的側面に影響するものではないのであって、上記会社法の規定［会社法828条1項2号］の存在をもって、直ちに、新設分割について否認権行使が許されないと解することはできない。」

「破産管財人は、法160条1項に規定する行為を否認しようとするときは、破産財団に復すべき財産の返還に代えて、相手方に対し、当該財産の価額から法168条1項ないし3項までの規定により財団債権となる額を控除した額の償還を請求することができ（法168条4項）、本件の場合、……X社は、本件新設分割により、A社から1億2997万1786円を超える価額の資産を承継しており、これから控除すべき財団債権は見当たらないから、Yは、X社に対し、少なくとも1億2997万1786円の償還請求権を有するというべきである。」

③ 特　色

本裁判例は濫用的会社分割に対して、破産法160条1項を適用したものである。その効果については、対象となる会社分割による財産権の移転を当事者間において相対的に否定するにとどまり、会社の組織法的側面に影響するものではないと判示している。しかし、濫用的会社分割における否認権の対象は何か

という問題について、会社分割の組織法的側面ではなく、財産移転行為のみを対象にできるとすることの明確な根拠や、さらに会社分割に伴う財産移転行為のうち、特定の移転行為のみ否認権の対象とすることの可否等、理論上の諸問題については特段検討されていない。結果として価値判断や結論の妥当性の観点から新設分割に伴う財産移転行為のみを否認権行使の対象として、価額償還請求を認めているといわざるを得ない。また、詐害行為性の有無に関して、分割会社（A社）が重畳的債務引受けを行っていることをどのように解すべきかという問題について、本裁判例は、分割会社（A社）に債務総額の変動はないとして、既存の資産及び債務のうち資産のみを逸出させたことを債権者の共同担保の減少として捉え、詐害行為性を肯定している点に特色があるといえる。

(2) 福岡地判平成22年9月30日（金法1911号71頁）
① 事案の概要

遊技場の経営等を業とするA社は、会社分割（以下「本件会社分割」という）により、不動産賃貸管理事業に関して有する権利義務を新設分割設立会社であるY社に承継させ、A社所有の無担保不動産（以下「本件土地」という）について会社分割を原因とする所有権移転登記を行った。その後、残存債権者から破産手続開始の申立てがなされ、A社は破産手続開始決定を受けた。なお、A社はY社が承継した負債について重畳的債務引受けをしていた。

A社の破産管財人XらはY社に対して、本件会社分割を原因とする本件土地の所有権移転行為ないし本件会社分割に対して破産法160条1項、161条1項に基づき否認権を行使した。

② 判　旨

「〔会社分割の〕実質は、個別財産の移転を要素とし、分割会社の一般財産を減少させる行為である。

そうすると、会社分割による個々の財産移転行為は、その性質上、否認権行使の対象となるものと解すべきである。そして、破産法と会社法がいわゆる一般法・特別法の関係になく、両法にその適用関係について定める規定が存在しないことからすれば、会社分割による個々の財産移転行為を破産法上の否認の対象から除外する根拠はないというべきである。このように解することは、会

社分割において保護手続を与えられておらず（会社法789条1項2号、810条1項2号参照）、それゆえ会社分割無効の訴えの原告適格を有しない（会社法828条2項9号及び10号参照）分割会社の債権者の保護にも資するものである。……否認の対象となるのはあくまで個別の財産移転行為であり、その効果も個別の財産移転行為を当事者間で相対的に否認するものにすぎないから、会社分割そのものを無効とするものではないし、会社分割の効力を絶対的に否定することにはならない。そうすると、会社分割を原因とする財産移転行為が否認の対象となると解しても、会社法が会社分割の無効は会社分割の無効の訴えによってのみ主張できるとし、対世効により画一的に効果を確定しようとした趣旨と矛盾するものとはいえない。」

「A社は、本件会社分割時点において債務超過状態にあったことが認められるところ、A社は、債務超過状態にあるにもかかわらず、本件会社分割により、担保権が設定されていない本件土地をY社に承継させている。他方で、A社は、本件会社分割により債務の一部をY社に承継させているものの、同債務について重畳的債務引受をしていることから、A社の負債額は本件会社分割以前のままであり、A社は、負債額に変動がないにもかかわらず担保権が設定されていない本件土地を移転していることが認められる。そして、Y社の資本金が100万円とされていること、本件会社分割後にY社の全株式20株が100万で譲渡されていることからすれば、分割の対価としてA社に交付されたY社の全株式20株は、100万円程度の価値しかなかったことが認められ、これが本件土地の価格（不動産調査報告書によれば合計で5600万円とされている。）よりも低いことは明らかである。

そうすると、本件会社分割によって本件土地の所有権がY社に移転されたことにより、A社の債権者の共同担保が減少し、債権者が自己の有する債権について弁済を受けることが困難になったといえるから、本件会社分割による本件土地の所有権の移転は『破産債権者を害する』行為に当たる。」

「仮に、A社が重畳的債務引受をしたことを形式的に捉え、実質的にはA社の純資産に変動がないと評価することができたとしても（この場合、Y社の設立時発行株式20株が分割対価として交付されたことをもって、A社は相当な対価を取得したものといえる。）債務超過状態にあるA社……が、本件土地を、流出しやすく、

保全、財産評価、適正な価格での換価などに著しい困難を伴う株式に変更することをもって、破産債権者を害する処分をするおそれを現に生じさせるものといえ、かつ、……A社が、本件会社分割の5日後に、Y社の全株式をA社の代表者の妻であるY社代表者に100万円で譲渡していることからすれば、本件会社分割の当時、A社において破産債権者を害する処分をする意思を有していたこと、及び、被告において破産会社が上記意思を有していたことを知っていたことのいずれをも認めることができるから、Xらは、破産法161条1項により、本件会社分割による本件土地の所有権の移転を否認することができる」として、Y社は、Xらに対し、本件土地について所有権移転登記の否認の登記手続をせよと判示した。

③ 特 色

本裁判例は会社分割による個々の財産移転行為を破産法上の否認権の対象として捉えている。その理由を「会社分割の実質は、個別財産の移転を要素とし、分割会社の一般財産を減少させる行為」である点に求め、この点から会社分割による個々の財産移転行為は「その性質上」否認の対象となるとする。

また、否認権行使の効果としては、個別の財産移転行為を当事者間で相対的に否認するものにすぎず、会社分割そのものを無効とするものではないと位置づけている。破産法上の否認権の適用法条については、分割会社（A社）の負債額は会社分割以前のままであり負債額に変動がないにもかかわらず無担保の土地を移転していること等に照らして、土地の所有権移転行為を破産法160条1項1号の詐害行為と捉えている。

さらに、本裁判例の特色としては、破産法上の否認権の根拠条文について破産法160条1項のみならず、同法161条1項にも該当するとしている点を指摘できる。すなわち、分割会社（A社）が重畳的債務引受けをしており、この点で分割会社（A社）の純資産に変動がないと評価することができたとしても債務超過状態にある分割会社（A社）が本件土地を流出しやすく、保全、財産評価、適正な価額での換価などに著しい困難を伴う株式に変更することをもって、破産法161条1項に該当するとしているのである。このように破産法160条1項と161条1項のいずれの条文も根拠として採用している点に本裁判例の特色を見出すことができる。

III 濫用的会社分割に対する否認権行使の根拠に関する学説の対立

濫用的会社分割に対する否認権行使の根拠について見解が対立している。以下では、それぞれの見解の根拠とそれに対する批判について考察する。

1 破産法160条説[2]

(1) 意　義

　この見解は、債務超過状態にある分割会社が会社分割により資産と負債を承継会社等に移転し、承継会社等の株式を対価として分割会社に交付することにより、承継債権者の債権（分割会社からみた場合の債務）の実価（実際の経済的価値、または弁済期待額）を上回る資産が責任財産から流出する点に着目して、会社分割の詐害性を肯定し、破産法160条1項1号の詐害行為否認に該当すると主張する。

　承継債権者の債権の実価に見合う資産の額を上回る資産を承継会社等が承継する場合には、その差額だけ分割会社の責任財産が絶対的に減少する点に着目するものである[3]。例えば、会社分割により分割会社から承継会社等に1億円の資産を承継する場合、承継会社等に承継する債務の名目額が2億円であってもその実価が6000万円にすぎないときは、新設会社は6000万円の債務を引き受ける代わりに分割会社から1億円の資産の承継を受けることを意味する。この場合、残存債権者に対する弁済率は、会社分割により低下することとなる。

(2) 批　判

　この見解は、債務の実価を基準にこれを上回る資産が責任財産から流出する

---

[2]　伊藤眞「会社分割と倒産法理との交錯―偏頗的詐害行為の否認該当性」第一東京弁護士会総合法律研究所倒産法研究部会編著『会社分割と倒産法』（清文社・2012年）36頁以下、松下・前掲注1）148頁、鹿子木康「事業承継スキームの光と影―濫用的会社分割を考える」事業再生と債権管理132号（2011年）49頁、内田博久「倒産状態において行われる会社分割の問題点」金法1902号（2010年）54頁以下。

[3]　松下・前掲注1）148頁、山本和彦「濫用的会社分割と詐害行為取消権・否認権」土岐＝辺見編・前掲注1）12頁。

点に着目するところに特色があるといえる。しかしながら、現行破産法のもとでは、対価的均衡を欠いた詐害的債務消滅行為の否認（破産法160条2項）について名目額を基準に判断しており、債務の実質的な経済的価値（実価）を基準に判断していない[4]。

仮に債務の実質的な経済的価値（実価）を基準に捉えるのであれば、例えば、債務の実価が30万円の債権（名目額は100万円）に対して債務者が100万円を支払った場合には、財産減少行為として詐害行為否認の対象となるべきところ、破産法160条2項は債権の名目額を基準として過大な給付を否認するものとしており、このような場合を詐害行為否認の対象としていないと解さざるを得ないのである。

その意味で、この見解は承継する債務の実質的な経済的価値（実価）という概念を詐害行為否認の議論に持ち込む点で理論的な難点があるといえよう。

2 破産法161条説[5]

(1) 意 義

この見解は、濫用的会社分割の本質は、承継債権者と残存債権者の間に弁済についての不平等な状態が惹起される点にあるとする。会社分割により重要な資産等が分割会社から承継会社等に移転し、その対価として承継会社等の非上場の株式等が交付される場合でも、その直後に承継会社等で増資等が行われる結果、承継した資産に見合った対価が支払われないときは、残存債権者は十分

---

[4] 現行破産法は、債務消滅行為・担保提供行為を原則として偏頗行為否認（破産法162条）の問題として位置づけ（同160条1項柱書参照）、例外的に、詐害的債務消滅行為として額面を超過する価値を有する目的物による代物弁済等の当該超過部分に限り詐害性を認めている（同160条2項）（伊藤眞『破産法・民事再生法〔第3版〕』（有斐閣・2014年）517頁参照）。

　しかし、会社分割により承継会社等に承継した債務について債務の実価をもとに詐害性を評価した場合、本来詐害行為否認の対象とならない額面額に対する本旨弁済をも詐害行為否認の対象とすることとなる。このような解釈は、額面額を超過する部分に限り詐害行為否認の対象とすることを認めた破産法160条2項に合致しない（服部明人＝岡伸浩「会社分割と破産法上の否認権の類型」第一東京弁護士会総合法律研究所倒産法研究部会・前掲注2）81頁参照）。

[5] 綾克己「濫用的会社分割の分水嶺」事業再生と債権管理137号（2012年）153頁、難波・前掲注1）20頁。

な弁済を受けられないおそれが生じる。

　そこで、この見解は、濫用的会社分割がなされる場合、例えば新設分割であれば、分割会社は新設会社から対価として株式等の交付を受けることが「相当の対価を取得」（破産法161条1項）する場合に該当すると解し、重要な資産等の代わりに株式等の交付を受けることが「隠匿等の処分」（同条同項）に該当すると解して、破産法161条1項に基づく否認権行使を認めるべきであると主張する[6]。

(2) 批　判

　破産法161条1項の要件は、①不動産の金銭への換価その他の当該処分による財産の種類の変更により、破産者において隠匿等の処分をするおそれを現に生じさせるものであること（同1号）、②破産者が隠匿等の処分をする意思を有していたこと（同2号）、③破産者が隠匿等の処分をする意思を有していたことについての受益者の悪意（同3号）である。

　濫用的会社分割は、分割会社の優良事業を切り分けて承継会社等に移転し、承継会社等に対して分割会社の株式等を交付する点で「処分による財産の種類の変更」（破産法161条1項1号）に該当すると考えられる。この点は、承継の対象となった事業に関する権利義務にもよるが、例えば不動産が株式に変わる場合等が財産の種類の変更に該当することに疑問はないといえよう。

　しかし、「隠匿等の処分のおそれ」（破産法161条1項1号）があるというためには、隠匿等がなされたことを要するものではないとしても、単に抽象的なおそれでは足りず、具体的危険を要すると解するべきである[7]。なぜなら、破産法160条1項の趣旨は、破産者が相当な対価を得て財産を処分した場合、計数的にみれば責任財産の減少を伴わないものの隠匿等の処分のおそれがあるときには実質的詐害性を見出すことができるため、実質的詐害性に着目し、否認対

---

[6]　例えば、難波・前掲注1) 20頁は、不動産の金銭への換価その他の当該処分による財産の種類の変更により、破産者において隠匿、無償の供与その他の破産債権者を害する処分をするおそれを現に生じさせているか否かによって判断するのが相当であるとする。

[7]　伊藤・前掲注4) 522頁。

象行為として捉えて破産財団の回復を図った点にある。そこで、かかる実質的詐害性があると認めるためには「隠匿等の処分のおそれ」とは単に抽象的な意味におけるおそれでは足りず、具体的危険が必要であると解すべきであると考える[8]。この様な見地に立脚すれば、具体的な事案にもよるが、否認権行使時に分割会社が承継会社等から交付を受けた株式等を保有する場合は、「隠匿等の処分行為」についていまだ具体的危険があると評価できず、破産法161条1項の適用は困難であると考える[9]。

また、この見解によれば、破産者が、当該行為の当時、隠匿等の処分をする意思を有していたこと（上記②）について、破産管財人が主張立証することが必要となる。しかし、承継会社等がいまだ株式を処分していない場面において、これを立証することはほとんど不可能であり現実的でないといえよう[10]。

3　破産法162条説[11]

(1)　根　拠

濫用的会社分割によって分割会社の優良部門を承継した承継会社等は、不採算部門を残した分割会社に比べて高い資力を有することとなる。その結果、会社分割により承継会社等の債権者となる承継債権者は、残存債権者に比べてより高い弁済率による弁済を受けることとなる。この点で分割会社の承継債権者と残存債権者の弁済率に不平等が生じる。

そこで、この見解は、このような弁済率の不平等を是正するため破産法162条1項1号に基づく否認権行使を肯定すべきであると主張するのである。濫用

---

[8] 伊藤・前掲注4）522頁は、「隠匿等の処分については、そのおそれで足り、隠匿等がなされたことを要するものではないが、他方、抽象的なおそれでは足りず、処分前後の事情や財産の種類の変更などから隠匿等が行われたであろうことが推認される場合でなければならない」と指摘する。
[9] 服部ほか・前掲注4）89頁参照。
[10] 岡正晶「濫用的会社分割に関する立法提案」門口正人判事退官記念『新しい時代の民事司法』（商事法務・2011年）380頁。
[11] 山本和彦「会社分割と倒産手続」事業再生と債権管理132号（2011年）20頁、井上聡＝小林信明＝三上徹＝村田渉＝山田誠一＝山本和彦「〈座談会〉会社分割をめぐる諸問題―判例を材料に派生論点を考える」金法1923号（2011年）60頁〔山本和彦発言〕、井上聡「濫用的会社分割における問題の本質」金法1903号（2010年）7頁。

的会社分割を債権者平等を破る行為として位置づける見解であるといえよう。具体的には、分割会社が承継会社等に対して免責的に債務を承継させる行為は承継した当該債務部分が分割会社で債務消滅したものと捉えることができることから「債務の消滅」（破産法162条1項1号）に該当すると主張する。

また、分割会社が承継会社等に対して債務を承継させた後、分割会社が併存的債務引受をした場合、会社分割により資産と負債を移転する行為は譲渡担保の設定に類似するもしくは代物弁済に類似することから、当該会社分割は「債務の消滅」（破産法162条1項1号）又は「担保の供与」（同162条1項1号）に該当すると解することが可能であると主張する[12]。

(2) 批　判

この見解に対しては、以下の批判が存在する。まず、破産法162条1項は特定の債権者に対する弁済行為や担保設定行為等の偏頗行為に対する否認権行使を認めた制度である。偏頗行為にいう偏頗性とは、債務者が特定の債権者に対してのみ弁済を行うことにより特定の債権者に対して満足を与え、債権者間の平等を害することをいう。なるほど濫用的会社分割は、分割会社における優良部門の事案に関する権利義務を切り出し、一部の債権者を新設会社に移す点で残存債権者の責任財産から奪い、一方でその弁済率を減少させ、他方で新設会社の債権者により高い弁済率に基づく弁済を実施する点で不公平感は免れず、債権者の平等を害するといえよう。しかし、分割会社と承継会社等は別の法主体である。そうだとすれば、伝統的な偏頗行為の捉え方を基調とすれば、異なる法主体の責任財産による弁済率が異なったとしても法的概念としての偏頗性の問題は生じないといわざるを得ないであろう。

また、そもそも条文の文言に照らしても、会社分割は「担保の供与又は債務の消滅」（破産法162条1項1号）に該当するとはいえない。

さらに、否認の相手方が承継債権者であると解した場合、個々の承継債権者の支払不能に関する悪意を立証することは困難であり、否認権行使を通じて責任財産の回復を図ることができなくなるといえよう。

12）　井上ほか・前掲注11）7頁。

4 小　括

以上から、破産法上の否認権に関する規定は、理論上はもちろん実際の適用上も、いずれも適切な条項であるとは言い切れないのである。

IV　会社法（平成17年7月26日法律第86号）改正

1　承継会社等に対する債務の履行請求

改正会社法は、分割会社が残存債権者を害することを知って会社分割をした場合、残存債権者から承継会社等に対して承継会社等が承継した財産の価額を限度として当該債務の履行を請求（以下「履行請求」という）することができる旨を規定する（改正会社法759条4項、761条4項、764条4項、766条4項）。

この趣旨は、適切かつ簡明な手段として、会社分割を取り消すことなく承継会社等に対する債務の履行の直接請求を認め残存債権者を保護するという点にある。

この場合、残存債権者は、承継会社等に対して分割会社が残存債権者を害することを知って会社分割をしたことを主張立証した上で自己の有する債権につき履行請求することとなる。

これに対して承継会社等は、残存債権者の承継会社等に対する履行請求は承継会社等が承継した財産の価額の限度で認められるべきである旨を抗弁として主張立証することになると考えられる。

2　倒産手続との関係

改正会社法は、分割会社について破産手続開始の決定、再生手続開始の決定または更生手続開始の決定があったときは、残存債権者は、承継会社等に対して履行請求権を行使することができない旨を規定する（改正会社法759条7項、761条7項、764条7項、766条7項）。

この趣旨は、残存債権者による個別の権利行使を制限し、否認権等の倒産法上の規律に委ねることにより分割会社の債権者間の平等を図る点にある。

改正会社法は、倒産法との調整のため直接履行請求権を倒産手続開始決定後は「行使することができない」と規定したとするものの[13]、現状では会社法で

は規律しないとの態度を表現したにすぎない。また、倒産法はこれに対応した調整規定を設けていない状況にあると指摘できよう。なお、ここにいう「行使することができない」とは、請求棄却を意味するのか、訴え却下を意味するのか、あるいは訴訟手続の中断を意味するのかは一義的には明らかでない。また、訴訟手続の中断・受継に関する規定も用意されていない（例えば、詐害行為取消訴訟と否認権に関する破産法 45 条参照）。

V 考 察——あるべき制度設計について

以上の状況のもと、濫用的会社分割について破産法上も何らかの制度を設けることが望ましいと考える。

まず、議論の方向性としては、従来の破産法上の否認権の類型以外の新たな否認類型を用意する方法と改正会社法との連続性を意識して破産管財人に承継会社等に対する履行請求権を付与する方法が考えられよう。

1 新たな否認類型の創設というアプローチの当否

破産法上、濫用的会社分割に対する新たな否認類型を設計することの当否について、結論からいえば、現行破産法の否認権の体系に照らして偏頗的詐害行為といえる濫用的会社分割に適合した新たな否認権の類型を設けることは困難であると考える。

すなわち、濫用的会社分割の本質は、偏頗行為に繋がる可能性が高い財産減少行為、もしくは偏頗行為の準備行為としての詐害行為[14]といえ、その本質は、残存債権者による分割会社に対する債権の実質的な経済的価値（実価）が承継債権者との間で著しく不均衡となる点にあると考える。よって、この点を

---

13) 法制審議会会社法制部会第 23 回議事録において、坂本三郎幹事は、「これ［引用者注：残存債権者の承継会社等に対する履行請求］は、責任財産の保全のための制度というものではございませんので、管財人がこれを行使できることになるということは想定してございません。破産手続が開始した場合に行使できないこととしたのは、後は、破産手続において、今現在管財人が持っている様々な権限を行使することに委ねる、破産手続のほうに委ねるという趣旨でございますので、この請求権が管財人に移転して行使できるようになるというものではないということでございます」と発言する。
14) 松下・前掲注 1) 146 頁。伊藤・前掲注 2) 18 頁以下。

踏まえて検討されるべきである。

ところで、破産法160条1項に基づき濫用的会社分割に対する詐害行為否認を肯定する見解は、分割会社が承継会社等から交付を受けた株式の評価額と分割会社から承継会社等に移転した債務の実価が分割会社から承継会社等に移転した資産を下回るか否かという観点から、会社分割が債権者を害する行為といえるかを判断することとなる。

しかし、詐害行為否認と偏頗行為否認を区別した現行破産法の建前に照らし考察すれば、例えば、詐害行為否認を定めた破産法160条2項（対価的均衡を欠いた代物弁済否認）の規定が財産の出入り計算を債権の実価ではなく名目額を基準に判断していること等からみて詐害行為否認では債権の実価を問題とすべきではないと解される[15]。したがって、債権の実価に着目して詐害行為否認の対象とする見解には難点がある。

次に、偏頗性に着目し破産法162条1項1号に基づき会社分割を偏頗行為否認の対象とする見解は、会社分割を「担保の供与又は債務の消滅」（破産法162条1項1号）に該当すると解するが文言解釈として困難である。

また、破産管財人が個々の承継債権者の支払不能に関する悪意を立証することは困難であり、否認権行使を通じて責任財産の回復を図ることができなくなるといった問題が生じる。

以上から、詐害行為否認と偏頗行為否認の類型を峻別した現行破産法の否認権の体系のもとで濫用的会社分割の本質に合致した新たな否認類型を設けることは、困難であると解する。

2 訴訟手続の受継規定の整備というアプローチの当否

次に、訴訟手続の受継規定を整備して破産管財人が残存債権者の承継会社等に対する履行請求を受継できるという制度を設計することが考えられる。

この際、残存債権者の承継会社等に対する履行請求訴訟の訴訟資料を破産管財人が援用することができれば、破産管財人の負担軽減にも資するし、訴訟経済上も便宜であるといえよう。

---

[15] 井上ほか・前掲注11) 60頁〔山本発言〕。

しかし、破産管財人は、破産手続における総債権者の代表として破産財団を増殖する立場にあり、個別の債権者の損害の補塡や保護を目的とする履行請求権の行使を行う立場にはない。この点で、いずれも破産財団の増殖に結びつく債権者代位訴訟及び詐害行為取消訴訟の中断・受継について規律した破産法45条とは、場面が異なると解する。

　また、改正会社法における残存債権者の承継会社等に対する履行請求権の制度趣旨について法制審議会の場でも、履行請求権が責任財産の保全のための制度でないことを理由に破産管財人が行使できることになるということは想定していないとの説明がなされている（法制審議会会社法制部会第23回議事録坂本幹事発言）。

　したがって、破産管財人による上記直接履行請求権に関する訴訟手続について受継制度を新たに設けることは、困難であると解する[16]。

3　改正会社法の提起した課題——破産法上の直接履行請求権の創設

　(1)　私見は、新たに設計する制度は、今般の改正会社法との連続性を踏まえた制度であることが有用であると考える。また、濫用的会社分割には、詐害行為としての側面と偏頗行為としての側面の双方が存在する（偏頗的詐害行為）[17]以上、これに対応した破産管財人による承継会社等に対する履行請求の制度を創設することを考えるべきである[18]。具体的には、破産管財人は、会社分割時の残存債権者の総債権額をもとに破産手続上、承継会社等に履行請求できるという破産管財人による履行請求の制度の創設を検討すべきであると解する。これが認められると残存債権者は、破産財団の増殖を通じて上昇した配当率の限度で回収できることとなると考える。

　(2)　では、どのような要件とすべきか。

　改正会社法が平時における残存債権者の承継会社等に対する直接履行請求権を認めた以上、倒産時に破産管財人が行使する際に、この「害する」の要件を

---

[16]　田中亘「会社法改正の視点からみた濫用的会社分割」土岐＝辺見編・前掲注1）41頁。
[17]　伊藤・前掲注2）特に36頁以下。
[18]　第一東京弁護士会「倒産手続に関する検討事項」23頁参照。

加重する方向性は合理的ではないといえよう[19]。

そこで、改正会社法の履行請求との連続性を踏まえ、「害する」ことの意味内容をあえて法律で明記せず、破産者の実施した会社分割等（事業譲渡も含む）が債権者を「害する」場合に破産管財人の承継会社等に対する直接の履行請求を認めるべきであると考える。

(3) 次に、「害する」の判断枠組みについて検討する。

破産者の行った会社分割等が残存債権者を「害する」といえるか否かは、前述した偏頗的詐害行為という濫用的会社分割の特質から考察すべきである。この点について、責任財産の絶対的減少を規律する破産法160条1項と責任財産の態様の変更を規律する破産法161条1項は、分割の対価としての交付株式の価値をどのようにみるかを基軸として連続的な関係にある[20]という伊藤眞教授の主張される見解が基本的な視座とされるべきであると考える。

そこで、まず、「害する」か否かを判断する第一の基準は、承継される債務の実価を超える資産の移転があったか否かに求めるべきであると解する[21]。

---

19) なお、田中・前掲注16) 24頁は、「民法の詐害行為取消し一般について、現在、法改正が検討中であるという状況下では、会社分割についてだけ詐害性の要件を詳細に規定することは困難であったものと思われる」とする。
20) 伊藤・前掲注2) 35頁は、「濫用的会社分割について問題となりうる2つの視点、すなわち責任財産の絶対的減少と責任財産の態様の変更、すなわち破産法160条にもとづく否認と破産法161条にもとづく否認とは、分割の対価としての交付株式の価値をどのようにみるかを基軸として連続的な関係にあるといってよいでしょう。」と説明する。
21) 伊藤・前掲注2) 38頁は、「承継される債務の実価以上の資産の移転をもって、偏頗的詐害行為または責任財産の割合的減少として捉え、詐害行為否認の対象とすることはいかがでしょうか」と指摘する。また同37頁は、「たとえば、清算価値にもとづく貸借対照表の内容として、分割前の会社資産が500、負債1400（債権者甲400、債権者乙600、債権者丙400）という債務超過の状態にあったとします。そして、分割計画によって資産のうち400と負債のうち400（債権者甲の部分）とを新設会社に移転したとします。形式的には、資産400に相当する債務400が新設会社に承継され、分割会社は、その部分の債務を免れているのですから、資産の移転に対して相当対価が支払われたのと同視できるようにみえますが、分割前に債権者甲が把握していた責任財産は、500のうち400／1400に相当する142程度に過ぎないのであり、債権者甲の400の債務承継が対価とみなされる資産の額は、142程度ということにならないでしょうか。いいかえれば、新設会社に承継される債務400が対価とみなされる資産の額は、142程度が限度であり、実際に移転された資産400から承継された債務額に相当する資産額142を控除した258は、正当な対価なくして分割会社から新設会社に移転した資産とみなされると考えられませんか。」と説明する。

(4) もっとも、承継会社等側が分割対価として交付した株式等の価値が相当な対価であり、残存債権者の責任財産の回復が図られることを主張・立証した場合には、債権者を「害する」場合には該当しないと解する[22]。

なお、以上のように破産管財人による履行請求権を認めるか否かを「害する」という要件の解釈によるとすると、従来の破産法160条説と異ならないのではないか、その違いはどこにあるのかという批判も想定される。しかし、破産管財人の履行請求権は否認権とは異なる以上、破産法160条に債権の実価という概念を盛り込むことの理論上の問題点を克服でき、履行請求における「害する」の判断において、破産法160条1項柱書括弧書で除外する「担保の供与又は債務の消滅に関する行為」も含む偏頗的詐害行為性を踏まえた全体的考察が可能となるといえる。

(5) さらに、効果においても否認権における価額償還請求権は逸失財産の回復を図る制度（破産法168条4項参照）であるのに対して、履行請求権は会社分割時の残存債権者の総債権額をもとに破産管財人が履行請求する制度であるといえる。よって、新たに制度として設置された破産管財人による履行請求権の要件の中心に「害する」の解釈を位置づけたとしても従来の破産法160条説とは、その意味内容は大きく異なるといえる。

(6) 次に、破産手続開始決定前にすでに会社法改正による履行請求権を行使してこれが認められた残存債権者と新たな制度との関係について考察を加えることとする。

分割会社の破産管財人が承継会社等に対して履行請求を行った時点で、すでに承継会社等が残存債権者に対して承継した価額の範囲で弁済をしていた場合、残存債権者に対する弁済が破産管財人の請求に対する抗弁となるかが問題となる[23]。会社法上の履行請求との連続性で新たな制度を捉えた場合、承継会社等が残存債権者に対して承継した価額の範囲で弁済した事実は、抗弁になると解する。

---

22) 伊藤・前掲注2) 39頁。
23) 法制審議会会社法制部会第23回議事録〔鹿子木康裁判官発言〕参照。

また、平時において個別の履行請求により承継会社等からすでに債権回収を実現した残存債権者との関係が問題となる。この問題については、濫用的会社分割により承継会社等に移転した財産は潜在的には分割会社の責任財産を構成するという考えもあり得るであろう。もっとも、あくまでも残存債権者は、分割会社と法主体を異にする承継会社等から回収したものであり、会社分割により承継会社等に移転した財産は破産者（分割会社）の責任財産を構成しないと考えるべきである。

　さらに現実論として、破産管財人による否認権行使等による巻戻しを認めると平時における残存債権者による直接履行請求のインセンティブが希薄化するため、これを回避すべき要請は重要である。

　加えて民法上、詐害行為取消債権者には、自らが回収した金銭について事実上の優先弁済権が認められていること[24]との均衡を考慮すべきであるといえる。理論的にみても否認権の対象性という点からは、残存債権者が会社法に基づき承継会社等から履行請求に基づき回収した場合、破産者の行為によるものとはいえず直接的には否認対象行為とならないと解される。

　よって、破産管財人は否認権行使等によって、すでに回収を実施した残存債権者に対して返還等を請求することはできないと考える[25]。

---

[24] 大判大正10年6月18日（民録27輯1168頁）。
[25] 三森仁「会社分割に関する規定の整備」倒産実務研究会編『倒産法改正への30講』（民事法研究会・2013年）186頁は、会社分割による資産移転行為を詐害行為と捉え、会社分割に基づく資産移転行為を否認できる場合には、本来的には、残存債権者の履行請求による債権回収分を含め、破産手続における平等規律に服するべきであるとする。同書は、破産手続が開始され、会社分割に基づく資産移転行為が否認された場合には、吸収分割承継会社・新設分割設立会社から残存債権者に対する弁済は、破産者からの弁済とみなした上で、民事再生法89条の規律を参考に配当調整を行い、債権者間の平等を確保するべきであるとする。

第 3 編
民事再生法実務の理論的課題

第9章

再生債務者の法的地位と第三者性
―― 公平誠実義務に基づく財産拘束の視点から

I はじめに

　民事再生法は、施行14年を経て、実務上、理論上、生起した諸問題につき実務が集積され学界における議論が著しく進展している[1]。本章のテーマである再生債務者の法的地位と第三者性に関しても民事再生法の立法当初から議論が展開されており、民事再生法をめぐる根本問題であることに加えて、近時、関連する裁判例も登場している。ところが、この問題については多数説といわれる第三者性を肯定する立場が主張されているものの、その論拠は様々であり議論の射程についても曖昧さが残っている。裁判例においても、その論拠が必ずしも明確でなく統一した理由づけがなされていないのが実情である。

　本章は、大阪地判平成20年10月31日（以下「大阪地判平成20年」という）及びこの控訴審判決である大阪高判平成21年5月29日（以下「大阪高判平成21年」という）の両判決を契機に再生債務者の法的地位、とりわけ第三者性と呼ばれる問題について従来の学説上の議論を踏まえ考察することを目的とする。なお、議論の焦点を絞るために、債務者（再生債務者）が株式会社であり、かつ、管理命令が発令されていない場面を検討の対象とする[2]。

---

[1]　平成11年12月22日法律第225号。平成11年12月14日成立、平成12年4月1日施行。なお、伊藤眞＝須藤英章監修『新倒産法制10年を検証する――事業再生実務の深化と課題』（金融財政事情研究会・2011年）。

Ⅱ 大阪地判平成 20 年 10 月 31 日（判時 2039 号 51 頁）

1 大阪地判平成 20 年は、債務者（再生債務者）が再生手続開始前に行った根抵当権設定契約に基づき債権者が再生手続開始後に再生債務者に対して根抵当権設定登記手続を求めるとともに監督委員に対して再生債務者が登記手続をすることについての同意の意思表示を求めた事案である。

原告の請求の趣旨は、被告再生債務者は、原告に対して根抵当権設定登記手続をせよ、被告監督委員は再生債務者がこの登記手続をすることについて同意せよ、という内容である。大阪地判平成 20 年は、管理命令の発令されていない再生債務者を民法 177 条の「第三者」に該当すると判示し、原告の請求をいずれも棄却している。

2 事案を整理すると次のとおりである。
① 平成 19 年 9 月 28 日、X は Y_1 に対し、証書貸付の方法で金 2 億円を貸し付けた（以下「本件貸付」という）。本件貸付は、Y_1 が建物（以下「本件建物」という）を建設する資金としてなされ、Y_1 は X に対し、平成 20 年 2 月 29 日までに本件建物に極度額 2 億円の根抵当権を設定することを確約した。
② 平成 19 年 10 月 29 日、本件建物が完成し、本件建物には同年 11 月 30 日に表示登記がなされ、同年 12 月 11 日に保存登記がされた。
③ 平成 20 年 1 月 29 日、本件建物について、X と所有者である Y_1 は根抵当権設定契約（以下「本件根抵当権設定契約」という）を締結し、Y_1 が根抵当権設定登記手続を行うことを合意した（以下「本件登記手続」という）。

---

2) 最判平成 22 年 6 月 4 日（判時 2092 号 93 頁）は、自動車の売買代金の立替払いをして購入した者が、販売会社に留保されていた自動車の所有権の移転を受けた場合に、購入者が個人再生手続開始決定を受けた時点で販売会社が当該自動車について登録を受けていないときは、留保した所有権を別除権として行使することは許されないと判示した。当該判決もやはり再生債務者が民法 177 条の「第三者」に該当するかという点につき直接判示せず、対抗要件を有していなければ、再生債務者に対して留保所有権を別除権として行使できないとの結論を導いている。この判決も、再生債務者の第三者性に関わるものと解されるが、その他の論点も広く含むものであることから、本章では、上記裁判例に絞って検討の対象としている。

④　平成20年2月13日、Y₁は本件登記手続をしないまま、大阪地方裁判所に再生手続開始の申立てをした。
⑤　同日、大阪地方裁判所は、民事再生法54条1項、2項に基づいて監督命令を発令し、弁護士であるY₂を監督委員に選任した。また、大阪地方裁判所は、監督委員の同意を得なければ再生債務者がすることができない行為として再生計画認否の決定までにする再生債務者の財産にかかる担保権の設定を指定した。
⑥　平成20年2月20日、大阪地方裁判所は、Y₁に再生手続開始決定をした。Xは、本件根抵当権設定契約又は本件根抵当権に基づいて、Y₁に対して根抵当権設定登記手続を求めた。また、根抵当権に基づく妨害排除請求権として、Y₂に対して監督委員として再生債務者Y₁が根抵当権設定登記手続をすることについて同意する旨の意思表示を求めて訴えを提起した。

3　大阪地判平成20年は、債権者が債務者との間で根抵当権設定契約を締結しても再生手続開始前に登記をしていない根抵当権者は、再生手続開始後は再生債務者に対して根抵当権を対抗することができず、したがって登記手続を請求することはできないと判断し、再生債務者は民法177条の「第三者」に該当するとしている。

　大阪地判平成20年は、再生債務者が民法177条の第三者にあたるか否かについて次のように判示した（下線は、筆者による）。

　「当裁判所は、根抵当権設定契約をしても再生手続開始前に登記をしていない根抵当権者は、再生手続開始後は、再生債務者に対し、根抵当権を対抗することができず、したがって登記手続を請求することができないものと判断する。その理由は、次のとおりである。［原文改行］再生債権者が、登記をしなければ不動産に関する物権の取得を対抗できない民法177条の第三者にあたることはいうまでもない。そして、再生手続が開始された場合には、再生債務者は、その財産を管理処分する権限を失わないものの（民事再生法38条1項）、債権者に対し、公平かつ誠実に、その財産を管理処分する権利を行使し、再生手続を追行する義務を負う（民事再生法38条2項）。すなわち、再生手続が開始された以上、再生債務者は、再生債権者のために公平かつ誠実に、財産を管理処分する

とともに再生手続を遂行する責務を有する再生手続の機関として、民法177条の第三者である再生債権者の利益の実現を図るべき再生手続上の責務を有するのである。このように考えると、再生債務者は、登記をしなければ物権の取得を対抗できない民法177条の第三者である再生債権者の利益を実現すべき再生手続上の機関として、再生債権者と同様、民法177条の第三者にあたると解するのが相当である。［原文改行］民事再生法は、再生債務者が登記をしなければ不動産に関する物権の取得を対抗できない第三者にあたることを前提として、監督委員に対する否認に関する権限の付与を定めるとともに（民事再生法56条）、権利変動の対抗要件の否認（民事再生法129条）、執行行為の否認（民事再生法130条）も認めていると解される。更に、民事再生法45条1項が、不動産に関し再生手続開始前に生じた登記原因に基づき再生手続開始後にされた登記は、再生手続の関係においては、その効力を主張することができないと定め、ただし、登記権利者が再生手続開始の事実を知らないでした登記については、この限りでないと定め、これにより再生債務者が任意に登記をした場合の登記の効力については定める一方、登記権利者からの登記手続請求の可否に関しては何らの規定を置いていないことも、以上のとおり、再生債務者が第三者にあたることから、再生債務者の任意の協力なしに、登記権利者が再生債務者に対して登記手続請求をすることができないことを当然の前提としていると解されるのである。」

4 以上のとおり大阪地判平成20年は、再生債務者が民法177条の「第三者」に該当すると結論づけた。その論拠は、①公平誠実義務（民事再生法38条2項）を挙げて、再生債務者は、再生債権者の利益を実現すべき再生手続上の責務を有する再生手続上の機関たる地位に立つとした上で、②再生債務者は民法177条の「第三者」である再生債権者と同様、民法177条の「第三者」に該当する、というものである。

では、このように再生債務者の法的性質を「再生債権者の利益を実現すべき再生手続上の機関」と捉えて、「再生債権者と同様」であるという理由から直ちに再生債務者を民法177条の「第三者」と結論づけられるものであろうか。大阪地判平成20年が採用する「再生債務者は、再生債権者の利益を実現すべ

き再生手続上の機関」であるという命題は、具体的にはいかなる意義を有するのであろうか。大阪高判平成21年は、以下のとおりこの論法を採用せず大阪地判平成20年とは別の理由づけを採用している。

Ⅲ 大阪高判平成21年5月29日（判例集未登載）

1　以上の大阪地判平成20年に対し、債権者である敗訴原告（控訴人）が控訴した。控訴人（債権者）は、再生手続開始前に被控訴人（再生債務者）との間で締結した本件根抵当権設定契約又は本件根抵当権に基づき、被控訴人（再生債務者）に対し、根抵当権設定登記手続を求めるとともに、被控訴人（再生債務者）の監督委員に対して本件根抵当権に基づく妨害排除請求として同登記手続について同意の意思表示を求めている。

　大阪高判平成21年の争点は複数存在する。このうち本章が考察の対象とするのは、控訴人（債権者）が再生手続開始前に締結した本件根抵当権設定契約または根抵当権に基づいて、再生手続開始後に被控訴人（再生債務者）に対し本件登記手続を請求することができるか否かという問題である[3]。

2　大阪高判平成21年は、次のとおり判示している（下線は、筆者による）。

　「民事再生法45条1項本文は、不動産に関し再生手続開始前に生じた登記原因に基づき再生手続開始後にされた登記は、再生手続の関係においては、その効力を主張することができない旨定め、ただ、同条項ただし書において、登記権利者が再生手続開始の事実を知らないでした登記についてはこの限りでない

---

[3]　また、当審における新たな争点として、(1)本件建物所有権が被控訴人からAに移転したことによって、本件登記請求権は履行不能により消滅したか否か、(2)監督委員に対する、債権者その他の利害関係人の同意請求権が認められるか否かがある。争点(1)につき、当審において、被控訴人は、本件建物所有権を被控訴人が確定的に喪失したことによって、控訴人の主張する本件登記請求権は履行不能により消滅した旨主張し、控訴人は同事実につき不知との陳述をした。争点(2)につき、当審において、被控訴人は、監督委員に対して裁判所から付与される同意権限は、監督委員の裁量によって行使されるものであり、そもそも債権者その他の利害関係人には、監督委員に対する同意請求権が認められないことは明らかである旨主張し、控訴人はこれを争う旨陳述した。

旨定めるところ、控訴人の被控訴人Y₁に対する本件請求は、不動産に関し再生手続開始前に生じた登記原因に基づき、再生手続開始後に、再生手続開始の事実を知りながら登記手続を請求するものにほかならない。したがって、かかる登記請求は、同法45条1項の規定により、許されないものというべきである。民事再生法は、再生手続開始の決定があったときは、権利者の地位ないし優先順位をその時点でいわば固定するとともに（同法44条、45条）、一般債権者による再生債務者財産に対する強制執行を一律に禁止又は中止すること（同法39条1項）により、再生債務者財産を引き当てとして権利者の権利関係を適切に調整しようとするものであるところ、再生手続開始の時点で一般債権者に対し自己の根抵当権を主張することができなかった控訴人が、再生手続開始後に対抗要件を具備して優先弁済を受けることができるとすることは、いかにも不合理であって、法の容認するところではないというほかない。」

さらに、控訴人のした詐害的行為として保護に値しないという主張に対しては、「なお、控訴人は、被控訴人Y₁は、調印済みの登記申請書類を保管したまま、『すぐに法務局に登記申請をする。』などと全くの虚偽の回答をするなどして、計画的に本件登記手続を先送りしていたように思われ、結局、本件登記手続をしないまま、本件貸付元本の分割金を一度も支払うことなく倒産したのであるから、かかる詐欺的不作為のあった再生債務者には信義則上の保護を与えるべきではない旨主張する。しかし、再生手続が開始された以上、再生債務者は、債権者に対し、公平かつ誠実に、その財産を管理処分する権利等を行使し、再生手続を追行する義務を負うとされており（同法38条2項）、再生債務者の財産管理処分権は、あくまでも債権者全体のために行使されなければならない。したがって、仮に、再生手続開始前に、再生債務者が控訴人に対し信義則に反するような対応をしていたとしても、これをもって本件登記請求を認め、本件根抵当権を別除権と認めることは、債権者全体の利益を図る見地からも容認することができないというべきである。また、控訴人は、万一再生手続が廃止になったときのことをも慮って本件登記手続を請求するものであるとするが、正に再生手続に、再生手続の関係において効力を主張することができない登記を作出することは、徒に権利関係を錯綜させるものであって、到底認めることはできない。」と判断した。その上で、控訴人の請求はいずれも理由がなく、

これと同旨の原判決は相当であり、本件控訴はいずれも理由がないから棄却することとして主文のとおり判決するとしている。

3　大阪高判平成21年の判決理由中の判断の論拠は、以下のとおりである。
①　控訴人（債権者）の被控訴人（再生債務者）に対する登記請求は、民事再生法45条1項の規定により許されない。
②　民事再生法44条、45条、39条1項に照らし、再生手続開始の時点で一般債権者に対し自己の根抵当権を主張することができなかった者が再生手続開始後に対抗要件を具備して優先弁済を受けることができるとすることは不合理であって、法の容認するところではない。
③　仮に再生手続開始前に被控訴人（再生債務者）が控訴人（債権者）に対して信義則に反するような対応をしていたとしても、再生手続が開始された以上、被控訴人（再生債務者）は、控訴人（債権者）に対して公平誠実義務（民事再生法38条2項）を負い、被控訴人（再生債務者）の管理処分権は、あくまでも債権者全体のために行使されなければならない。
④　よって、本件登記請求を認めて、別除権と認めることは債権者全体の利益を図る見地からも容認できない。

Ⅳ　両判決のアプローチの違い

1　以上から明らかなとおり、大阪高判平成21年は、大阪地判平成20年と同様の結論を採る。しかしながら、その理由中の判断に注目すると大阪地判平成20年が端的に「民法177条の第三者である再生債権者の利益を実現すべき再生手続上の機関として、再生債権者と同様、民法177条の第三者にあたる」として再生債務者を民法177条の「第三者」であると明示したのに対して、大阪高判平成21年は、同様の結論を民事再生法45条の規律及び再生債務者の公平誠実義務（民事再生法38条2項）から導いており再生債務者が民法177条の「第三者」であることの明言をしていない。

　大阪高判平成21年は、その理由中の判断にて再生債務者が再生債権者の利益を実現すべき再生手続上の機関として再生債権者と同様、民法177条の「第

三者」にあたるという大阪地判平成20年の最も重要と思われる理由中の判断とは異なり、再生手続開始後の登記及び登録に関して、不動産に関し再生手続開始前に生じた登記原因に基づき再生手続開始後にされた登記は、再生手続の関係においては、その効力を主張することができないと規定する民事再生法45条1項を挙げる。さらに、民事再生法39条1項が再生手続開始により一般債権者による再生債務者財産に対する強制執行を一律に禁止・中止することを重視して再生手続開始前に一般債権者に対して自己の根抵当権を主張することができなかった者が再生手続開始後に対抗要件を具備して優先弁済を受ける地位に立つことは不合理であり、法の容認するところではない、と判示する。

2 では、この両判決のアプローチの違いをどのように理解すべきであろうか。想定される1つの視点として大阪地判平成20年の示した、再生債務者は民法177条の「第三者」に該当するという結論を当然のこととし、あえてこれに触れなかったという理解もあり得ないではなかろう。しかし、結論において異ならないものの大阪地判平成20年と大阪高判平成21年は、その理由中の判断において、前者が再生債務者を端的に民法177条の「第三者」と結論づけているのに対して、続審制のもとで後者がこれに触れていない点を重視すれば、あえて再生債務者が民法177条の「第三者」に該当するかの判断を回避して異なるアプローチを採用したと考えるのが自然であるし、また合理的であるといえよう。そして、まさに、この点に再生債務者の法的地位、とりわけ第三者性と呼ばれる問題の難しさを見出すことができるのである。

3 私見は、本件の解決として原告（控訴人）の登記請求を否定する結論を導くには、大阪地判平成20年のアプローチと大阪高判平成21年のアプローチの双方ともに成り立ち得るものであると考える。両者の違いは、大阪地判平成20年が、再生債務者の法的地位を踏まえて再生債務者が実体法である民法177条の「第三者」に該当するかという実体法的アプローチを採用したのに対して、大阪高判平成21年は、民事再生法上の手続機関としての再生債務者の地位を中心に再生手続開始決定前に登記を経ていない者が再生手続開始決定後に再生債務者に対して登記手続を請求することを民事再生法が容認するものかどうか、

という民事再生法の構造論的アプローチをしたものであるといえよう。そして、結論に至るプロセスとしてはいずれも成り立つものであり、しかも、両者ともに民事再生法上の再生債務者の法的地位の分析が不可欠となるという点は共通するものと考える。

4 ところで、大阪地判平成 20 年は、再生債務者が民法 177 条の「第三者」に該当するとしても、その結論に至る理由づけとして「再生債務者は、再生債権者の利益を実現すべき再生手続上の機関である」という命題のみを掲げる。しかし、この点についてはより一層立ち入って検討すべきであり、以下の各点において、大阪地判平成 20 年の理由中の判断は検討が不足していた感が否めないのである。

　まず、第 1 に、大阪地判平成 20 年は、再生債権者は、当然に民法 177 条の「第三者」に該当することを前提に論理を進めている。民事再生法上、再生債権者とは、再生手続開始決定前の原因に基づいて生じた財産上の請求権を有する者をいう（民事再生法 84 条 1 項）。ところで、民法 177 条の「第三者」の典型は、差押債権者であり（最判昭和 39 年 3 月 6 日民集 18 巻 3 号 437 頁）、一般債権者はこれに該当しないと解されている（大判大正 4 年 7 月 12 日民録 21 輯 1126 頁）。しかし、再生債権者は差押債権者ではなく、別除権者である担保権付債権者を除けば、実体法上はほとんどが一般債権者にすぎない。そうすると、そもそも再生債権者が民法 177 条の「第三者」に該当するということを論理の出発点とするのであれば、なぜそのようにいえるかにつき大阪地判平成 20 年は解明し、思考過程を判決理由中の判断で明確に提示する必要があったといえよう。この点に関する 1 つの考え方は、賛否は別として、後に検討するように再生手続開始決定を包括的差押えと同視する立場であろう。しかし、大阪地判平成 20 年ではこの見解を採用するか否か不明であり、特に思考過程を提示できていないのである。

　第 2 に、大阪地判平成 20 年は、再生債務者を「再生債権者の利益を実現する立場にある」と判示している。しかし、そこにいう「再生債権者の利益」とは何か、これを「実現する」とは何を意味するかが問われなければならない。なぜなら、民事再生法は、清算価値保障原則を採用している以上（民事再生法

174条2項4号）、再生債務者が実現すべき再生債権者の利益とは清算価値を保障する限度でよいのか、それともそれを超えて、再生債務者は再生債権者への弁済率の最大化を実現すべきと解するかによって、「再生債権者の利益を実現する」ことの意味が異なる余地があるからである。大阪地判平成20年は、この点も明らかにしていない。

　第3に、大阪地判平成20年は、上記の再生債務者が再生債権者の利益を実現すべき再生手続上の機関であることを公平誠実義務（民事再生法38条2項）から導いている。しかし、民事再生法は、再生債務者は「債権者」に対して再生債務者の業務執行権及び財産管理権を公平かつ誠実に行使するという規定振りをしている（同38条2項）。ここに「債権者」とは、後にも確認するとおり再生債権者に限らず共益債権者や別除権者である担保権付債権者を含むと解されている[4]。よって、公平誠実義務から、どのような解釈を経て、再生債務者が再生債権者の利益を実現する再生手続上の機関と位置づけられるかの理論的根拠を示していないといわざるを得ないのである。

5　以上のとおり、結論の当否とは別に大阪地判平成20年には解明すべき課題が存在し、大阪高判平成21年が大阪地判平成20年と異なる理由を採用したのは、これらの各点についての解明がなされていなかった点と無縁ではなかろうと推察する。本章は、結論として再生債務者は、民法177条の「第三者」に該当すると解するものの、その理由は、以下で検討するように公平誠実義務に基づく再生債務者財産の拘束という観点から説明すべきであると解する。

　そこで、まず再生債務者の法的地位をめぐる従来の議論を概観することとしよう。

---

4) 伊藤眞「再生債務者の地位と責務（上）」金法1685号（2003年）16頁は、「立法者が再生債務者という概念を創設した目的は、取締役などが会社の機関であると同時に手続の主体たる再生債務者の機関としての地位を併有し、すべての利害関係人の利益を調整統合しつつ、収益価値の最大化とその公平な配分を図ることにある。」と説明する。

V　再生債務者の法的地位をめぐる議論――手続機関説

1　民事再生法上、再生手続開始後の再生債務者の法的地位をめぐり、立法当時から議論されている[5]。

これら再生債務者の法的地位をめぐる議論や機関性の問題が後に議論の対象とする再生債務者の第三者性をめぐる問題と密接に関連するため、本章ではまず再生債務者の法的地位について再生債務者が法律上いかなる役割を果たすべきか、という問題として捉えることとして考察する。

2　民事再生法2条1号は、再生債務者とは、「経済的に窮境にある債務者であって、その者について、再生手続開始の申立てがされ、再生手続開始の決定がされ、又は再生計画が遂行されているものをいう。」と定義する。この規定から、再生債務者とは①経済的に窮境にある債務者であり、②再生手続開始決定がなされ、又は再生計画が遂行されている者を意味することが明らかとなる。このうち、前者の再生債務者は経済的に窮境にある債務者であるという要件は実体法的性質を示すのに対し、再生手続開始決定がなされていることや再生計画が遂行されているという要件は手続法的性質を示すものといえる。特に後者の手続法的性質としては、再生債務者は、実体法上の債務者概念とは区別された再生手続上の概念であり、権利関係を適切に調整して事業の再生を実現する（民事再生法1条）、再生手続遂行の主体としての手続機関[6]としての地位を付与されたものと解されている[7]。

3　再生債務者の概念が、このように再生手続上の主体として債務者概念と区別された存在[8]であることは、従来の和議の場合、旧和議法32条1項本文が「和議ノ開始ハ債務者カ其ノ財産ヲ管理及処分スル権利ニ影響ヲ及ホサス」と規定し、実体法上の債務者の権利に和議開始決定が影響を及ぼさないという規定振りであったのに対して、民事再生法2条1号や同38条1項、2項が民事

---

5) 園尾隆司「再生手続開始決定」才口千晴＝田原睦夫＝園尾隆司編『民事再生法の理論と実務（上）』（ぎょうせい・2000年）219頁以下、特に232頁。高橋宏志＝小林秀之＝高木新二郎「討議倒産法改正の方向（下）」NBL668号（1999年）33頁以下。

251

再生法の第 2 章の「再生手続の開始」の第 2 節の「再生手続開始の決定」の効果として規律している点からも理解することができよう[9]。今日、このように再生債務者を再生手続上の機関と捉える立場（手続機関説）が通説的見解であるといえ、大阪地判平成 20 年もこの立場を前提としたものと解することができる。さらに、この手続機関としての再生債務者[10] は、株式会社が再生債務者である場合は当該法人としての株式会社を意味し、業務執行権自体を行使するのは、この手続機関[11] としての再生債務者の機関であると解される[12]。

---

6) 古谷慎吾「再生債務者の公平誠実義務」鹿子木康編『民事再生の手引』（商事法務・2012 年）129 頁以下は、再生債務者の機関としての役割について、「例えば、債権調査を行って認否書を作成・提出する（民再法 101 条）、再生債務者に属する一切の財産につき価額を評定した上、財産目録及び貸借対照表を作成・提出する（民再法 124 条）、再生債務者の業務及び財産の管理状況等を報告する（民再法 125 条）、再生計画案を作成してこれを遂行する（民再法 163 条、186 条）等である。つまり、民事再生法は、再生手続開始後は、再生債務者が、再生手続における 1 つの機関としての役割を果たすことを予定している。」と説明する。また、松下淳一『民事再生法入門〔第 2 版〕』（有斐閣・2014 年）37 頁は、「再生債務者は、再生手続の開始後は、債権者の個別的な権利行使の制限の下で（民再 39 条 1 項・85 条 1 項）、双方未履行双務契約の解除権（民再 49 条 1 項）を行使したり、財産評定を行ったり（民再 124 条 1 項）、再生計画案を作成したり（民再 163 条 1 項）と、手続上の各種の権能を有しており、その意味で再生手続の機関としての性格も有するようになる。」と説明する。今日、再生債務者の再生手続における機関性を肯定することは、通説的立場であるといえよう。
7) 伊藤・前掲注 4) 16 頁、中島弘雅「監督委員の地位・監督委員による否認権行使」高木新二郎＝伊藤眞『倒産の法システム〔第 3 巻〕』（日本評論社・2010 年）305 頁以下。
8) 古谷・前掲注 6) 129 頁以下は、「再生手続における再生債務者の法的地位は、再生手続の開始によって一変する」と説明する。
9) 伊藤・前掲注 4) 16 頁。さらに和議法のもとでは、「和議債務者」という概念が存在しなかった点も指摘する。
10) 伊藤眞教授は、伊藤・前掲注 4) 14 頁にて「例えば、再生債務者が債権者の利益実現のためにのみ業務執行権等を行使しなければならないとすれば、収益価値の配分については、債権者の利益を絶対的に優先させなければならないことになるし、持分権者たる株主の利益実現も再生債務者の任務であるとすれば、たとえ債務超過に陥っている会社であっても、場合によっては、株主の利益をも考慮した再生計画を作成することが許される」として、「双面神としての再生債務者とは、こうした地位を表現しようとするものである。」とする。
11) 伊藤眞「再生債務者の地位と責務（下）」金法 1687 号（2003 年）36 頁。才口千晴「弁護士の役割と責任—民事再生法の制度と施行を契機として」自由と正義 2000 年 2 号 88 頁以下。
　なお、松下淳一「民事再生手続の理論上の諸問題」東京弁護士会編『入門民事再生法—申立手続と裁判実務』（ぎょうせい・2000 年）64 頁以下。

VI 公平誠実義務の内実──個別執行禁止と財産拘束

1　大阪地判平成 20 年は、民事再生法が再生債務者に課した公平誠実義務から再生債務者の法的地位を導いて再生債務者を再生債権者の利益を実現すべき再生手続の機関として位置づける。そこで、以上の手続機関としての再生債務者の特質を理解するためには、再生債務者に課される公平誠実義務（民事再生法 38 条 2 項）の本質を考察することが不可欠となる。

民事再生法は再生債務者の地位に関して、再生債務者は、再生手続が開始された後もその業務を遂行し、またはその財産を管理し、もしくは処分する権利を有することを規定する（民事再生法 38 条 1 項）。このような地位を再生債務者に付与したのは、アメリカ連邦破産法上の財産継続保有債務者（Debtor in Possession）の制度を参考にしたとされる（いわゆる DIP 型手続）。再生債務者はこれらの業務遂行権と財産の管理処分権を債権者に対して公平かつ誠実に行使し、再生手続を追行する義務を負う（同 38 条 2 項）。かかる義務が一般に公平誠実義務と呼ばれる[13]。

公平誠実義務は、公平義務と誠実義務を構成要素とし、ここにいう公平義務とは、多数の債権者を公平に扱う義務であると解され[14]、誠実義務とは、自己の利益を重視して債権者の利益を犠牲にしてはならないという義務であると解されている[15]。誠実義務は、会社法上、取締役等が負う忠実義務と同様に「自己又は第三者の利益が相反する場合に自己又は第三者の利益をはかって債権者

---

12)　伊藤眞「再生債務者の地位と責務（中）」金法 1686 号（2003 年）113 頁は、これを「機関としての再生債務者」と呼ぶ。なお、田原睦夫「民事再生手続と会社の機関」河合伸一判事退官・古稀記念『会社法・金融取引法の理論と実務』（商事法務・2002 年）105 頁以下。特に 110 頁は、公平誠実義務の主体という観点から、公平誠実義務の主体は、あくまで再生債務者自身であり、取締役は再生債務者の機関として、その義務を遂行すべき立場に立つものであるとする。なお、この点について詳述する文献として、高田賢治「DIP の法的地位―公平誠実義務を負う主体とは誰か」今中利昭古稀記念『最新倒産法・会社法をめぐる実務上の諸問題』（民事法研究会・2005 年）167 頁以下。

13)　伊藤眞『破産法・民事再生法〔第 3 版〕』（有斐閣・2014 年）795 頁。

14)　山本和彦「再生債務者の地位」三宅省三＝池田靖編『実務解説一問一答民事再生法』（青林書院・2000 年）332 頁以下は、「同等の地位にある債権者の一部に弁済したり手続上の便宜を図るような行為は、公平義務に反することになる。」と指摘する。

15)　松下・前掲注 6) 37 頁、今中利昭＝今泉純一＝中井康之編『実務倒産法講義（上）〔改訂増補版〕』（民事法研究会・2006 年）169 頁。

の利益を害することは許されない」という意味であると理解されている[16]。

この公平誠実義務は、再生債務者の「債権者」(民事再生法38条2項)に対する義務であり、「債権者」とは、再生債権者に限らず、共益債権者や別除権者である担保権付債権者を含む概念であると解する[17]。よって、公平誠実義務を履行すべき対象は広く債権者であって再生債権者に限定されていないと解する。

2 さらに公平誠実義務は、英米における信託法理に由来するものであり受託者 (fiduciary) が受益者 (beneficiary) を平等に扱う義務と受託者が受益者との関係で利益相反行為をすることを禁止することを内容とすると指摘されている[18]。つまり、善管注意義務とは異なり、債権者の利益を実現するというよりも平等に扱い、さらには、利益相反行為を禁止することを内実とする義務である。ここで問題となるのは、「誠実義務」とは、このような利益相反行為を禁止すること、すなわち自己又は第三者の利益と債権者の利益が相反する場合に自己又は第三者の利益を図って債権者の利益を害することが許されないという消極的義務にとどまるのか、それとも債権者に配分すべき事業の収益価値を最大化するという積極的義務をも包含するのかである。私見によれば、まさにこの点が再生債務者を再生債権者の利益を実現すべき機関と捉えた大阪地判平成20年

---

[16] 山本・前掲注14) 333頁は、「再生債務者が自己の利益のために財産を処分するような行為は、誠実義務に反することとなろう。」と指摘する。

[17] 伊藤・前掲注12) 116頁。なお、福永有利監修『詳解民事再生法〔第2版〕』(民事法研究会・2009年) 31頁は、公平誠実義務の内容について「必ずしも見解の一致があるわけではないが、一般に次のように理解されている。」として「公平義務とは、再生手続において、(再生)債権者を平等かつ公平に扱い、特定の債権者ないしは関係人の利益を図ることがないという義務である。次に、誠実義務とは、財産の管理、業務の遂行、再生手続の追行に際して、債権者の利益の犠牲において、自己または第三者の利益を図ってはならないことをいう」、「義務をもっぱら債権者の利益を顧慮する義務ととらえる見解も魅力的なものではあるが、他人(とりわけ再生債権者)の利益を(も)適切に考慮し、とりわけ再生債務者の財産を管理処分し、業務を遂行するに際して、財産の最有効活用を図る責務と理解するとともに、債権者などの犠牲において自己の利益の追求を図ることを許さない義務と民事再生法38条2項の定める誠実義務を理解しておくことがさしあたり穏当といえよう。」と説明する。

[18] 高田・前掲注12) 170頁による。なお、山本克己「再生手続の開始決定とその効果」銀法566号(1999年) 37頁。

の理解に繋がるものといえよう[19]。

3 再生債務者は、自らの事業の再生のため再生手続申立てを行うのが通常であり（民事再生法21条1項）、この究極の目的は、法人である再生債務者であれば、事業の再生[20]を図ることにある（同1条）。再生債務者は、事業の再生を究極の目的として再生手続を追行する主体であり、「債権者との間の民事上の権利関係を適切に調整し」（同1条）、事業の再生を実現すべく再生計画を策定する。債権者との関係でいえば、民事再生法は、「再生債権者の一般の利益」として、再生計画不認可事由を定める。再生計画によって配分される利益が破産配当を上回ることを意味する清算価値保障原則を求め（同174条2項4号）[21]、再生計画案の可決には、議決権者の過半数の同意及び議決権者の議決権の総額の2分の1以上の議決権を有する者の同意（同172条の3第1項各号）を要求しているものの民事再生法自体は、これ以上に債権者の利益の最大化を実現する役割を再生債務者に担わせることを正面から直接定めた規定を用意していない。そこで、この点を重視すれば、再生債務者は、再生計画において再生債権者に対する利益への配慮については清算価値保障原則さえ履践すれば足りるという考え方が主張される余地が生じることになろう。このような考え方からは、再生債権者に対しては清算価値を保障すれば足り、再生債務者は、あくまでも自己の事業の再生を実現する究極の目的を実現すればよく、公平誠実義務もその限度で再生債務者の債権者に対する公平性、誠実性を求める義務とし、とりわけ誠実義務については前述の消極的義務と解する考え方と結びつきやすいといえよう。

---

[19] 古谷・前掲注6）130頁。なお、伊藤・前掲注12）116頁は、積極的義務をも意味するとする。
[20] なお、民事再生法42条1項の「事業の再生」と同43条1項但書の「事業の継続」の違いに関してであるが、「事業の再生とは、事業の本来の目的を実現できる状態に事業活動を復帰させることを意味するものであり、営利事業であれば、継続的に事業収益を上げ、社員に利益の配分が実現できる状態への復帰を意味する。これに対して事業の継続とは、収益価値実現の基礎となる事業活動を継続することを意味し、事業の再生までを含むものではない。」と説明される（伊藤・前掲注11）37頁）。
[21] 伊藤・前掲注13）1015頁。

4 では、どのように考えるべきであろうか。再生債務者は、清算価値保障原則さえ充足すればよいのか、そうではなく再生債務者は、再生債権者の利益の最大化、具体的には弁済率の極大化を実現すべき再生手続上の機関と理解するべきかが問題となる。

　まず、清算価値保障原則の位置づけであるが民事再生法は再生計画の不認可事由として規定している以上、清算価値保障原則はあくまでも清算配当率との比較において最低限遵守すべき要請であるといえよう[22]。むしろ、再生債権者の立場から見れば、再生債権者は個別執行が禁止され（民事再生法39条1項、85条）、自らの利益の実現を再生債務者に委ねざるを得ない存在となり、もともと有していた債権を行使できない地位を甘受せざるを得なくなる（同26条1項）。このことは、再生手続開始決定は、再生債権者にとってみれば、自己の債権の実現を再生債務者に委ねざるを得ない地位に置かれることを意味する。このような見地から見ればDIP型を採用し、個別執行が禁止されたことのいわば反射的効果として、再生債権者が自己の債権の回収に向けて再生債務者に対して自己の債権の実現の最大化を求めることは、債権者からすればいわば当然の要請であるといえよう。さらに民事再生法は、再生計画案の提出権限を再生債務者のみならず、再生債権者にも認めている[23]（同163条2項）。このことは、再生債務者が公平誠実義務に反して再生債権者の利益の最大化を実現せずして再生計画案を提出した場合に、たとえそれが清算価値保障原則を充足していたとしても再生債権者が利益の最大化を求めて再生債務者による再生計画案に対抗し、自らの利益の最大化を追求する機会を付与したものと解することが可能であろう。このような理解からすれば、民事再生法は、公平誠実義務を通じて再生債務者に再生債権者の利益の最大化、具体的には、弁済率の極大化を実現すべきことを要請していると解することが可能であろう。

　以上から、再生債務者はDIP型手続として業務執行権と財産管理権を与えられ（民事再生法38条1項）、再生債務者の財産は、究極的には事業の再生の目

---

[22]　伊藤・前掲注13）763頁。
[23]　小林秀之＝園尾隆司編『条解民事再生法〔第3版〕』（弘文堂・2013年）863頁〔奈良道博〕は、再生債権者に再生計画案の提出を認めた趣旨について、「再生計画案に強い利害関係を有する再生債権者にも再生計画案の提出権限を与え、それによってよりよい再生計画を作成しようとする趣旨である」と指摘する。

的実現のために利用することが予定されつつも（同1条）、再生債務者の業務執行権及び財産管理権（同38条1項）につき公平誠実義務が課されている（同38条2項）。この公平誠実義務の効果として、再生手続開始決定によって再生債務者財産（同12条1項1号）は事業の再生という究極の目的を実現するための原資としつつも個別執行を禁止された再生債権者の潜在的な目的財産としての再生債務者財産となり、再生債権者の利益を最大限尊重すべき原資としてその財産管理処分権は拘束を受けると解すべきであろう。本章ではこのような要請を公平誠実義務に基づく財産拘束と称することとしたい。この意味で、再生債務者は、自らの財産管理権を公平誠実義務に基づき行使し、再生債権者の利益を最大限実現すべき要請のもとに財産拘束を受けた再生手続を追行する機関であるというべきと考える[24]。

VII 再生債務者の第三者性

1 次に再生債務者の第三者性と呼ばれる問題があるが[25]、再生債務者の第三者性とは何かについて論者によってその根拠や射程が様々であり、必ずしも一致を見ていないように思える[26]。先に検討したような再生債務者を再生手続上

---

[24] 伊藤・前掲注4) 16頁は、「立法者が再生債務者という概念を創設した目的は、取締役などが会社の機関であると同時に手続の主体たる再生債務者の機関としての地位を併有し、全ての利害関係人の利益を調整統合しつつ、収益価値の最大化とその公平な配分を図ることにある。」と説明する。また、松下淳一教授は、「再生手続の開始決定によって、債務者は、もはや従来の債務者ではなくなり、再生債務者所有の財産は全て再生債権者に弁済するための原資を生み出すという意味での目的財産となって、債務者はその管理機構としての地位に就くというふうに考えるべきではないか。」と指摘する（松下・前掲注11) 60頁以下。特に67頁)。この点に関して、伊藤眞教授は、再生債務者の地位を「双面神としての再生債務者」と表現し、「調整機関として」、民事再生における業務遂行権等（民事再生法38条1項）を保持する再生債務者が実体法上の地位と民事再生手続上の地位との関係をどのように理解し、公平かつ誠実に同項の権利を行使し、再生手続を追行するという公平誠実義務等の内容をどのように構成するかが「合理性のある収益価値の評価とその利害関係人への分配について決定的な重要性を持っている。」と指摘する（伊藤・前掲注4) 12頁以下)。

[25] 松下・前掲注11) 67頁、才口・前掲注11) 98頁。

[26] 三木浩一教授は、「第三者性の有無から演繹的に結論を導くような議論態度は避けるべきであるから、その意味でも第三者性という用語法には疑問を感じる。」と指摘する（三木浩一「民事再生手続における機関」ジュリ1171号（2000年）37頁以下。特に44頁注6参照)。

の機関であるとする立場のいう再生手続上の機関であることの意味は、再生債務者の第三者性の問題といかに関連するのか[27]。また、再生債務者の第三者性という問題設定を行った場合、そこでいう「第三者性」の意味内容をいかに解すべきか、という点が問題となろう。さらに一歩踏み込んで、再生債務者は、例えば民法177条の「第三者」や民法94条2項の「第三者」に該当するのであろうか。いずれにしても、まず、この議論の出発点として検討しなければならないのは、「再生債務者の第三者性」という場面における「第三者性」とは、どのような文脈で用いられ、いかなる意味内容を有するかという点である[28]。

2 まず本章では、再生債務者の「第三者性」とは、当事者そのものではなく第三者的立場を有する性質を示す概念と捉えて検討することとしたい。この意味で、民事再生法上、再生債務者の第三者性と親和性のある規律を指摘すると次のとおりである。これらの規定は、どの点を強調するかといった違いはあるものの再生債務者の第三者性を肯定する根拠として指摘されている[29]。

(1) 再生債務者の公平誠実義務（民事再生法38条2項）

民事再生法は、再生債務者に対して業務遂行権、財産の管理処分権を認める

---

[27] 田頭章一教授は、「第三者性」と「(手続)機関性」の関係について、「手続機関の中には、ある共通の利害関係を持つ集団の利益を代表する債権者委員会のようなものもあるから、手続機関論の中で右の2つの意味するところは同一ではない。」と指摘した上で「再生債務者の機関論に限定してみた場合、問題の焦点は、再生債務者が債務者自身の利害関係から離れて第三者的地位を持つかという点であるから、『第三者性』は『機関性』の最も重要な裏付けとして機能している。」と指摘する（田頭章一『企業倒産処理法の理論的課題』（有斐閣・2005年）44頁以下）。機関性と第三者性の意義を密接に捉える立場であるといえよう。

[28] 田頭章一教授は、再生債務者が民法177条の登記なくして物権変動を対抗できない第三者にあたるか、また民法94条2項の保護されるべき第三者にあたるかという局面で取り上げられる場合を実体的側面での「第三者性」の問題、これに対して、再生債務者の「第三者性」は、手続の機関として再生債務者をどのように位置づけるか、という手続機関論としての問題として説明する（田頭・前掲注27）44頁以下）。

[29] 再生債務者の第三者性の論拠の整理については、高田賢治「未登記の根抵当権者による再生債務者に対する根抵当権設定登記請求の可否」判例評論611号（2010年）178頁以下（判時2057号）、及び山本和彦『倒産法演習ノート〔第2版〕』（弘文堂・2012年）360頁以下〔水元宏典〕が有益である。

とともに再生手続の追行に際して再生債務者に債権者に対する公平誠実義務を課している（民事再生法38条2項）。同条項によれば、再生手続が開始された場合には、再生債務者は、債権者に対し、公平かつ誠実に、民事再生法38条1項で認められた業務遂行権、財産の管理処分権を行使し、再生手続を追行する義務を負うとされている。そのため再生債務者は業務遂行権や財産の管理処分権（同38条1項）を行使するに際して、公平誠実義務に従って行動することが要請される。これは、すでに考察したとおり再生債務者という再生手続上の機関となったことに基づいて再生手続開始前の債務者には及んでいなかった再生債務者の財産への管理処分権に対する拘束が再生手続開始決定後に生ずるものであるといえよう[30]。このような公平誠実義務に基づく財産拘束の観点からみれば、再生手続開始決定前の財産管理処分権が自由に行使できたことに比して、再生手続開始決定により生ずる公平誠実義務の存在は第三者性を肯定する立場に親和性を有すると解する。もっとも、この点については、再生債権者は清算価値保障原則の限度でのみ確実に利益を確保できる地位にあることから、再生債務者の公平誠実義務を根拠として再生債務者を総債権者の利益を実現する立場にあると位置づけることには疑問があるとする見解も主張されている[31]。

(2) 登記・登録の取扱いに関する規律（民事再生法45条以下）

民事再生法45条は、再生手続開始前に生じていた登記原因に基づいて民事再生手続開始後になされた登記・登録は、再生手続との関係において、その効力を主張し得ないと規定する[32]。つまり、再生手続開始時に登記・登録を具備しなかった権利変動は、再生手続の関係では効力が認められない。同条1項の趣旨は、権利者の地位を再生手続開始の時点で固定した上で、その後の事情に

---

[30] これに対して、有住淑子「再生債務者の法的地位」櫻井孝一先生古稀祝賀『倒産法学の軌跡と展望』（成文堂・2001年）1頁以下。特に6頁は、「法38条2項の規定からは、再生債務者の機関性も第三者性も導き出されないと考える。」とする。
[31] さらに再生債務者の第三者性との関係では、田頭章一教授は、「民事再生法38条2項の公平誠実義務だけでは、再生債務者の完全な機関性・第三者性の裏付けとしては不十分であるというべきである。」と指摘する（田頭章一「再生債務者の『第三者性』」前掲注30）『倒産法学の軌跡と展望』69頁以下）。
[32] 松下・前掲注11) 63頁。

よって権利者の平等や衡平が害されることを防ぐ点にある[33]。この結果、登記権利者が単独で登記申請をすることができる場合でも再生手続開始後に登記を得て対抗要件を具備することは認められないことになる。この規律は、再生債務者に第三者性を認めることに親和性を有する[34]。大阪高判平成 21 年は、民事再生法の構造論的アプローチとしてこの規律を重視して理由中の判断を形成したものであるといえよう。

(3) 双方未履行双務契約における規律（民事再生法 49 条）

民事再生法は、再生手続開始決定時に双方未履行の双務契約が存在した場合、再生債務者に当該契約の解除権を付与し、解除か履行かの選択権を付与している（民事再生法 49 条）。再生手続開始前の時点では再生債務者は、自ら双務契約の一方当事者であったにもかかわらず再生手続開始後には（民法が債務不履行解除の場面で要求している要件を必要とすることなく）、自らの手で解除できることとなる。相手方当事者からみれば、再生手続開始前は契約の相手方当事者の立場にあった者から再生手続開始後は特に債務不履行をはじめとする解除原因がなくとも解除されてしまうこととなり、再生手続開始前の双務契約の一方当事者としての地位から完全な意味での当事者性を喪失させられるものといえよう。その意味では、同条は、再生債務者に第三者性を認めることについて親和性を有する規定であると指摘できよう[35]。

(4) 継続的供給契約に関する規律（民事再生法 50 条 2 項）

継続的供給契約について民事再生法 50 条 2 項が規定する。すなわち、民事再生法 50 条は 1 項で「再生債務者に対して継続的給付の義務を負う双務契約の相手方は、再生手続開始の申立て前の給付に係る再生債権について弁済がないことを理由としては、再生手続開始後は、その義務の履行を拒むことができ

---

33) 小林＝園尾・前掲注 23) 242 頁〔畑瑞穂〕。
34) 田頭・前掲注 27) 46 頁は、手続開始前の原因に基づく開始後の登記等の効力が、再生手続との関係では原則として主張できないこと（民事再生法 45 条以下）を「第三者性」の発現場面として紹介する。
35) 田頭・前掲注 27) 46 頁は、再生債務者に双方未履行双務契約の履行か解除かの選択権が与えられたこと（民事再生法 49 条）を「第三者性」の発現場面の 1 つとして指摘する。

ない。」と規定し、2項で「前項の双務契約の相手方が再生手続開始の申立て後再生手続開始前にした給付に係る請求権（一定期間ごとに債権額を算定すべき継続的給付については、申立ての日の属する期間内の給付に係る請求権を含む。）は、共益債権とする。」と規定する。この趣旨は、会社更生法62条1項と同じく、再生債務者の事業の維持・再生を確保する観点から、再生手続開始前の給付についての弁済がないことを理由に給付義務者が以後の給付を拒むことによって再生債務者の再生を阻害することを防止する点にある[36]。この規定は、再生債務者の第三者性を肯定する立場と親和性のある規定であるといえよう[37]。

(5) 相殺制限の規律（民事再生法93条以下）

民事再生法93条は、一定の場合、再生債権者は、相殺をすることができないと規定している。本来、再生手続開始前であれば相殺適状にある対立当事者の一方として当然に認められた相殺権の主張が再生手続開始の後は、再生債務者に対して認められなくなることを意味する。これは再生債務者が当事者性を喪失して第三者性を付与されたからこそ認められる規定であるといえる。

(6) 担保権消滅許可の申立て（民事再生法148条以下）

民事再生法は、一定の要件の下に再生債務者に担保権消滅許可の申立てを認めている。これは実質的に見れば、再生債務者は、自ら設定した担保権を抹消して目的物を手中に収める機会を得ることを可能とするものであるといえる。その意味で民事執行法上の例外ともいえよう。このような担保権消滅許可の申立て制度の存在は、再生債務者の第三者性と親和性を有する制度であると位置づけることができよう[38]。

以上の民事再生法の規定は、再生債務者が従来の債務者と異なる存在であり、債権者に対する債務者という意味での当事者性を喪失した存在であることを示す規定であると理解することが可能である。

---

36) 小林＝園尾・前掲注23) 258頁〔西澤宗英〕。
37) 田頭・前掲注27) 46頁。
38) 田頭・前掲注27) 46頁は、担保権消滅請求制度において、実質的に自己競落禁止規定（民事執行法68条）の例外が認められたことをあわせて指摘する。

(7) 清算価値保障原則の存在

民事再生法は、再生計画不認可事由として、「再生計画の決議が再生債権者の一般の利益に反するとき。」を挙げている（民事再生法174条2項4号）。既に確認したように、ここにいう「再生債権者の一般の利益」とは、破産による清算が行われた場合の配当の額を意味すると解され[39]、再生計画の内容が破産的清算の場合の配当を上回る内容でなければならないことを意味する。これを清算価値保障原則という。再生債務者は、この原則を充足すべき立場にあり、自らの利益のみを追求することが許されないという意味で第三者性を肯定する立場に親和性のある原則であると指摘することができよう。

3 次にこれらの規律に対して、民事再生法には、再生債務者の第三者性と必ずしも整合的でない諸規定が存在することも否定できない。具体的には、以下のとおりである。

(1) DIP 型であること

民事再生法38条1項は、「再生債務者は、再生手続が開始された後も、その業務を遂行し、又はその財産（日本国内にあるかどうかを問わない。第66条及び第81条第1項において同じ。）を管理し、若しくは処分する権利を有する。」と規定する。この規定から再生債務者は、再生手続開始決定により再生手続が開始された後も、従前のとおり、業務遂行権、財産の管理処分権を有する。この意味で再生債務者の当事者性をむしろ基礎づけるともいえよう。

もっとも、アメリカ連邦破産法は責任財産について継続して占有権原を保有する債務者（DIP）の法的地位に関して管財人と同一の地位を有するという明文規定を置き（アメリカ連邦破産法1101(1)、1107)[40]、破産手続開始後の債務者が基本的に管財人と同一の地位にあることを明示している。この点は、わが国における民事再生法の立法態度とは、必ずしも同一であるとはいえない。アメリカ連邦破産法と比較すれば、わが国では、徹底したDIP型を採用しておらず、再生債務者を破産管財人と同視するという構成は困難であるといえよう。

---

39) 松下・前掲注11) 149頁。
40) 小林＝園尾・前掲注23) 190頁〔河野正憲〕。

(2) 否認権の規律

　わが国では、再生債務者が、破産法上の破産管財人と同一の法的地位を有するという明文の規定を持たない[41]。加えて、破産法であれば、破産管財人は、破産財団に属する財産の管理処分権を専有し（破産法78条1項）、破産者の行為を取り消し、逸失した財産を破産財団に復帰する否認権を有する。これに対して、民事再生法は、否認権行使の主体をあくまでも監督委員に限定し、再生債務者自身を否認権行使の主体として位置づけていない[42]。つまり、再生債務者自身が自らの行為の効力を否定するという手段までは付与していないのである。

　仮に再生債務者の第三者性とは、自ら行った再生手続開始前の行為を再生手続開始後に覆すことを肯定することまでも包含する概念であると理解するのであれば、第三者性を貫徹する再生債務者自身を破産管財人と同様に否認権行使の主体として位置づけるべきであるといえよう。なぜなら、もともと自らが行った行為の効力を否定して原状に回復する権限としては、否認権こそが最も強力な権利である以上、この意味での第三者性を徹底するのであれば否認権限を付与すべきだからである。しかしながら、民事再生法は、再生債務者自身を否認権行使の主体として位置づけておらず、むしろ、否認権行使の主体を裁判所から否認権の付与を受けた監督委員に限定しており、そのような態度を採用していない。

4　次に、従来の再生債務者の第三者性に関する議論を概観しよう。再生債務者の第三者性をめぐっては、その内実とともに様々なアプローチがなされている[43]。

---

41) この点を指摘するものとして、小林＝園尾・前掲注23) 190頁〔河野〕。
42) 園尾・前掲注5) 272頁は、民事再生法の立法過程における否認権付与について「再生手続開始後は、債務者は財産の管理処分権を有するが、公平誠実義務を負い、総債権者のために行動しなければならない（民再38）ということから、破産管財人と同じく第三者性（財産管理者的地位）があるとして、再生債務者が行使するとの案が出たが、自己のした行為を否認するのは難しい、また相手からすれば納得できないという法感情やはたして適正な行使ができるかという点から、無理であろうとのことになった。そして監督委員に特別に権限を与えて否認権を行使することになったのである。」と説明する。

(1) 再生手続開始決定を包括的差押えと解する見解

再生手続開始決定（民事再生法33条1項）を包括的差押えと理解し、再生手続開始決定によって再生債権者全員のために差し押さえられた財産の管理が改めて再生債務者に付託されるという主張がある[44]。

この議論は、再生債務者の公平誠実義務を根拠とする点から出発するものの、さらに再生手続開始決定に包括的差押えとしての効力を認め、再生債権者の利益のために差し押さえられた財産の管理が改めて再生債務者に付託されると説明し、この包括的差押えによって再生債務者に破産管財人とほぼ同等の地位が与えられるという結論を導く点に特色がある。再生手続開始決定を包括的差押えと捉える立場は、主に破産手続開始決定に関して、破産管財人の法的地位を説明する際に主張されている。

しかし、破産手続開始決定（破産法30条、78条1項）とは異なり、再生手続開始決定を包括的差押えと考えることにはやや技巧的な感が否めないのではなかろうか。すなわち、破産手続開始決定のように破産者の従前の管理処分権を剥奪して破産管財人がこれを専有するという破産法の建前（破産法78条1項）と異なり[45]、DIP型手続である民事再生法のもとでは、再生手続開始決定（民事再生法33条1項）によっても再生債務者は、業務遂行権と財産の管理処分権を

---

43) 高田・前掲注29）178頁以下。再生債務者の第三者性を肯定する根拠の分類については、特に181頁以下が有益である。山本・前掲注29）360頁〔水元宏典〕。田頭章一・前掲注27）44頁以下。高田・前掲注12）167頁。
44) 山本克己教授は、「民事再生法が公平誠実義務を明定したのは、再生債務者が、純粋の債務者としての地位のほかに、債権者の利益代表者としての性格を有することを明らかにする趣旨に出たものである。つまり、再生手続開始決定には再生債権者全員のために再生債務者の全財産を差し押さえるという、包括的差押えとしての効力があり、再生債権者の利益のために差し押さえられた財産の管理が改めて再生債務者に付託されるのである。その結果として、再生債務者の管理処分権は再生債権者に対する誠実公平義務の拘束を受けたものに変容するとともに、再生債務者には管財人とほぼ同等の地位が与えられることになる。」と主張する（山本克己「民事再生手続開始の効力」ジュリ1171号（2000年）26頁）。なお、山本克己「再生債務者の機関性―理論的検討」事業再生と債権管理115号（2007年）4頁以下。
45) この点につき、伊藤眞＝岡正晶＝田原睦夫＝林道晴＝松下淳一＝森宏司『条解破産法〔第2版〕』（弘文堂・2014年）577頁は、破産手続開始決定による財産の管理処分権の破産管財人への専属は、債権者の個別執行の禁止（破産法42条）と同時に行われる、実質的な包括差押えであり、個別執行をしたならば差し押さえることができた財産は、破産財団に取り込まれるべきであるとする。

有するのである(同38条1項)[46]。再生手続開始決定により個別執行は禁止されることとなる(同39条1項)ものの差押えの効力の中核である処分禁止効は直接発生せず、管理処分権はそのまま再生債務者に残る点で再生手続開始決定と破産手続開始決定は異なるといえる[47]。再生手続開始決定自体は、例えば破産管財人が債務者の財産につき管理処分権を専有する(破産法78条1項)のとは異なり、再生債務者自身の財産管理権に影響を及ぼすものではない。民事再生法は、あくまでも「再生債務者は、再生手続が開始された後も……財産を管理し」と定め、従前の再生債務者が有していた財産管理権を再生手続開始後も引き続き有すると定めている。このような規定振りからみれば、再生債務者は、従前有していた自己の財産に対する管理処分権を再生手続開始後も失わないと理解するのが条文の文言上も素直な解釈であるといえよう。再生手続開始決定によって包括的差押えの効力が生じ、再生債権者の利益のために差し押さえられた財産の管理が改めて再生債務者に付託されるという説明[48]は、巧みな手

---

46) 園尾隆司=山本和彦=中島肇=池田靖編『最新実務解説一問一答民事再生法』(青林書院・2011年)414頁〔山本和彦〕は、「破産手続では、一般に第三者性は管財人が差押債権者と同等の地位にあることに基づき論じられることが多い(破産管財人につき『差押債権者類似の法律上の地位』を根拠とされるのは、伊藤眞『破産法・民事再生法〔第2版〕』330頁(有斐閣・2009年)参照)。再生債務者についてもそのような議論は可能であるが(松下・前掲入門〔引用者注:松下・前掲6)〕51頁参照)、債権者と債務者との同一性(当事者対立の喪失)についての直感的な困難に鑑み、むしろ本文のような説明による」とする。その上で、同書411頁は「再生手続において債務者に第三者性を認めるべき実質的な理由としては、以下のような議論が可能であろう。再生手続の開始により、再生債権者は個別執行が禁じられ(39条)、権利実現の手が抑えられることになる。仮に平時であれば、債権者は移転登記のない不動産を差し押さえることにより、対抗問題にすることができ、その場合は第三者として保護の対象となり得る。しかるに、執行禁止の効果としてそのような方途を許さないとすれば、手続開始の段階で自動的に対応問題として第三者保護規定の対象となるものと解さなければ、再生債権者には酷になると思われる。したがって、そのような債権者の地位を保護するために、再生債務者に第三者としての地位を認めるべきであろう」とする。

47) 小林=園尾・前掲注23) 195頁〔河野〕は、「一般には不動産物権者が何らかの処分制限を受けた場合に初めて、物権の『変更』(民177)にあたるものと解される。この限度では、再生手続開始自体には処分制限がないことからすれば、厳密にみれば手続開始は『変更』に該当するとはいえず、その後の再生債務者を登記を要する第三者とただちにいうことは困難だろう。ただし、債務者等の行為につき処分制限がなされた場合や監督命令による財産処分制限がなされた場合には、これに該当すると解することができよう」と指摘する。

48) 山本・前掲注44) 27頁。

法ではあるものの、やや技巧的な感は否めず、再生手続申立てを経験した実務家の感覚からはやや違和感を覚えるといわざるを得ない。この見解に立脚すれば、再生手続開始決定を包括的差押えと位置づけることにより再生債権者を差押債権者と同視することが可能となり、その結果、再生債権者を代表する再生債務者が民法177条の「第三者」に該当するという結論を導きやすいこととなるといえる。その結論自体は肯認できるものの、私見は、法律構成としては再生手続開始決定自体を包括的差押えというよりは、実質的に考察し、公平誠実義務（民事再生法38条2項）を媒介とし、この義務に基づいて再生債務者財産に関する再生債務者の管理処分権が拘束される点、すなわち公平誠実義務に基づく財産拘束に求めるべきであると考える。

(2) 目的財産の管理機構

松下淳一教授は、「再生手続の開始決定によって、債務者というのはもはや従前の債務者ではなくなり、再生債務者所有の財産は全て再生債権者に弁済するための原資を生み出すという意味での目的財産となって、債務者はその管理機構としての地位に就くというふうに考えるべきではないか。その1つの現われが、再生債務者の債権者に対する公平・誠実義務である（法38Ⅱ）、再生債権者に対して公平・誠実義務を負うということは、何らかの意味で目的財産を管理している、そういう機構としての地位に立っていることを前提にしていると考えることができよう。」としている[49]。実質的な利益の帰属主体という観点を重視して、再生債務者を目的財産の管理機構と位置づける立場であるといえよう。

(3) 総債権者の利益代表

さらに山本和彦教授は、いわゆる再生債務者の第三者性については、「……（和議の場合とは異なり）民事再生においては、再生債務者が債権者の利益代表としての性格（いわゆる第三者性）を有している結果、……」とし、再生債務者の第三者性とは、「債権者の利益代表としての性格」を有することと位置づけて

---

49) 松下・前掲注11) 67頁。

いる[50]。この点は公平誠実義務を根拠に先の大阪高判平成21年も認めているところである。もっとも、本章は、再生債務者を総債権者の代表と称することの意味については、既に述べたとおり公平誠実義務と財産拘束から説明すべきと考える[51]。

5 以上の民事再生法の諸規定の存在及び諸学説に照らして考察すれば、再生手続開始によって再生債務者は、再生手続開始決定前の単なる実体法上の債務者とは異なる存在となり、純粋な意味での当事者性を喪失すると考える。

　もっとも、再生債務者が当事者性をまったく喪失するかといえば、そうではないと考える。実体的にみても再生債務者は、再生手続開始の前後において、権利義務の帰属主体としての法人格が異なるものではない[52]。さらに、民事再生法が再生債務者を否認権行使の主体として認めていないことは、再生債務者が当事者性を完全に喪失した第三者となるものではないことを示しているといえよう。再生債務者は、当事者性を維持しつつも債権者の利益に配慮しなければならない存在として、純粋に自己の利益のみを追求することができず、公平誠実義務を履行すべき主体として自己の財産の拘束を受けた存在という意味で、純粋な当事者性を維持せず、この限度で第三者性を有し当事者性を基軸として第三者性が加味された存在であるといえる。再生債務者の第三者性とは、「第三者」そのものではなく、当事者性を維持しつつも第三者的立場に立つ場面のあることを総称する概念として捉えるべきであろう[53]。これに対して、再生債務者の第三者性に慎重であり、とりわけ対抗要件や第三者保護要件における第三者とすることに否定的な立場は、管理命令が発令されていない再生債務者は

---

50) 山本・前掲注44) 27頁。
51) 宗田親彦「再生債務者の法的地位―再生団体理論」前掲注30) 『倒産法学の軌跡と展望』41頁以下。特に54頁は、再生債務者に債権者全体の代表としての地位を認めたかについて、民事再生法は事業の再建を目的としており、再生債務者自らの利益を抹殺できないし、債権者全体といっても比喩の域を出ないように見えると批判する。
52) 伊藤・前掲注13) 798頁。
53) 民事再生法の規律から、債務者への機関性の付与についての不徹底を示すとし、民事再生手続における債務者の地位は、民事再生法の規定振りを通観する限り、中間的な性格を帯びているように見えると指摘した上で、否認権行使の場合のような例外的場合を除いて、できるだけ債務者を機関として位置づける趣旨であろうと指摘する立場として、三木・前掲注26) 37頁以下。

（民事再生法38条3項、64条1項、66条）、その業務を遂行し、又はその財産を管理し、もしくは処分する権利を有する（同38条1項）ことから管理処分権を有しており、純然たる第三者とはいえず、むしろ当事者そのものといえると主張する。既に考察したとおり、たしかに民事再生法上の再生債務者は、純然たる第三者といえないものの、当事者たる地位を基軸にしながらも、明らかに第三者性肯定に親和性のある規定を用意しているのである。よって、私見は、再生債務者を当事者そのものと捉え、第三者性を否定する立場には、賛成できない。

Ⅷ 実体法上の「第三者」該当性

1 以上のように、再生債務者が再生手続上の機関であり、第三者性が認められるとしても、このことから実体法が用意した各規定にいう「第三者」に該当するか否かは、一律に決定されるべき問題とはいえない。つまり、再生債務者の第三者性は、当然に民法177条の対抗問題における「第三者」に該当するとか、民法94条2項の第三者保護の場面における「第三者」に該当することを演繹的に導く概念ではないといえよう[54]。再生債務者が民法177条の「第三者」に該当するかとか、民法94条2項の「第三者」に該当するかという問題は、各々の場面における実体法上の解釈の問題に帰着する。その解釈に際しては、当該実体法の解釈を通じて、再生債務者は、公平誠実義務（民事再生法38条2項）に基づいて再生債権者の利益を最大化すべき要請から、再生債務者に関する管理処分権の行使につき財産拘束を受ける再生手続の機関としての法的地位に立つ存在であることを考慮して決定すべきであると考える。以下では、対抗問題の典型である民法177条の「第三者」と第三者保護規定の典型である民法94条2項の「第三者」の問題を取り上げることとする。

2 では、再生債務者は、民法177条の「第三者」に該当するであろうか[55]。民法177条の「第三者」の意義をめぐっては、これがすべての第三者を意味す

---

[54] 三木・前掲注26）37頁以下。
[55] 佐伯一郎「再生債務者は、民法177条の第三者にあたるか否か」銀法702号（2009年）15頁以下。

るのか（無制限説）、それとも「第三者」の範囲には、制限があるのか（制限説）について争いがある。

(1) 判例は、大審院連合部判決（大連判明治41年12月15日民録14輯1276頁）以来、民法177条にいう「第三者」とは、「登記の欠缺を主張する正当の利益を有する者」に限るという制限説の立場を採用している。ここにいう「正当の利益」は、無権利者や不法行為者等を排除することにより、第三者の範囲を制限するための要件であると説明されている[56]。そして、この「登記の欠缺を主張する正当の利益を有する者」には、例えば、同一不動産について、所有権、抵当権等の物権又は賃借権を正当な権原によって取得した者、差押債権者、配当加入債権者等が該当するとされる[57]。

(2) では、再生債務者は、民法177条の「第三者」に該当するか。大阪地判平成20年は、再生債務者が「再生債権者の利益を実現する再生手続上の機関」であることから、再生債権者が民法177条の「第三者」に該当するのと同様に、再生債務者は民法177条の「第三者」に該当すると判断した。本章で検討したように再生債務者は、事業の再生を究極の目的として自己に認められる業務遂行権や財産管理権を行使する主体であり（民事再生法38条1項）、これらの権利を行使するに際して公平誠実義務に基づく財産拘束を受ける再生手続上の機関である。

(3) そこで、再生債務者が民法177条の「第三者」に該当するか否かを検討する際には、民法177条の「第三者」の解釈における「正当の利益」が再生債務者に認められるかという点が問題の本質となろう。再生債務者が個別遂行を禁止された再生債権者の利益を最大限尊重すべき再生手続上の機関として、公平誠実義務に基づく財産拘束を受ける地位に立つことから、これを実質的にみれば再生債務者財産は「債権者」（民事再生法38条2項）の引当てとなるものと

---

56) 最高裁判所判例解説民事篇昭和43年度（上）578頁〔野田宏〕。
57) 近江幸治『民法講義Ⅱ 物権法〔第3版〕』（成文堂・2006年）76頁。

いえる。よって、公平誠実義務に基づいて財産拘束を受ける再生債務者は登記の欠缺を主張する「正当の利益」を有し、民法177条の第三者に該当すると解する[58]。

　先に紹介した大阪地判平成20年は、再生債権者の利益の実現を図るべき再生手続上の責務があるとして、「再生債権者と同様」とのみ論じている。さらにこの再生債権者が民法177条の第三者にあたることは「いうまでもない」とするものの、これが従来の「第三者」をめぐる裁判例に照らして、再生債務者と差押債権者とを同視する趣旨か否か、そうだとすれば、その根拠をどこに見出すべきかについては、必ずしも明らかではない。よって、この意味において先の大阪地判平成20年は理由付けを検証すべき点はあったものといえるが、議論の方向性と結論においては、正当であったものと考える。

3　では、再生債務者が、第三者保護規定における「第三者」に該当するかという問題はどのように考えるべきであろうか。本章では、典型的場面である民法94条2項の場合について考察することとしたい。

（1）　通謀虚偽表示（民法94条1項）による法律行為の無効を理由に財産の引渡しを求められている債務者について再生手続開始決定がなされた場合、当該再生債務者は、民法94条2項の「第三者」に該当するといえるかが問題となる。例えば、XとYが通謀による虚偽の意思表示（例：仮装の動産売買契約）を

---

[58]　松下淳一教授は、この問題を実質的に考察し、対抗問題で勝った利益の帰属という観点から指摘されている。問題の本質を指摘するものとして引用することとしよう。すなわち「……換言すると、対抗問題で仮に勝って、この設例でいう不動産が再生債務者に戻った、その戻った利益が再生債権者に行くのか、それとも再生債務者の株主に行くのかが問題である。清算価値保障原則をとると、100％は行かず、清算価値分しか再生債権者に行かないことになる。その差額分は、再生債務者が株式会社であればその株主に行く可能性がある。これで「第三者」と言えるかどうか。」とするのである。従来、形式的に再生債務者を総再生債権者の利益を実現すべき機関であると位置づけた論調に対し、極めて重要な指摘であるといえよう。その上で、「理論的には難しい決断であるが、清算価値の保障があれば、対抗問題で勝った利益のうち最低限の分は再生債権者に行くと考えてよいのではないかと考える。」として、結論として再生債務者が民法177条の「第三者」に該当することを肯定している（松下・前掲注11）60頁以下。特に67頁）。しかし、再生債務者は、清算価値保障の原則の限度を超えて、再生債権者の弁済率の最大化を図ることにより再生債権者の利益を実現するべき地位にあると解する。

していた場合、XがYに対して民法94条1項に基づいて当該仮装売買の無効を理由に財産の引渡しを主張しようとしていたところ、それに先立ってYに再生手続開始決定がなされた場面で、XがYに対して民法94条1項の無効を理由に目的物たる動産の引渡しを求めた場合に、Yが自己は民法94条2項の「第三者」であると主張して目的物の引渡しを拒絶できるかという点が問題となる[59]。

(2)　民法94条2項は、通謀虚偽表示の当事者が虚偽の外観を作出した場合、虚偽の外観を信頼した第三者を保護し、取引の安全を図るという趣旨に基づく規定であり、外観法理に基づく規定である。民法94条2項の「第三者」とは、「虚偽表示の当事者又はその一般承継人以外の者であって、その表示の目的につき法律上利害関係を有するに至ったものを指す。」（大判大正9年7月23日民録26輯1171頁）と解されている。つまり、取引の安全の要請をもとに保護に値する「第三者」を予定しているのである。このような民法の解釈論から、民法94条2項の「第三者」の典型例としては、差押債権者が挙げられている。しかし、既に考察したように再生手続では債務者自身に個別的な財産権についてなお処分権限が認められており、再生手続開始決定を包括的差押えと説明することはやや技巧的である感は否めない[60]。

(3)　再生債務者は、当事者の通謀虚偽表示によって作出された虚偽の外観を信頼して、新たに取引関係に入った「第三者」といえるか。再生手続開始前から（再生）債務者と通謀して虚偽の外観を作出していた相手方当事者からみれば、再生債務者は、再生手続開始前に、自らと通謀して、仮装の譲渡を行った相手方たる一方当事者である。そこで、この問題について、これを否定する見解は、まず、再生債務者自身は外形上有効になされている法律行為を信頼した第三者として保護を受ける立場にないという点を根拠としている。通謀虚偽表

---

[59]　小林＝園尾・前掲注23）193頁以下〔河野〕、山本・前掲注14）328頁以下。特に336頁。
[60]　小林＝園尾・前掲注23）193頁〔河野〕は、この点を重視して再生債権者に直接の利益を観念することは困難であろうとする。

示（民法94条1項）の一方当事者であった再生債務者が再生手続開始決定後、いわば突然にして今度は通謀虚偽表示による無効を対抗し得ない「第三者」に該当し、自らが加担した虚偽表示の無効を対抗できない「第三者」として保護されるという解釈は抵抗感があるというのであろう。実務的感覚からすれば、このような指摘にも納得し得る側面があることは否定しきれない。そこで、本章では再生債務者は再生手続開始決定により公平誠実義務に基づいて財産管理権（民事再生法38条1項）を行使すべき立場に立ち、再生債務者財産は、再生債権者の利益を最大限尊重すべき要請のもとに拘束を受ける立場にあるという意味において個別執行を禁止された再生債権者の利益を最大限実現すべき再生手続上の機関である再生債務者は、新たに利害関係に入ったものと同視して、民法94条2項の「第三者」に該当すると考えるべきであろう[61]。

(4) 「第三者」の善意の主張・立証責任について判例は、第三者は自己が善意であったことを主張・立証しなければならないと判示する（最判昭和35年2月2日民集14巻1号36頁）。

では、誰を基準に「善意」か否かを判断すべきか、という問題が生ずる。この場合、再生手続開始前に通謀虚偽表示の一方当事者であった再生債務者は、少なくとも事実として通謀について認識しており悪意のかのようであるが、再生債務者が民法94条2項の「第三者」に該当し得るとした場合、「善意」か否かは誰を基準に判断すべきであろうか。

(5) この問題については、次の法律構成が考えられよう。まず、再生債務者は再生手続上の機関であり、再生債権者の代理人的地位にある以上、再生債権者のうち1人でも、通謀虚偽表示について善意の者がいれば再生債務者は善意であるとするという構成が考えられる。もっとも、「善意」か否かの主張立証責任の問題が生じ、「善意」の再生債権者の存在を主張立証することを要する

---

[61]　伊藤眞＝田原睦夫監修『注釈民事再生法〔新版〕（上）』（金融財政事情研究会・2002年）171頁〔三木浩一〕は、「債務者が手続開始前に虚偽表示として不動産の登記を取得した場合、手続開始後の再生債務者は機関としての第三者性を根拠として、当然に民法94条2項による保護を主張することができるものと解する。」と主張する。

ことになろう。実際には再生債権者全員が再生手続開始前の債務者の行った通謀虚偽表示について悪意であることは、極めて少数で、かつ再生債務者と密接な再生債権者のみが存するような特別の事情がなければ現実には稀であるから事実上、常に善意と扱われることを意味するであろう。しかし、このような解釈は迂遠であり、むしろ再生手続開始後の再生債務者は従前の通謀虚偽表示の一方当事者としての主観的事情を引き継がず、再生手続開始によって、常に「善意」として扱うという構成が妥当であると考える。

IX まとめ

1 従来、再生債務者の第三者性という指摘は、再生債務者の法的性質論や再生手続における機関性といった議論、さらには、この第三者性の肯否が実体法上の対抗要件における「第三者」や第三者保護規定における「第三者」に再生債務者が該当するか、という問題と混在し、曖昧に未整理の状態にあったといえよう。私見は、再生債務者の法的性質とは、再生債務者が再生手続上いかなる法的性質を有する存在かを解明する議論であり、ここでは、通説的見解である手続機関説が妥当であると考える。

2 再生債務者の法的性質を考察するに際しては、DIP型手続における公平誠実義務の本質を個別執行禁止を受けた再生債権者の利益の最大化を実現すべき点に認め、再生債務者財産は潜在的に再生債権者の引当てとなるという意味で拘束を受けていると考える（公平誠実義務に基づく財産拘束）。

3 さらに民事再生法は、再生債務者について公平誠実義務に基づく財産拘束を受ける再生手続上の機関として当事者性を第一義的に維持しつつも第三者的立場を付与した規定を用意している。このことから再生債務者は、純粋な当事者ではなく第三者的立場を付与された存在であるといえる。このことを示す概念が「再生債務者の第三者性」と呼ばれる概念である。よって、再生債務者の第三者性とは、再生債務者の法的性質論と密接な関係にあり、法的性質の一側面であると位置づけることが可能である。つまり、再生債務者の第三者性とは、

再生手続上、再生債務者が当事者性を第一義的に維持しつつも第三者的地位を付与された存在であることを内実とする概念であり、再生債務者に第三者性が認められるということと、再生債務者が実体法上の対抗問題（民法177条、178条）や第三者保護規定（同94条2項、96条3項）にいう実体法上の「第三者」に該当するかは別個の問題である。再生債務者が民法177条の対抗関係における「第三者」や同94条2項等のいわゆる第三者保護規定にいう「第三者」に該当するかという問題は、実体法の解釈を基調としつつ再生債務者の公平誠実義務や民事再生法の種々の規律との関係で検討されるべきである。再生債務者が具体的に実体法上の第三者規定にいう「第三者」に該当するか否かは、個々の規定の趣旨、目的に照らして、検討すべき問題であるといえる[62]。その際、再生債務者は、公平誠実義務（民事再生法38条2項）に基づき再生債権者の利益の最大化を実現すべき機関であり、債権者全体の利益のために行動すべきであるという拘束を受けこれを履行すべき立場に立つという性質が実体法の解釈に反映されるべきであると考える。その結果、本章は、再生債務者は、民法177条の「第三者」に該当するであろうし、また民法94条2項の「第三者」にも該当し得ると解するものである。

---

[62] 三木・前掲注26）37頁以下は、「『債務者の第三者性』と『債務者の機関性』は相互に関係する概念であるが、前者が伝統的に実体上の対抗関係の文脈で用いられるのに対し、本稿は、後者を手続上の地位を指す意味で用いている。」と指摘し、「個別の実体規定の解釈問題に委ねられるべきであり、第三者性の有無から演繹的に結論を導くような議論態度は避けるべきであることから、その意味でも第三者性という用語例には疑問を感じる。」と指摘する。

第 10 章

別除権協定の効力をめぐる考察

I　はじめに

1　別除権協定は、民事再生手続（以下「再生手続」という）において別除権者との対応を決する点で重要な意義を有する。ところが民事再生法は、別除権協定について直接規律する法文を用意していない。再生債務者代理人は、別除権協定を締結するため別除権者と種々の交渉を行うこととなるが[1]、近時、別除権協定をめぐる様々な問題が指摘されている[2]。

2　再生手続中に、例えば再生債務者と別除権者との間で別除権協定を締結し、その後、再生計画の履行の完了前に再生手続がその目的を達しない場合に別除権協定の当事者である再生債務者に破産手続開始決定がなされた、いわゆる牽連破産[3]（民事再生法249条、250条）の場面等で別除権協定の効力をいかに解するかという問題がある。

この問題は、再生債務者が別除権の受戻価格を合意した場合、別除権の被担保債権のうち別除権で担保される部分が受戻価格相当額に減額されるという効果が生じるか、仮にそのような効力を認めるとした場合、再生債務者が当該受

---

[1]　別除権協定の実情につき倉部真由美「再生手続における別除権の処遇」（民事再生法の実証的研究第13回）NBL1005号（2013年）42頁以下。三上徹「別除権協定の諸問題―民事再生法の影の主役」商事法務編『再生・再編事例集4』（商事法務・2005年）37頁以下。

[2]　倉部真由美「別除権協定について」事業再生研究機構『民事再生の実務と理論』（商事法務・2010年）342頁以下。

戻価格の分割弁済の途中で牽連破産や解除・失効に至った場合にも、この効果は維持されるか否かという問題を内実とする。後者の問題について、別除権協定による別除権で担保される部分が受戻価格相当額に減額されるという効力は牽連破産や別除権協定の解除・失効があったとしても維持され、変動することはないとする見解を固定説[4]と呼び、別除権の被担保債権額は元の額に復活するという見解を復活説[5]と呼ぶ。

3 この問題について、再生手続終結の決定後に再生計画に従って履行していた再生債務者が取締役の一部による準自己破産の申立てにより破産手続開始の決定を受けたという事案が存在する。これは再生手続終結後、再生計画が未だ履行中であり、その途中で再生債務者に破産手続開始決定がなされたものであるが、再生債務者が再生計画に従って履行していた段階で準自己破産の申立てにより破産手続開始決定に至ったという点で厳格な意味での牽連破産（民事再生法249条、250条）の場面そのものではない[6]。この事案で再生債務者であった

---

[3] 伊藤眞『破産法・民事再生法〔第3版〕』（有斐閣・2014年）1137頁。広く再生手続から破産手続への移行する場合のうち、ここにいう牽連破産の概念については再生手続終了後の裁判所の職権に基づく牽連破産として破産手続開始前の再生債務者について、再生手続開始申立てが棄却されたり、再生手続廃止等によって再生手続が目的を達せずに終了した場合で、破産手続開始原因が認められる場合に裁判所が職権で破産手続開始決定をする場合等（民事再生法250条1項）と終了前の破産手続開始前の申立てに基づく牽連破産（同249条）として破産手続開始前の再生債務者について再生手続開始決定の取消し、再生手続廃止決定もしくは再生計画不認可決定又は再生計画取消決定があった場合に、それぞれの決定が確定する前であっても、裁判所に当該再生債務者についての破産手続開始申立てをする（同249条1項前段）場合がある。この点、会社更生法にも同様の趣旨の規定が用意されている（会社更生法251条、252条参照）。なお、島岡大雄「東京地裁破産再生部（民事第20部）における牽連破産事件の処理の実情等について（上）」判タ1362号（2012年）4頁以下参照。

[4] 山本和彦ほか編『Q&A民事再生法〔第2版〕』（有斐閣・2006年）252頁〔瀬渡修一〕、福永有利監修・四宮秀夫ほか編『詳解民事再生法―理論と実務の交錯〔第2版〕』（民事法研究会・2009年）312頁〔山本和彦〕、全国倒産処理弁護士ネットワーク編『新注釈民事再生法（上）〔第2版〕』（金融財政事情研究会・2010年）474頁〔中井康之〕。

[5] 上野正彦ほか編『詳解民事再生法の実務』（第一法規出版・2000年）386頁〔須藤英章〕、園尾隆司＝小林秀之編『条解民事再生法〔第3版〕』（弘文堂・2013年）462頁〔山本浩美〕。

[6] もっとも、再生手続が終結し（民事再生法188条1項ないし3項）、その後新たに破産手続が開始されるという点では実質的に見れば牽連破産の一種と評価することが可能であろう。伊藤・前掲注3）1138頁注6参照。

株式会社の破産管財人が破産した株式会社の工場等の土地建物を目的とする担保競売事件において作成した配当表の取消しを求める配当異議訴訟を提起した事案が存在する。この事案で第1審判決（松山地判平成23年3月1日金判1398号60頁。以下「松山地判平成23年」という）と控訴審判決（高松高判平成24年1月20日金判1398号50頁。以下「高松高判平成24年」という）は異なる判断を示したのである[7]。

いずれの判決も別除権の被担保債権のうち、別除権で担保される被担保債権の部分が受戻価格相当額に減額するという効力を有することを認めたものの再生計画履行中の再生債務者が準自己破産の申立てにより破産手続開始決定があった場面で別除権協定における被担保債権減額の効力が維持されるかについては、第1審の松山地判平成23年が復活説を採用したのに対して、高松高判平成24年はこれを覆し、固定説を採用している[8]。これに対して、最判平成26年6月5日（民集68巻5号403頁）（以下「最判平成26年」という）は、問題となった別除権協定書に別除権協定の解除条件に関する条項が存在し、この解除条項をめぐる契約当事者の合理的意思解釈から、当該解除条項には、再生債務者が再生計画の履行完了前に再生手続廃止の決定を経ずに破産手続開始の決定を受けた時から別除権協定はその効力を失う旨の内容を含むとして別除権協定は効力を失うと判断した。その結果として本件各担保権の被担保債権の額は、別除権協定締結前の額から弁済額を控除した額となると判示した。

4 本章では、これらの裁判例を踏まえて再生手続中に締結した別除権協定における別除権の目的物の受戻価格の合意は、別除権で担保される被担保債権を減額するという効力を有するか、当該受戻価格につき再生債務者の分割弁済が完済する前の段階で別除権協定が解除されたり失効したり、あるいは再生債務者が牽連破産に至った場合に別除権協定による被担保債権減額の効力は維持されるか、という問題等を考察することを目的とする。

---

[7] 金判1398号50頁以下。
[8] 別除権協定をめぐる論点の考察として有用な論考に中井康之「別除権協定に基づく協定債権の取扱い」ジュリ1459号（2013年）90頁がある。

Ⅱ 別除権協定の意義と必要性

1 別除権協定とは、一般に別除権者と再生債務者等との間で別除権の基礎となる担保権の内容の変更、被担保債権の弁済方法、順調に弁済されている間の担保権の実行禁止と弁済完了時の担保権の消滅等を定める合意をいう[9]。

別除権協定の内容は、別除権の目的財産の受戻し（民事再生法41条1項9号）の合意や不足額責任主義における別除権の不足額確定の合意が中心となる[10]。別除権の受戻しとは、別除権の目的物、例えば抵当権の目的物となっている不動産について、その担保されている債務を弁済して当該担保権を消滅させることをいう[11]。別除権協定は、裁判所の許可事項又は監督命令による監督委員の同意事項とされている（同41条1項9号、54条2項)[12]。

2 会社更生法と異なり民事再生法は担保権を手続内に取り込まず、特別の先取特権、質権、抵当権又は商法もしくは会社法の規定による留置権（いわゆる商事留置権）を有する者は、その目的である財産について別除権を有するとした（民事再生法53条1項）。別除権は、再生手続によらないで行使でき（同53条2項）、別除権者は実体法上認められた競売手続等、本来の実行方法により実行することを妨げられない。

再生債務者は、事業の再生に不可欠な目的財産に別除権が存在する場合、別除権の行使によって事業の再生が立ち行かなくなる事態を回避するため別除権者に対して再生手続外での別除権の行使を差し控えるよう申入れを行うこととなる。

---

9) 松下淳一『民事再生法入門〔第2版〕』（有斐閣・2014年）98頁。
10) 松下・前掲注9) 98頁。なお、谷津朋美「別除権合意（破産法）と別除権協定（民事再生法)」事業再生と債権管理109号（2005年）61頁は、別除権協定の意義に関して、「別除権協定の最大の目的は、事業再生に不可欠な資産の担保権行使を防ぐことにあるが、事業再生に不要な資産であっても、再生債務者と別除権者が協力して任意売却することによって弁済額を最大化する目的にも利用できる。」と指摘する。
11) 園尾＝小林編・前掲注5) 224頁〔相澤光江〕。
12) 全国倒産処理弁護士ネットワーク編・前掲注4) 472頁〔中井〕、全国倒産処理弁護士ネットワーク編『通常再生の実務Q&A120問』（金融財政事情研究会・2010年）329頁以下〔小林信明〕。

3 ところで、民事再生法は、再生手続開始申立後は、再生債権者の一般の利益に適合し、かつ、競売申立人に不当な損害を及ぼすおそれがないものと認めるときは、利害関係人の申立てにより、又は職権で、相当の期間を定めて担保権の実行手続の中止を命じることができるという担保権実行の中止命令を認めている（民事再生法 31 条 1 項）。

　ここにいう「再生債務者の一般の利益」とは、担保権の実行手続を中止させることにより、一般の再生債権者に対する弁済額の増加が見込まれることをいう[13]。

　しかし、担保権実行中止命令の制度は、あくまでも担保権の実行を「相当の期間」に限って一旦「中止」する制度にすぎず、担保権の実行を「禁止」する制度ではない。実務上は、担保権実行の中止命令を申し立てた上で中止の期間中に別除権協定の締結にむけて担保権者と鋭意、協議交渉を行うのが通常である。

4 さらに、民事再生法は、担保権消滅請求の制度を認めている（民事再生法 148 条以下）。担保権消滅請求の制度とは、再生手続において担保権者に対して目的財産の価格に相当する満足を与えることにより、再生手続開始当時、当該財産の上に存するすべての担保権を消滅させ、再生債務者の事業の継続に欠くことのできない財産を確保する制度である[14]。

　担保権消滅請求の制度が有効に機能するためには、担保目的財産の価格相当額の金銭を一括納付することが必要となる（民事再生法 148 条 1 項）。ところが実務上、再生債務者はこの一括納付金を自己の資力のみでは調達できない状況にあることがほとんどである。自主再建型の再生手続のスキームでは、担保権消滅請求の制度を利用して担保権の消滅を実現するために十分な資金を工面できないのがむしろ一般的であるとさえいえよう。

　そのため担保権消滅請求の制度を利用し得るのは、再生債務者にスポンサー

---

[13]　鹿子木康編『民事再生の手引』（商事法務・2012 年）84 頁。
[14]　鹿子木編・前掲注 13) 243 頁。

と呼ばれる支援企業が登場したり[15]、いわゆる DIP ファイナンスにより融資を得られ、ニューマネーが投入されるような場面に限定される。その意味で担保権消滅請求の制度が有効に機能する場面は限定されているのが実情である。この点で、本章の考察の対象である別除権協定が再生手続における重要な役割を担う背景となっているのである。

5　再生手続は、別除権者（担保権者）を拘束せず再生債務者に対する別除権の実行を可能としている以上、別除権者（担保権者）との間で目的財産の評価額や被担保債権の弁済方法、再生債務者が別除権者と合意した弁済を継続する間は、別除権（担保権）を実行しない旨の合意を締結しない限り[16]、事業の継続に不可欠な不動産等が別除権の目的物となっている状況下では事業継続が事実上困難となる。ここに再生債務者にとって別除権協定の締結が極めて重要な意義を有することとなる。

　他方で別除権者は、別除権たる担保権の被担保債権が再生債権である場合、別除権の行使によって弁済を受けることができない不足額の部分についてのみ再生債権者としての権利行使が認められる（不足額責任主義。民事再生法88条本文）。

　このような建前からすれば、別除権者は、別除権協定を締結することによって不足額が確定すれば再生債権者としての権利行使が認められるという状況に立つこととなる。別除権者は、不足額の確定が最後配当の除斥期間内にできない場合には最後配当から除外されることとなるので（民事再生法182条本文）、適切な額であれば、不足額を確定させることは別除権者にとって有益といえる。ここに別除権協定のもつ別除権者にとっての有用性を指摘することができる。

---

15)　当該スポンサーに対して、再生手続開始後、再生債務者が事業譲渡を行い、事業譲渡の対価を原資として一括弁済を行う内容の再生計画が作成される場合が多い。なお、谷津・前掲注10) 61頁は、別除権協定の主な内容として「①再生債務者が担保目的物を受け戻す（買い戻す）、すなわち資産価値を支払う代わりに、別除権者が担保権実行を停止し、受戻代金の支払完了と同時に担保権の抹消に応じるもの、②担保物件を売却し、売却代金をもって別除権者に弁済するもの、等がある。」と指摘する。
16)　松下・前掲注9) 98頁。

III　別除権協定の内容

1　別除権協定の内容は事案によって様々であるが、別除権の目的物の受戻し（民事再生法41条1項9号）の合意と別除権不足額の合意による確定（同88条但書）を中心とするのが通常である[17]。

すでに述べたように別除権の受戻しとは、別除権の目的物、例えば抵当権の目的物である不動産について、その担保されている債務を弁済して当該担保権を消滅させることをいう[18]。

別除権協定による目的物の評価方法は、実務上、一般的には当該別除権の対象となった目的物の処分価格とすることが多い。処分価格とは、市場で売却する際の正常な価格ではなく、再生債務者の事業を清算して早期に処分することを前提とする価格をいう[19]。

民事再生法では、再生債務者等は、再生手続開始決定後、遅滞なく財産評定をしなければならない（民事再生法124条1項）。財産評定とは、再生債務者の財産について再生手続開始時の価格を算定することをいい、原則として対象資産を処分するものとして評価すること、すなわち処分価格で評価することとされている（民事再生規則56条1項）。

2　別除権協定において目的物の受戻価格を評価するに際して、財産評定の額に拘束される旨の規定は特段存在しない。そこで、財産評定の額にかかわらず別除権者と再生債務者の間で別除権の目的物の価格を協定することは、理論上は可能であるといえよう[20]。

もっとも、別除権の目的物の受戻価格を処分価格よりも高額に設定することは、別除権者による不足額は減少するとしても再生手続遂行中に再生債務者が

---

[17]　全国倒産処理弁護士ネットワーク編・前掲注4）212頁〔青谷智晃〕。三上徹「別除権協定の実務」事業再生と債権管理105号（2004年）158頁は、「協定内容の基本的要素は、(1)別除権の評価額（受戻価格）、(2)その支払方法、(3)支払われている間の別除権実行の禁止と、支払終了時における担保抹消の約束、(4)債務不履行等協定の終了事由とその効果の取り決め、である。」と指摘する。
[18]　園尾＝小林編・前掲注5）224頁〔相澤光江〕。
[19]　鹿子木編・前掲注13）171頁。
[20]　永石一郎編代『倒産処理実務ハンドブック』（中央経済社・2007年）482頁。

別除権者に対して支払う分割弁済額が増加することを意味する。その結果、再生債権者に対する弁済資金の減少をもたらし、再生債権の弁済率の低下を招くこととなる。

このことから別除権の受戻価格の設定には、再生債務者に一定の裁量を認めざるを得ないとしても、再生債務者は公平誠実義務（民事再生法38条2項）を履践すべき立場にある以上、この裁量には限界があると考える[21]。別除権者は、再生債務者の協力なくして別除権の目的物を任意売却することはできない。そのため基本的には、別除権者が把握する交換価値は、競売による売却価格を想定して、これを一定の基準として算定することとなろう。

したがって、別除権協定の対象となった担保目的物の評価は原則として特定価格であり、即時売却価格を基準に算定することが実際的であろう[22]。これに対して、別除権者が自らに有利な事情をもとに正常価格ないしそれに近接した価格での評価を主張して、再生債務者と別除権者の交渉がなされることが多い[23]。

最終的には、監督委員の同意又は裁判所の許可を通じて、この点に関するチェック機能が果たされているのが実情である（民事再生法41条1項6号・9号、54条2項）。また、再生債務者が所有する不動産を売却の上、その代金を弁済原資とする再生計画において、特定の不動産の売却（別除権の目的物の受戻し）にあたり監督委員の同意を得る旨を明記した事例も存在する[24]。

---

21) 全国倒産処理弁護士ネットワーク編・前掲注4) 216頁〔兒玉浩生〕。
22) なお、三上・前掲注17) 158頁は、「別除権協定における評価基準が処分価格である必要はまったくなく、むしろ別除権者の優位な立場を反映して、任意売却時と同様に原則市場価格としての時価を基準に交渉することが普通で、事業継続のうえでの必要性、再生計画案承認の可能性などの要素如何では、客観的評価よりも割高な金額での合意でさえも合理性がないとはいえない」と主張するが、別除権者優位の観点からの主張として参考になる。
23) 谷津・前掲注10) 62頁。
24) 鹿子木編・前掲注13) 381頁。具体的には、再生計画案に「再生債務者が有する別表『換価対象不動産一覧表』記載の不動産を適正価格にて換価し、換価によって確保した資産をもって、債権者に対する一定の弁済を行うことが基本となる（不動産の売却（別除権の受戻し）に際しては、再生計画認可決定後も監督委員の事前確認を得ることとする。）。」と明記した事例が存在するとのことである。

3 なお、先に示したとおり別除権者は、別除権の行使により弁済を受けることができない債権の部分についてのみ再生債権者として、その権利を行うことができる（民事再生法 88 条本文）。別除権者は、弁済を受けることができない債権の部分が確定した場合に限り、弁済を受けることができない債権の部分について認可された再生計画に従って再生債権を行使することができることになる（同 182 条本文）[25]。このように別除権の行使により弁済を受けることができる債権も本来であれば、再生債権であるので、その弁済は再生計画に拘束され、計画外弁済は認められないはずである（同 85 条 1 項）。

そこで、再生債務者と別除権者が合意した別除権協定に基づき再生債務者が別除権者に対して別除権の評価に基づく受戻価格を分割弁済することは、一種の和解契約[26]を裁判所の許可を得て締結していると位置づけられることがある[27]。

たしかに、別除権協定がその成立にむけて別除権者と再生債務者が鋭意交渉、協議するプロセスを経る以上、その実態に照らせば当事者間の和解契約としての側面は否定できない。しかし、その法的性質をより仔細に考察すれば、もともと別除権協定は、「別除権の目的である財産の受戻し」という民事再生法自体が認めた再生債務者の対応の一種であり、裁判所の許可（民事再生法 41 条 1 項 9 号）又は監督委員の同意（同 54 条 2 項）を得ることによって再生債権の弁済禁止の例外として「この法律に特別の定めがある場合」（同 85 条 1 項）に該当すると位置づけるべきであろう。

---

[25] 松下・前掲注 9）95 頁は、不足額責任主義（民事再生法 88 条）を手続的に表現すると「別除権者は、弁済を受けることができない債権の部分が確定した場合に限り、その債権の部分について、認可された再生計画にしたがって再生債権を行使することができる、ということになる（民再 182 条本文）。」と説明する。
[26] 全国倒産処理弁護士ネットワーク編・前掲注 4）420 頁〔中井〕参照。
[27] 三上・前掲注 17）158 頁以下。なお、このように別除権協定を一種の和解契約と捉えると別除権協定に基づく受戻合意による請求権の法的性質は、共益債権（民事再生法 119 条 3 号）となると解することに親和性を有し、牽連破産の場面では、財団債権となると解することと整合的であろう。しかし、私見は、再生債権の弁済禁止の例外が認められる「この法律に別段の定めがある場合」（民事再生法 85 条 1 項）として、あくまでも再生債権の弁済と位置づけるべきものと解する。

IV　裁判例の概観と考察

次に、冒頭の裁判例の事案と裁判所による判断を概観する。

1　事案の概要

(1)　A株式会社（以下「A社」という）は、平成14年3月20日に再生手続開始決定を受けた。再生手続開始決定当時、A社が所有する複数の不動産にそれぞれ根抵当権ないし抵当権（以下「担保権」という）を有する金融機関Y_1、B、C（以下「本件各別除権者」という）が存在した。本件各別除権者の有していた担保権の目的不動産及び再生手続開始決定時の被担保債権額は以下のとおりである。

Y_1は、A社が所有する不動産甲、乙に担保権を有し、再生手続開始決定時の被担保債権額は約2億円であった。

Bは、A社が所有する不動産甲、乙、丙に担保権を有し、再生手続開始決定時の被担保債権額は約13億円であった。

Cは、A社が所有する不動産甲、乙、丙に担保権を有し、再生手続開始決定時の被担保債権額は約7億円であった。

(2)　A社は、以下の事項を内容とする別除権協定を本件各別除権者とそれぞれ締結した（以下「本件各別除権協定」という）。なお、不動産甲、乙、丙（以下「本件各不動産」という）に本件各別除権協定で定められた別除権不足額の登記はされなかった。

① 別除権の被担保債権額を確認する。
② 本件各不動産の価格及び受戻価格を確認する。
③ 本件各別除権者は、A社に対し、A社が事業継続のため本件各不動産を継続して使用することを認める。A社は、本件各別除権者に対し、受戻価格を分割して支払う。
④ 上記①の別除権の被担保債権額から受戻価格を控除した残額をもって別除権不足額（民事再生法88条本文参照）とする。

(3)　A社は、以下のとおり本件各別除権者との間で締結した本件各別除権協

定により、本件各不動産の受戻価格を定めた。また、本件各別除権協定締結後、A社は本件各別除権者に対して、受戻価格の一部を弁済した。
　① 平成14年10月29日、A社とY₁は、不動産甲の受戻価格を約2000万円、不動産乙の受戻価格を0円とする別除権協定を締結した。別除権協定締結後、A社はY₁に対し、不動産甲の受戻価格のうち約800万円を弁済した。
　② 平成14年9月26日、A社とBは、不動産乙の受戻価格を約700万円、不動産甲及び丙の受戻価格を0円とする別除権協定を締結した。別除権協定締結後、A社はBに対し、不動産乙の受戻価格のうち約400万円を弁済した。
　③ 平成14年10月9日、A社とCは、不動産丙の受戻価格を約5000万円、不動産甲及び乙の受戻価格を0円とする別除権協定を締結した。別除権協定締結後、A社はCに対し、不動産丙の受戻価格のうち約1500万円を弁済した。

(4)　平成14年9月26日、A社の再生計画認可決定がされ、その後確定した。再生計画認可決定の確定後、A社は再生計画に従って履行していた。ところが、平成19年12月21日、A社の取締役2名がA社の準自己破産を申し立てた。平成20年1月8日、A社について破産手続開始決定がされ、Xが破産管財人に選任された。

(5)　DはBから、Bが有する担保権を被担保債権とともに承継取得した。Y₃はCから、Cが有する担保権を被担保債権とともに承継取得した。

(6)　Y₃は、本件各不動産につき担保権に基づいて担保不動産競売の申立てを行い、Y₁及びDとともに、本件各別除権協定締結前の被担保債権額から既払分を控除した金額を基準として配当を受けようとした。
　これに対して、Xは、本件各別除権協定によって、本件各不動産の受戻価格が定められたことで被担保債権額も受戻価格相当額まで減額されたのであるから、受戻価格から既払分を控除した金額が配当の基準となり、これを超える部

分につきYらに配当受領権は存在しないと主張して、配当異議の申出（民事執行法188条、89条）を行い、配当異議訴訟（以下「本件訴訟」という）を提起した（同188条、90条）。

Y₂は、本件訴訟係属中である平成22年3月25日、信託に関する任務の終了によりDから訴訟当事者たる地位を承継した。

(7) 本件訴訟の主要な争点は、まず①本件各別除権協定で受戻価格が定められたことによって別除権の被担保債権のうち別除権で担保される部分が受戻価格相当額に減額するか否かという点である（以下、便宜上「第1争点」と呼ぶ）。仮に第1争点の効力が認められ受戻価格の合意により被担保債権のうち別除権で担保される部分の減額が認められたとしても、②本件各別除権協定は再生計画履行完了前になされた破産手続開始決定により失効したか（民事再生法190条1項参照）否かが問題となった（以下、便宜上「第2争点」と呼ぶ）。なお、すでに触れたとおり、本件は、再生債務者が再生計画に従って履行を行っていた段階で準自己破産の申立てにより破産手続開始決定に至ったという事案であり、先に指摘したとおり、概念としては民事再生法における牽連破産（民事再生法249条、250条）そのものの場面ではない。もっとも、再生計画に基づく履行が完了していないという点では、実質的にみれば牽連破産と異ならないと指摘できることは、既に述べたとおりである[28]。

2 第1審判決（松山地判平成23年）の判旨

(1) 第1争点について

第1審判決の松山地判平成23年は、次のように判示した。

「再生計画による権利の変更を行う前提として、別除権で担保されない部分（担保権の被担保債権額から別除権協定で定められた受戻価格を控除した残額がこれに当たる。以下「別除権不足額」という場合もある。）は、再生手続内のみならず、実体法

---

[28] 伊藤・前掲注3）1138頁注6は、再生手続が終結し（民事再生法188条1項ないし3項）、その後新たに破産手続が開始される場面を踏まえて、かかる場合は概念的には牽連破産には当たらないものの、特に本件のごとく再生計画に基づく履行が完了していないときには実質的には牽連破産と変わらないと指摘するが賛成である。

的に確定することを要するものと解される。

　また、一定額の別除権（担保権）の被担保債権のうち、別除権で担保されない部分（別除権不足額）の額が確定されれば、当然に、上記被担保債権のその余の部分（別除権で担保される部分）の額も確定される関係にあるから、再生債務者と別除権者との間の合意（民事再生法88条ただし書）によって、再生債権のうち、別除権で担保されない部分（別除権不足額）が実体法的に確定された場合には、これと同時に、別除権で担保される部分も実体法的に確定されたものといえる。」として、別除権協定で別除権不足額が実体法的に確定したことにより、別除権の被担保債権のうち別除権で担保される部分もまた実体法的に確定する旨を判示している[29]。

　さらに、この効果が生じるためには、登記が必要か否かという問題については、「その実体法的効果が発生するためには、その旨の登記が必要であるとする明文の根拠がないこと等からすれば、同登記を要しないと解するのが相当である。」と判示している。

(2)　第2争点について

　第1審判決の松山地判平成23年は、次のように判示した。

　「別除権を有する再生債権者とこれを有しない再生債権者との間の公平を図るという不足額責任主義（民事再生法88条、同182条）の趣旨からすれば、別除権協定に基づく再生債務者の弁済の不履行を理由に別除権者が同協定を解除したとしても、別除権の被担保債権のうち、別除権で担保される部分が受戻価格相当額に減額されたという実体法的効果は、再生計画ないし再生手続が存続する限り、維持ないし固定されるものと解するのが相当である。

　これに対し、本件は、前示（前提事実記載）のとおり、認可された再生計画の履行完了前に、再生債務者について破産手続開始決定がされた事案である。そして、民事再生法190条1項は、このような場合には、再生債務者の財産が破産財団に吸収され、再生計画の履行が不能となることから、再生計画が当然に

---

29)　なお、本件で問題となった別除権協定中には、「別除権の被担保債権額から受戻価格等を控除した残額をもって別除権不足額（民事再生法88条本文参照）とする。」旨の規定が存在する。

その効力を失うとの考え方に立って、再生計画によって変更された再生債権が原状に復する（ただし、再生債権者が再生計画によって得た権利については、影響を及ぼさない。）ものとした。

　上記規定は、直接的には、再生計画の履行完了前に、再生債務者に対する破産手続開始決定がされた場合における再生計画によって変更された再生債権の扱いを定めたものである。

　しかし、……再生債務者と別除権者との間の合意（民事再生法88条ただし書）によって、再生債権（別除権の被担保債権）のうち、別除権で担保されない部分（別除権不足額。担保権の被担保債権から別除権協定で定められた受戻価格を控除した残額）が実体法的に確定される（そして、これと同時に、別除権で担保される部分（受戻価格相当額）も実体法的に確定される。）のは、確定再生債権につき、再生計画に基づく弁済をするため、再生計画による権利の変更を行う前提として、別除権で担保されない部分（別除権不足額）を実体法的に確定しておく必要があるからである。そうすると、このような実体法的な確定は、再生計画に基づく弁済のための手段にすぎないといえる。

　ところが、再生計画の履行完了前に再生債務者に対する破産手続開始決定がされた場合には、前示のとおり、再生計画が当然にその効力を失って、これによる権利の変更の効果も失われ、再生計画によって変更された再生債権が原状に復するというのであるから、もはや別除権で担保されない部分（別除権不足額）及び担保される部分（受戻価格相当額）を実体法的に確定しておく必要が失われているといえる（この点において、別除権協定に基づく弁済の不履行があるが、再生計画ないし再生手続が存続する場合とは本質的に事情が異なる。）。

　また、通常、別除権者としては、再生計画の履行完了前に再生債務者に対する破産手続開始決定がされた場合にまで、別除権協定による担保権の被担保債権の減額という実体法的な効果が維持ないし固定されることを想定して、別除権協定の締結に応じているとは考えにくい。のみならず、上記の場合にまで、上記の実体法的な効果が維持ないし固定されて、担保権の実行による債権回収が制限されることになるとすると、別除権者が別除権協定の締結に応ずることに躊躇する可能性が少なくなく、かえって、再生債務者の事業継続及び再生計画の履行を困難にするおそれも否定できない。

なお、別除権協定に基づく弁済の不履行があったが、再生計画ないし再生手続が存続する場合には、別除権協定による担保権の被担保債権の減額という実体法的な効果が維持ないし固定されない（当初額が復活する）とすると、再生計画の履行が完了したときと比べて、別除権者がより多額の債権回収をして不公平な事態が生ずる可能性を否定できないが、これに対し、再生計画の履行完了前に再生債務者に対する破産手続開始決定がされた場合には、再生計画が失効している以上、別除権者の債権回収額の多寡につき、再生計画の履行が完了した場合と比較すること自体に意味がない。

　これらの点からすれば、再生計画の履行完了前に再生債務者に対する破産手続開始決定がされた場合には、別除権協定は、当然に失効し、別除権協定による別除権（担保権）の被担保債権の減額という実体法的効果も失われる（原状に復する）ものと解するのが相当である。

　したがって、本件各別除権協定は、本件破産手続開始決定により失効し、本件各別除権の被担保債権の実体法的減額の効果も失われる（原状に復する）ことになる。」

3　第2審判決（高松高判平成24年）の判旨

(1)　第1争点について

　第2審の高松高判平成24年は、減額を肯定した原判決を引用し、原判決を維持した。

(2)　第2争点について

① 　まず問題となった別除権協定中に一定の解除事由の定めが存在していたことから、本件のごとく再生手続終結後、再生計画に基づく弁済の途中で再生債務者が準自己破産の申立てを行い、破産手続開始決定に至った場合も当該別除権協定の当該解除事由に該当するか否かが問題となった。具体的には、『再生計画認可決定の効力が生じないことが確定すること、再生計画不認可決定が確定すること、または再生手続廃止決定がなされること』というものであり、当該解除条項の文言上、本件のような破産（準自己破産）申立てに基づく破産手続開始決定の場合は含まれていなかったの

である。そこで、ここにあげた内容はあくまで例示であり、本件の場合もこれに含まれるから別除権協定の効力は失効するという反論がなされた。

② 次に別除権協定において、破産手続開始決定に至る時点までの間、別除権者がすでに一定の額の分割弁済を受けてきた事実をいかに捉えるべきか、という問題が存在する。ここで既払分を控除する点で松山地判平成23年と高松高判平成24年判決の判断に違いはない。

③ さらに民事再生法190条との関係が問題となる。すなわち、民事再生法190条1項本文は、「再生計画の履行完了前に、再生債務者について破産手続開始の決定又は新たな再生手続開始の決定がされた場合には、再生計画によって変更された再生債権は、原状に復する。」と規定する。この趣旨は、再生債権について権利変更前の内容で破産手続又は新たな再生手続で権利行使できることとして、再生債権者の権利保護を図った点にある。本件では、本件各別除権協定に基づく変更について民事再生法190条1項の適用されるか、すなわち本件各別除権協定は再生計画履行完了前になされた破産手続開始決定により失効したかが問題となった。この点について、高松高判平成24年は、「民事再生法190条1項の適用によって『原状に復する』のは、再生債権のうち再生計画によって変更された部分であることは文理上明らかである」とし、本件で「別除権不足額に相当する債権のうち再生計画によって変更された部分は、価格等の点であって、別除権で担保されないものとされた点ではない」と判示した。その上で、「再生債務者についての破産開始決定等があった場合に、再生債権者であった破産債権者等と再生債権者ではなかった破産債権者等との間の公平を図るなどの観点から、当該再生手続上、再生債権として取り扱われた債権のうち、再生計画によって変更された部分を『原状に復する』ことを特に法定したものである民事再生法190条の趣旨を、同規定とは根拠や趣旨を異にする別除権協定に基づく変更についてまで当然に及ぼすべきものであるとか、再生計画の失効に伴って別除権協定も失効するものと解すべき十分な根拠も見出しがた」いとして、別除権協定に基づく変更について、民事再生法190条の適用を否定している。さらに、高松高判平成24年は、「本件各別除権協定の文面等に徴しても、本件解除事由をもって、被控訴人ら主張の

ような例示と解すべき明確な根拠も見出しがたい。」として、別除権協定を締結した再生債務者が再生計画の認可確定後、再生計画に基づく履行の途中で準自己破産の申立てにより破産手続開始決定に至った本件の場合が解除事由として定められていないことから明確な根拠に欠けると判示している。

④　これらの理由から、高松高判平成24年は、本件における破産手続開始決定によって本件各別除権協定は失効しないと判示した。その結果、本件各別除権協定に基づき、その受戻価格相当額から既払分を控除した額を越える部分についてYらの配当受領権は存在しないというべきであると判示した。

4　最高裁判決（最判平成26年）の判旨

(1)　最判平成26年は、原審が本件各別除権協定の解除条件が再生計画認可の決定の効力が生じないことが確定すること、再生計画不認可の決定が確定すること、又は、再生手続廃止の決定がされることを解除条項の内容とするものであり、本件のように、再生計画の認可確定後、再生計画に基づく履行の途中で準自己破産の申立てにより破産手続開始決定に至った場合は、そのいずれにも該当しないから本件各別除権協定は失効していないと判断した原審を覆し、以下のとおり判示している。以下、引用して紹介する。

「しかしながら、原審の上記判断は是認することができない。その理由は、次のとおりである。

前記事実関係によれば、本件各別除権協定書には、本件各別除権協定の解除条件として、再生計画認可の決定の効力が生じないことが確定すること、再生計画不認可の決定が確定すること又は再生手続廃止の決定がされることという記載（本件解除条件条項）がある一方で、その再生計画の履行完了前に再生手続廃止の決定を経ずに破産手続開始の決定がされることは明記されていない。しかし、本件各別除権協定の内容からすれば、本件各別除権協定は、再生債務者であるA社につき民事再生法の規定に従った再生計画の遂行を通じてその事業の再生が図られることを前提として、その実現を可能とするために締結されたものであることが明らかであり、そのため、再生計画の遂行を通じて事業の

再生が図られるという前提が失われたというべき事由が生じたことを本件解除条件条項により解除条件としているのである。本件のように、再生計画認可の決定が確定した後3年を経過して再生手続終結の決定がされたが、その再生計画の履行完了前に破産手続開始の決定がされる場合は、もはや再生計画が遂行される見込みがなくなり上記の前提が失われた点において、再生手続廃止の決定がされてこれに伴い職権による破産手続開始の決定がされる場合（民事再生法194条、250条1項参照）と異なるものではないといえる。また、本件各別除権協定の締結に際し、本件のように再生計画の履行完了前に再生手続廃止の決定を経ずに破産手続開始の決定がされた場合をあえて解除条件から除外する趣旨で、この場合を解除条件として本件解除条件条項中に明記しなかったものと解すべき事情もうかがわれない。

　そうすると、本件解除条件条項に係る合意は、契約当事者の意思を合理的に解釈すれば、Ａ社がその再生計画の履行完了前に再生手続廃止の決定を経ずに破産手続開始の決定を受けた時から本件各別除権協定はその効力を失う旨の内容をも含むものと解するのが相当である。

　そのうえで、Ａ社はその再生計画の履行完了前に再生手続廃止の決定を経ずに本件破産手続開始決定を受けたものであるから、本件各別除権協定は、本件破産手続開始決定時から、本件解除条件条項によりその効力を失ったというべきであるとし、その結果、本件各担保権の被担保債権の額は本件各別除権協定の締結前の額から弁済額を控除した額になり、本件配当表に記載された配当実施額はいずれもこれを超えないから、上告人らは配当を受け得る地位にあるといえる。

　以上と異なり、被上告人の請求を認容した原審の判断には、判決に影響を及ぼすことが明らかな法令の違反がある。論旨は上記の趣旨をいうものとして理由があり、原判決は破棄を免れない。そして、以上説示したところによれば、被上告人の請求には理由がなく、これを棄却した第1審判決は正当であるから、被上告人の控訴を棄却すべきである。

　よって、裁判官全員一致の意見で、主文のとおり判決する。」というものである。

5 考　察

(1) 最判平成 26 年の位置づけ

すでに紹介したとおり、本件における各別除権協定に係る協定書には、協定の解除条件を定めた条項（以下「本件解除条件条項」という）が存在していた。その文言は、「本件各別除権協定は、再生計画認可の決定の効力が生じないことが確定すること、再生計画不認可の決定が確定すること又は再生手続廃止の決定がされることを解除条件とする」というものであった。最判平成 26 年は、本件解除条件条項には、再生債務者が再生計画の履行完了前に再生手続廃止の決定を経ずに破産手続開始の決定を受けた時から本件各別除権協定はその効力を失う旨の内容を含むと判断した。その理由として契約（別除権協定）当事者の合理的意思解釈を挙げている。

(2) 第 1 争点について [30]

① 別除権協定の成立によって、別除権の被担保債権のうち、別除権で担保される部分が受戻価格相当額に減額されるであろうか。

再生債務者と別除権者との間の別除権協定によって受戻価格を確定するのは、再生債務者が別除権者の把握する担保価値を確定し、目的物を受け戻すためである。この実質は、別除権者が把握する価値として別除権者と再生債務者が合意した価格を弁済することによって、別除権協定の締結当時における担保目的物の価値を基礎とした被担保債権を弁済するものと評価できる。本来、再生手続中であれば、再生債権者は個別的権利行使をなし得ず、再生計画による弁済のみを受ける地位にある（民事再生法 85 条）。そこで、別除権協定による「別除権の目的である財産の受戻し」（同 41 条 1 項 9 号）は、民事再生法が認める「この法律に特別の定めがある場合」（同 85 条 1 項）として再生債権について例外的に再生計画外の弁済を認めたものであり、別除権者は、受戻しの合意を通じて実質的には再生計画外で被担保債権の一部弁済を受けていると解するのが実態に即し、合理的であると考える。

② 松山地判平成 23 年や高松高判 24 年が指摘するとおり、再生計画による権利の変更を行う前提として、別除権で担保されない部分は、単に再生手

続内のみならず、実体法的に確定することを要するといえる。なお、これらの裁判例が用いる「実体法的な確定」の意味は、再生手続内において、その手続上の取扱いのため変容される場面ではなく、手続外においても実体法上、確定することを意味するものと解する。別除権協定における協定当事者の合意に基づく別除権不足額の確定と別除権で担保される被担保債権額の確定は、いわば表裏一体の関係にあると評価できることから別除権協定によって当事者の協議に基づく合意で別除権不足額が確定すれば、被担保債権額から別除権不足額を控除することで被担保債権のうち別除権で担保される部分も当然に実体法的に確定することとなる。再生計画に基づく弁済のための手段として、本件各別除権協定で受戻価格が定められたことによって本件各別除権の被担保債権額が本件各不動産の受戻価格相当額に減額されるという実体法的効果が生じるといえるのである[31]。

よって、別除権者によって当初の別除権の被担保債権額のうち別除権で

---

30) 会社更生事件であるが、第1争点に関連する裁判例として東京地判平成18年2月15日（金法1801号61頁）（以下「東京地判平成18年」という）がある。
　原告は、いったん更生計画認可決定を受けた後に更生手続廃止決定を受けた株式会社である。更生手続廃止決定後に共同抵当不動産の一部について抵当権に基づく競売手続が開始したところ、更生計画認可前の被担保債権額を基準とする配当表が作成された。そこで、原告は、更生計画の認可により当該抵当権の被担保債権額は変更されたとして、配当異議の申出及び配当異議訴訟を提起した。訴訟では、更生計画の解釈が争われた。
　裁判所は、「旧会社更生法は、212条1項で、更生債権者、更生担保権者又は株主の権利を変更するときは、変更されるべき権利を明示し、かつ、変更後の権利の内容を定めなければならないと定め、同2項で、更生債権者、更生担保権者又は株主で、更生計画によってその権利に影響を受けないものがあるときは、その者の権利を明示しなければならないと定めているところ、以下のとおり、本件更生計画においては、本件抵当権又は本件根抵当権について、目的不動産の共同担保関係を解消したり、執行手続上担保権の行使を割付額の限度に制限したりする旨の定めがされたと認めることはできない。……本件更生計画は、本件更生計画認可決定以前に共同担保関係にあった不動産について、その共同担保関係を解消する旨を定めたものとは認められず、むしろ共同担保関係をそのまま存続させることを前提にしているものと解されるから、本件更生計画によって本件共同抵当不動産の共同担保関係が解消されたということはできない。原告の主張が、本件共同抵当不動産の共同担保関係の解消をいうものではなく、執行手続上本件抵当権及び本件根抵当権の行使が割付額の限度に制限されるものに変更されたという趣旨であったとしても、本件全証拠によっても、本件更生計画においてそのような定めがされたことを認めることはできない。」として、更生計画は従前の共同担保関係に変更を加えない趣旨であると判示した。
　民事再生手続と異なり、会社更生手続では担保権の手続外行使が制限される。そのため、東京地判平成18年の射程が民事再生事件の場合にも及ぶかについては慎重な検討を要するといえよう。

担保される部分が受戻価格相当額に減額するという効果が生じると解すべきである。その上で再生債務者による別除権協定に基づく弁済によって別除権者が取得した既往の弁済金は、別除権協定によって定められた受戻価格である被担保債権額に関する再生債権の弁済が例外的に認められたものとして位置づけられると解すべきである。

③　もっとも、このように理解することに対しては、別除権協定を締結した当事者の合理的意思に反するという批判が存在する。すなわち、別除権協定の当事者の意思は、受戻価格が全額弁済されるまでは別除権を行使しないという点に本質があり、別除権協定の締結時点で未だ受戻価格として合意した金額の弁済が完済されていない段階から被担保債権を含めた債権額を減額するものではないというものである。この立場は、別除権協定の締結により当然に被担保債権額が減額されると解することは、かかる当事者の合理的意思に反すると批判するのである[32]。

仮にこのように解すると、抵当権の不可分性から依然として別除権協定の締結にかかわらず協定締結前の根抵当権の被担保債権の残額全体を担保していることとなり、別除権者は分割弁済の約定によって支払を受けた既往の弁済額に加えて別除権の実行による配分額を回収できるというのが論

---

[31]　上記裁判例はいずれも別除権協定により被担保債権額を受戻価格に減額するという実体法的効果が発生するかという形で議論を展開している。ここにいう実体法的効果のいう意味は必ずしも明らかではないが、一般に、「実体法的効果」と対比されるべきは「手続法的効果」であることからすれば、実体法上の効果が生じず、手続内でのみ変容するのではなく、手続外の実体法上も変容することを意味するものと解すべきであろう。本章では、さしあたり手続法上の合意にとどまらず、実体法的にも減額の効果が生じる合意という文脈で捉えることとする。なお、「判批」金判 1398 号（2012 年）54 頁は、「1、2 審とも、別除権協定によって別除権の被担保債権の額が受戻価格の額まで減縮されることが『実体法上の効力』であるかのような判示をしているため、議論が錯綜しているように思われる。ここでいう『実体法上の効力』というのは、再生手続が予定どおりに終了した場合に、その間において、別除権協定によって合意された別除権の受戻価格の額を弁済すれば、当該別除権は被担保債権の弁済により消滅し、その消滅の効力は覆されないということであって、本来、当該別除権の被担保債権の額がこれを超えるものであったのに、受戻価格の額まで被担保債権の額が再生手続の推移とは別に当然に減縮するというものではないはずである。その意味で、『手続法上の効力』というほうが適切であるのではないかと解される」と指摘する。

[32]　遠藤元一「別除権協定の後に破産手続が開始された場合の効力」事業再生と債権管理 139 号（2013 年）13 頁。

理的帰結となると推察される[33]。

　しかし、別除権協定を締結した当事者の合理的意思をこのように理解することは、民事再生法88条、182条という別除権を有する再生債権者と別除権を有しない再生債権者との間の公平を図ることを趣旨とする規定に反し、受け入れることは困難であるといえよう。

　むしろ、民事再生法が採用した不足額責任主義（民事再生法88条本文、182条本文）からみれば、別除権の目的物の評価額について交渉し、受戻価格を合意した別除権協定の当事者の合理的意思は、特段の合意がない限り、当該別除権が把握する価値相当額を決定し、それに照応する不足額を確定したもの（不足額確定合意）であると位置づけるのが合理的であるというべきである。

④　なお、仮に本件各別除権協定によって本件各別除権の被担保債権額が受戻価格相当額まで減額されるという実体法的効果が生じるとしても、かかる効果が生じるためには別除権不足額の登記を要するか否かという問題がある。私見は、この点については、明文の規定も存在しないことから特に登記まで必要ないと解する[34]。

(3)　第2争点について

①　次に、本件各別除権協定は再生計画履行完了前になされた破産手続開始決定により失効したかが問題となる。

　この問題について、松山地判平成23年は、別除権協定を締結した当事者の合理的意思解釈という観点から、通常、別除権者としては再生計画の履行が完了する前に再生債務者について破産手続開始決定があった場合にまで、別除権協定による被担保債権減額という実体法的な効果が維持ないし固定されることを想定して別除権協定を締結しているわけではないとする。

　しかし、本件各別除権協定が失効して、いったん実体法上確定した別除

---

33)　三上・前掲注17) 159頁の指摘による。なお、別除権協定の失効の場合の既払金の処理を詳細に考察したものとして高木裕康「別除権協定の失効とその場合の既払金の扱い」事業再生と債権管理146号（2014年）110頁以下。

権で担保される部分が変動することは、民事再生法88条、182条が規定する不足額確定主義や、別除権不足額についてYらが再生計画に基づく支払を受けてきたこと等の事実と整合しないという高松高判平成24年の指摘がまさに妥当するといえよう。

② ところで、上記裁判例ではいずれも民事再生法190条1項の適用の有無が争点となっている。民事再生法190条1項は、再生計画の履行完了前に再生債務者について破産手続の開始決定がされた場合には、再生計画によって変更された再生債権は「原状に復する」と規定する。仮に本件各別除権の被担保債権のうち、別除権不足額に相当する債権が「再生計画によって変更された再生債権」(民事再生法190条1項)に該当すると解すれば、破産手続開始決定により本件別除権協定は失効し、被担保債権額は本件各別除権協定締結前の額に復活するということとなろう。

この点について、松山地判平成23年は、再生計画の履行完了前に再生債務者に対する破産手続開始決定がされた場合、再生計画が当然にその効力を失って、これによる権利の変更の効果も失われ、再生計画によって変更された再生債権が原状に復することとなる(民事再生法190条1項)。このような場合には、もはや別除権不足額及び受戻価格を実体法的に確定しておく必要が失われている。この点において、別除権協定に基づく弁済の不履行があるものの再生計画ないし再生手続が存続する場合とは、本質的に事情が異なる旨判示する。

③ しかし、民事再生法190条1項は、再生計画により変更された再生債権を原状に復する規定であり、「原状に復する」とは、再生計画の効力を遡

---

34) 伊藤・前掲注3) 99頁は、「担保権が抵当権などのように、被担保債権についての登記を要する場合に、法88条ただし書の適用を受けるためには、被担保債権減額の登記を要するかについては、考え方が分かれる。理論的には、減額の登記がなされなくとも抵当権の内容は自動的に減縮すると考えることもできるが、手続運用の明確性を期するために、変更登記を要するとすべきである。」と指摘する。なお、実務上も特段、登記が求められていないことにつき鹿子木康「東京地裁における再生計画案の審査について(上)」NBL987号(2012年)65頁以下。長谷川卓「民事再生手続における別除権協定の諸問題—あるべき別除権協定の姿とは」倒産法改正研究会編『続々・提言倒産法改正』(金融財政事情研究会・2014年)122頁以下、特に127頁。

及的に消滅させることを意味する[35]。この趣旨は、再生債権者が再生債権について権利変更前の内容で、破産手続又は新たな再生手続内で権利行使することを可能とすることにより、その権利保護を図る点にある[36]。民事再生法190条1項の適用によって「原状に復する」のは、文言上、再生債権のうち再生計画によって変更された価格等の点であり、「原状に復する」範囲に、別除権協定によって別除権で担保されないものとされた点は含まれないと解するのが法文の解釈として自然かつ合理的であると考える。さらに、上記の民事再生法190条1項の趣旨を再生計画外の当事者間の合意を基礎とする別除権協定に基づく被担保債権額の変更についてまで当然に及ぼすべき合理的根拠は認められないといえよう。したがって、再生計画の外で締結された別除権協定により内容が変更された再生債権は、民事再生法190条1項の適用の対象外であると解する。よって、民事再生法190条1項をもって本件破産手続開始決定により本件各別除権協定が失効し、「現状に復する」と解することは妥当でないと考える[37]。以上の考察から、私見は、高松高判平成24年に賛成する。

④ さらに、その他の問題として本件の事案では、別除権協定の解釈をめぐる議論が存在した。すなわち、本件各別除権協定には「A社について再生計画認可決定の効力が生じないことが確定すること、再生計画不認可決定が確定すること、又は再生手続廃止決定がされること」を解除条件とする本件解除条件条項が存在していたものの、その文言上、本件の事案である再生債務者が再生計画に基づき履行を行っていた段階で、履行の完了前に再生債務者による準自己破産の申立てによる破産手続開始決定により再生計画が失効した場合について直接定める規定は存在していなかった。そこで、本件の事案においても、かかる解除条項に該当するという立場からは、本件における本件解除条件規定所定の解除事由（以下「本件解除事由」という）は例示列挙にすぎず、当事者の合理的意思解釈や本件解除条件条項の

---

35) 鹿子木康ほか編『破産管財の手引〔増補版〕』（金融財政事情研究会・2012年）394頁。東京地判平成20年10月21日（判タ1296号302頁）、東京地判平成20年10月30日（判時2045号127頁）。
36) 園尾＝小林編・前掲注5）997頁〔加々美博久〕。
37) なお、深山卓也ほか『一問一答 民事再生法』（商事法務・2000年）252頁。

趣旨から破産手続開始決定がされた場合にも当然適用されるべきであるという主張がなされていた。しかし、この点については、本件解除事由は、①A社について再生計画認可決定の効力が生じないことが確定すること、②再生計画不認可決定が確定すること、③再生手続廃止決定がされることのいずれかに限定されている。破産手続開始決定は本件解除事由のいずれにも該当しないのであって、あえて例示列挙の規定と解する合理的理由を見出すことは困難であると解する。これに対して、先に紹介した最判平成26 年は、契約当事者の合理的意思解釈を根拠に本件別除権協定における本件解除条件条項に係る合意が、再生債務者がその再生計画の履行完了前に再生手続廃止の決定を経ずに破産手続開始の決定を受けた時から本件各別除権協定はその効力を失う旨の内容をも含むものと解した。

　その主な理由は概ね次の3点に要約できる[38]。まず第1は、本件各別除権協定が再生債務者が民事再生法に従った再生計画の遂行を通じてその事業の再生が図られることを前提とするものであり、あくまでも事業の再生の実現を可能とするために締結されたものであると位置づけた上で、もはやその前提が失われたというべき事由が生じたことを本件各別除権協定に定める解除条件と理解し、本件は、これに該当するとしている点である。第2に、本件の場合は、再生債務者につき再生計画の認可決定が確定して、再生手続が進められ、当該再生手続の終結決定がなされた後、再生計画の履行の完了前に破産手続が開始されるに至った場合であるが、これは、再生手続廃止の決定がされてこれに伴い職権による破産手続開始の決定がされる場合と状況的に類似することを挙げる。第3に、本件各別除権協定の締結に際し、本件のような場合を解除条件から除外する趣旨で本件解除条件条項中に明記しなかったと解すべき事情もうかがわれないという点を指摘するのである。

⑤　しかし、かかる当事者の合理的意思解釈という手法によって、解除条項という契約（別除権協定）の効力を覆滅させる強力な効果を導く規律について文言からは直ちに読み取れない場面を含めることは、契約当事者の予測

---

38)　「判批」判タ1404号（2014年）89頁参照。

可能性との関係で文言解釈の限界を超えたものとして疑問なしとし得ない。今後の実務上、この最判平成26年をいかに位置づけるべきかが問題となるが、判示の内容において、一般的な規範を定立したものでなく、本件の事案における別除権協定中の特定の解除条件条項の解釈によって結論を導いている以上、別除権協定中の解除条件を定めた事項に関する事例判決であると解するのが自然かつ合理的であると解されるし、現にそのようなのの指摘も存するところである[39]。さらに、本章のテーマである別除権協定が解除された場合の効果に関する復活説・固定説の場面に直接影響する判断を示したものではなく、本判決によりこの議論につき最高裁の採用する立場が明らかにされたとはいえないとの指摘も存する[40]。もっとも、最判平成26年は、「解除条項の合理的意思解釈から本件各別除権協定は、破産手続開始決定時から、本件解除条項によりその効力を失ったというべきである」とし、「その結果、本件各担保権の被担保債権の額は、本件各別除権協定の締結前の額から……弁済額を控除した額になり……」とあることからすれば、その限度では解除条件の解釈を通じてではあっても復活説に親和的であるといえよう[41]。

---

[39] 前掲注38)「判批」89頁。なお、同「判批」は、本判決を事例判決であると位置づけた上で、その意義に関して引き続き「本件解除条項が民事再生実務で広く用いられている条項であることからすれば、本判決の判断は実務に一定の影響を与えるものと考えられる」と指摘する。高木浴康、前掲注33) 111頁。また、上田裕康＝北野知広「別除権協定に関する平成26年6月5日最高裁判決と今後の別除権協定」(銀法783号 (2015年) 20頁以下) は、本判決を「合理的意思解釈としての事例判断」と分析する。また、今後の別除権協定のあり方として、解除条件条項が例示列挙として判断されることを企図しないのであれば、限定列挙であることを明記する必要があると指摘する。なお、破産法53条と解除条件条項の関係につき高田賢治「別除権協定における解除条件条項の有効性」銀法783号 (2015年) 29頁以下。

[40] 前掲注38)「判批」89頁。

[41] 伊藤・前掲注3) 900頁注8。山本和彦「別除権協定の効果について」同『倒産法制の現代的課題』(有斐閣・2006年) 124頁は、従来の復活説と固定説の対立場面を「別除権協定が解除等によって失効した場合」(125頁)、「別除権協定が解除・失効した場合」(125頁) として位置づけ、両説の対立が別除権協定が被担保権の弁済を行わないことによって解除される場面のみならず広く失効する場面を想定するものとも読める。

V 受戻合意に基づく請求権の法的性質について

1 問題の所在

別除権協定については、受戻合意に基づく請求権の法的性質をめぐって議論があり、再生債権説と共益債権説の対立がある。別除権協定に基づいて再生債務者は、再生手続によらずに分割弁済を行うこととなるが、別除権者が別除権協定に基づいて有する再生債務者に対する権利の法的性質を［1］再生債権とする見解と、［2］共益債権とする見解が主張されている。

2 学説の対立

まず、別除権協定に基づいて「再生債務者が目的物評価額相当額を分割弁済することは、法119条5号又は7号の共益債権の弁済として扱うことにより再生債権の弁済禁止（法85条1項）には当たらないと解するのが一般的である。そうすると、別除権協定の締結後、再生手続の廃止により牽連破産に移行した場合、別除権協定に基づく分割弁済金の未払分は、法252条6項により破産手続では財団債権として扱われることになると考えられる。」と指摘する見解がある[42]。

また、リース料債権についてであるが、「再生債務者は、リース物件が事業継続のために必要なものである場合、再生手続開始後、監督委員の同意を得た上で、リース業者との間で、分割払いによる別除権の目的物の受戻しを内容とする弁済協定や当面の間、一定の期間ごとに（例えば、毎月）所定の金額を支払う旨の弁済協定を締結することができ、協定の内容となった債務は、民事再生法119条5号（再生債務者が再生手続開始後にした行為によって生じた請求権）により共益債権となる。」とする見解も主張されている[43]。これに対して「別除権協定について、一般に共益債権を発生させる合意又は共益債権化する合意として理解することは、当事者の通常の意思とは齟齬するし、その実質的な帰結も相

---

[42] 島岡大雄「東京地裁破産再生部（民事第20部）における牽連破産事件の処理の実情について（下）」判タ1363号（2012年）33頁。
[43] 井田宏「民事再生手続におけるリース料債権の取扱い―大阪地裁倒産部における取扱い及び関連する問題点の検討」判タ1102号（2002年）4頁以下。

当ではないと考えられる。特に別除権協定の不履行がある場合において、別除権者には担保権実行の選択肢を与えればその救済には十分であるにもかかわらず、一般債権者の引当てとなっている再生債務者財産からの回収まで強制執行によって保障する必要はないと解され、そのような帰結を招来する共益債権説は相当とは思われない。他方、別除権協定について、再生債権を弁済する合意として理解することは、当事者の意思にも合致すると考えられるし、そのような合意を認めるについて特段の障害があるようには思われない。これによって、別除権協定の不履行がある場合には、別除権者はその本来の権利内容に復して担保権の実行による救済を受けることができるし、それは過不足のない救済を担保権者に保障することになると思われる。」と主張する立場もある[44]。

3 考 察

本章で考察したように別除権協定によって支払う受戻金額の分割弁済は、あくまでも再生債権の計画外弁済として法の規定に基づいて例外的に許容されたものである。別除権協定をした当事者には、再生債権を共益債権化させる意思は通常存在しないこと、本来、共益債権はそれぞれの趣旨に基づき方が創設した権利であり、そもそも当事者の合意という私人の合意で創設すべき性質ではないこと、和解による共益債権化を容易に認めることは再生債権者間の公平を害する可能性を潜在的に含むことから和解による共益債権化は認めるべきではないと考える[45]。したがって、再生債権説が妥当であると考える[46]。なお、この問題に関連して、債権者代位権行使の可否との関連ではあるが、東京地判平成24年2月27日（金法1957号150頁）は、別除権の受戻し（民事再生法41条1項9号）の対象となる再生債権であると判示している。すなわち、原告が再生債務者との間の別除権協定に基づく債権を保全するため、再生債務者が行った会社分割における分割対価金請求権を代位行使する旨主張した事案で、原告が債権者代位訴訟の当事者適格を有するかが争点となった。

---

44) 山本・前掲注41) 139頁。

別除権協定に基づく債権が再生債権であるとすれば、この場合の債権者代位訴訟は、再生手続外で行使できない再生債権を被保全債権とすることとなり、原告には当事者適格が認められないこととなる。上記東京地判平成 24 年 2 月 27 日金法 1957 号 151 頁は、再生債権説を採用して、債権者代位権の行使における当事者適格を否定し、不適法と判断しているが妥当であると解する。

---

45)　伊藤眞「新倒産法制 10 年の成果と課題—商取引債権の光と影」伊藤眞＝須藤英章『新倒産法制 10 年を検証する—事業再生実務の深化と課題』（金融財政事情研究会・2011 年）25 頁は、会社更生法における解釈論としての和解による共益債権化について「事業継続に必要な商取引にかかる更生債権等について、管財人と相手方との間で和解を行い、管財人による和解行為を介在させることによって、当該債権を共益債権（会社更生法 127 条 5 項）化するという根拠は、法律上の正当性を認められるでしょうか。私は、このような議論の正当性に疑問を呈さざるをえません。和解の本質は、互譲によって争いをやめることを約するところにあります（民法 695 条参照）。ここでの問題に置き換えれば、当該商取引の一環として更生手続開始前になされた給付の対価たる請求権の性質について、それが更生債権等か、それとも共益債権かをめぐって、それぞれ合理的根拠を示して、相手方と管財人との間に争いがあり、それを解決するために、少額とみられる範囲内において相手方の請求権を共益債権とするのであれば、それは和解の名に相応しいでしょう。しかし、その性質が更生債権等であることについて何ら争いがないにもかかわらず、相手方と管財人との間の合意によってそれを共益債権とするのは、和解の名に値せず、このようなことが許されるのであれば、和解は、更生債権を共益債権に変えるための錬金術と化してしまうことになるというのは、いささか言い過ぎでしょうか。」と指摘する。和解による共益債権化の問題の本質を指摘するものであり、私見も賛成する。

46)　この問題に関し、別除権協定の種類について、不足額の確定を目的とする不足額確定型協定、不足額確定の効果を有しない別除権協定（このうち別除権協定が解除又は失効した場合に被担保債権が復活する旨の合意を付加する協定を復活型協定、被担保債権の復活を前提に別除権の行使を認めた上に協定を解除しても受領済みの協定弁済額の保持を認める合意を付加した協定を不遡及復活型協定）に区別した上で、復活型協定の場合の協定に基づく請求権は、再生債権として取り扱うのが妥当であるが、不足額確定型協定の場合はこれと異なり、協定債権を共益債権と構成すべきとする見解が主張されている（中井・前掲注 8) 90 頁以下。特に 95 頁以下参照）。この見解は、被担保債権額を協定により固定した場面（不足額確定型協定）では、「別除権者は被担保目的財産の価格上昇メリットを享受できないのであるから、価格下落リスクは債務者ひいては一般再生債権者が引き受けるべきである」（中井・前掲注 8) 95 頁参照）といった実質的観点を重要な考慮要素とした解釈論であると推察される。たしかに実質的な価値判断としては同感であるものの、本章で指摘したように、そもそも再生債権を当事者間の公平という合意によって法制度上の共益債権と変更させることが可能かという本質問題は残るのではないかといった点について、より深く検討したい。なお、これを受けて山本和彦教授は、不足額の確定を目的とする別除権協定に関しては、協定に基づく債権を共益債権として扱うべきであるとする（山本・前掲注 41）121 頁以下。特に 141 頁）。

[追記]

　本章は、春日偉知郎教授（現・関西大学大学院法務研究科教授）の慶應義塾大学大学院法務研究科退職記念論文集における拙稿「牽連破産における別除権協定の帰趨」を加筆・修正したものである。牽連破産の概念を整理し、その後の重要な見解に触れ、特に前稿の発表後、最判平成26年6月5日（民集68巻5号403頁）が出されたことにより、これに言及したものである。同判決の射程、とりわけ従来の議論との関係については、今後、更に立ち入って考察する必要を感じている。いずれにしても、最高裁の判断を契機に、今後の実務における別除権協定については、より当事者の意思を明確化すべく、具体的条項の工夫が求められることとなろう。

第 11 章

小規模個人再生手続における巻戻しと競売費用の法的性質

大阪地判平成 25 年 1 月 18 日（判時 2204 号 52 頁）

1 小規模個人再生手続において住宅資金条項を定めた再生計画の認可がされ、保証会社である原告の住宅資金貸付債権に係る保証債務の履行がなかったとみなされた場合（いわゆる巻戻し）に保証会社である原告が既に支出した競売費用の請求権が共益債権に該当しないとされた事例
2 右再生手続において、再生債権として届け出されなかった原告の債権は、再生計画により権利変更の効力を受けて再生計画に従って分割弁済すれば足りるが、被告がその適用を求めていないとして、再生計画による権利変更後の金額について将来における一括給付が命じられた事例

I 事　実

一　事案の概要

本件は、原告が被告に対し、保証委託契約中の約定に基づく担保不動産競売手続で要した費用（以下「本件手続費用」という）は、被告の小規模個人再生手続における共益費用に該当するとして、その金額 41 万 9517 円及び遅延損害金の支払を求めた事案である。

二　前提事実

(1)　住銀保証株式会社（平成 18 年 4 月 3 日、原告に合併して解散。以下、合併前後

を通して「原告」という）と被告は、平成11年12月2日、担保物件の処分に要する費用及び原告の被告に対する権利行使に関する費用は被告が負担する旨の約定を含む保証委託契約（以下「本件保証委託契約」という）を締結した。

(2)　被告は、原告と本件保証委託契約を締結した上で、株式会社住友銀行（現在、株式会社三井住友銀行。以下「本件銀行」という）から住宅である別紙物件目録記載の不動産（以下「本件不動産」という）の建設又は購入に必要な資金の貸付け（以下「本件貸金債権」という）を受けた。
　原告は、平成11年12月16日、本件不動産に対し、本件保証委託契約による被告に対する求償権を被担保債権とし、債務者を被告、債権者を原告、被担保債権額3300万円とする抵当権を設定した（以下「本件抵当権」という）。

(3)　被告は、原告に対し、被告訴訟代理人弁護士を代理人として平成21年3月5日付け受任通知書を送付し、同月9日、同通知書は原告に到達した。

(4)　原告は、平成22年3月23日、本件銀行に対し、本件貸金債権の元利金2622万4687円を代位弁済し、同日、被告に対し、同額の求償債権を取得した（以下「本件求償債権」という）。

(5)　原告は、平成22年3月30日到達の内容証明郵便により、被告代理人である被告訴訟代理人弁護士に対し、本件求償債権の履行を求めた。

(6)　原告は、平成22年5月14日、大阪地方裁判所に対し本件抵当権に基づき担保不動産競売の申立てをし、同月31日、同開始決定がされた（以下「本件競売手続」という）。

(7)　被告は、平成22年9月8日、大阪地方裁判所に対して小規模個人再生手続開始を申し立て（以下「本件個人再生手続」という）、同年10月25日、本件競売手続について、民事再生法197条1項に基づき抵当権実行の中止命令の申立てを行い、裁判所により平成23年2月24日までの間、抵当権実行を中止する

との決定がされた。

(8) 被告は、平成23年7月1日、本件個人再生手続について住宅資金特別条項を定めた再生計画案について認可決定を受け、同月30日、確定した（以下「本件再生計画」という）。本件再生計画は、元本及び再生手続開始決定日の前日までの利息・損害金の80％に相当する額と再生手続開始決定日以降の利息・損害金の100％の免除（1円未満は切り捨て）を受け、確定日の属する月の翌月から毎月末日限り60分の1の割合（5年間）による金員を支払う、再生計画による弁済総額が6万円以下の再生債権者に対しては、確定日の属する月の翌月末日限り100％支払う等という内容である。

(9) 本件競売手続は、平成23年8月12日、取消決定がされた。原告が本件競売手続において支払った本件手続費用は、収入印紙代4500円、登録免許税10万4800円及びその他の費用31万0217円（予納金90万円から還付金58万9783円を控除した残額）の合計41万9517円である。

三 争点

(1) 本件保証委託契約中の約定に基づく本件手続費用に係る請求権は共益債権か。

(2) 本件手続費用の請求権が再生債権であるとして、再生計画による変更を受けるか。

四 当事者の主張

1 争点(1)（共益債権該当性）について

(1) 原告の主張

(a) 被告は、原告が本件競売手続を申し立てた事実を認識し、本件保証委託契約において本件手続費用が被告の負担となる状況のもとで個人再生手続の開始を申し立てたものであり民事再生法119条3号に該当する。

(b) 本件手続費用は、いわゆる巻戻しの結果として発生し、再生債務者の

ために支出すべきやむを得ない費用の請求権であり、再生手続開始後に発生したものとして民事再生法119条7号に該当する。

(c) 民事再生法39条3項2号は、再生手続の開始決定により民事執行手続が失効した場合、その手続費用に関する費用請求権を共益債権としており、その趣旨は抵当権実行手続中止命令の場合も同様であるから、同号又はその類推適用により共益債権に該当する。

(d) 本件では、原告に帰責性が存在しない上、巻戻しの結果、本件手続費用が再生債権となれば一部しか回収できないという不合理な結果となるから実質的にも共益債権に該当すると解するべきである。

(2) 被告の主張

(a) 民事再生法119条3号に定める債権は、民事再生手続開始後に支出された費用で、再生債権者全体の利益に資する債権をいうところ本件手続費用は再生手続開始前に支出された債権であるから同号に該当しない。

(b) 本件手続費用は共益性がある債権ではない。原告は、本件手続費用が再生債権であるにもかかわらず、共益費用としての支払を求めて再生債権として届け出なかったのであるから原告が再生債権として届け出なかったことについて考慮すべき事情はない。

2 争点(2)（再生計画による権利変更の有無）について

(1) 被告の主張

(a) 本件手続費用は、再生手続開始前に生じた債権であるところ原告は本件個人再生手続において本件手続費用が共益債権であると主張し、再生債権としての届出をしなかった。

(b) 本件再生計画は、認可されて確定した。本件再生計画において、元金及び開始決定の前日までの利息・損害金は80％、開始決定日以降の利息・損害金は100％免除を受けるとされている。

(c) 以上によれば、本件手続費用に係る請求権は、本件再生計画による権利変更の効力を受ける。また、本件再生計画の弁済期間が終了するまでは弁済を受けることはできない。

(d)　本件再生計画による最後の弁済期は、平成28年7月31日である。したがって、被告は原告に対して、平成28年8月1日、8万3903円を支払えば足りる。

(2)　原告の主張
(a)　本件手続費用に係る請求権は再生債権ではなく共益債権である。仮に再生債権であるとしても、個人再生手続では届出がなされなくとも失権しない。
(b)　個人再生手続において、債権届出期間内に債権届出がなされなかった再生債権は、再生計画に基づく弁済期間が満了するまでは、弁済等を受けることができず時期的に劣後すると規定されているが、本訴判決によって認められる債権が個人再生手続において劣後するにすぎない。したがって、本件手続費用全額の支払を命じる判決がなされるべきである。

Ⅱ　判　旨

　一部請求棄却。
「1　争点(1)（共益債権該当性）について
(1)　本件手続費用に係る請求権は、本件保証委託契約に基づき、被告が原告に対して支払う合意があることから生じる債権であり、本件保証委託契約は、本件個人再生事件の開始決定より前に締結された契約であるから、本件手続費用に係る請求権は、再生手続開始前の原因に基づいて生じた財産上の請求権（民事再生法84条）に該当する。そして、本件手続費用に係る請求権は、……共益債権に該当せず、一般優先債権にも該当しないから、再生債権に該当する。」
「2　争点(2)（再生計画による権利変更の有無）について
(1)　……民事再生法は、個人再生手続では、通常再生と異なり、厳格な債権調査手続が定められていない（民事再生法227条）ことから、再生計画の認可により失権する（民事再生法178条）ことはなく、債権者表の記載に執行力（民事再生法180条）もないが、個人再生手続では、再生計画に定められた一般的基準に従って変更すると規定していること、民事再生法232条2項の括弧内において、非免責債権や再生手続開始前の罰金に同項の効力が及ばないと記載されて

いることの反対解釈によれば、権利変更の効力は、個人再生手続に関与していない債権者にもその効力が及ぶと解される。……本件手続費用に係る請求権は、民事再生法232条2項により、再生計画の一般的基準により権利変更の効力を受け、無異議債権及び評価済債権にも該当するとは認められないから（被告は、民事再生法232条3項に該当する事由があるとは主張せず、これがあるとも認められない。）、民事再生法232条3項により、再生計画で定められた弁済期間が満了するときまでの間、弁済を受けることができない（民事再生法232条3項）。そして、民事再生法232条3項ただし書きが適用されず、再生債権者に帰責性があって劣後化される場合には、民事再生法232条2項により、権利変更の内容のみならず、支払時期についても、再生計画の一般的基準の適用を受けると解するべきであるから、権利の内容及び支払時期についても、再生計画の一般的基準によって定まると解するべきである（通常再生に関する最高裁判所平成23年3月1日第2小法廷判決参照）。

(2) 以上を前提に検討すると、原告は、被告に対し、本件手続用に係る請求権に基づき、41万9517円及びこれに対する訴状送達の日の翌日である平成24年2月11日から支払済みまで年6分の割合による遅延損害金を請求するところ、本件再生計画では、認可決定確定の日（平成23年7月30日）以降の利息・損害金は100％免除を受けること、元本については、80％に相当する額の免除を受けることとされているから、33万5613円の免除を受け（1円未満切り捨て）、8万3903円を支払うべきこととなる。そして、本件再生計画では、最後の弁済期は、平成28年7月31日であるから、同年8月1日以降に支払を受けられることとなる。もっとも、被告は、期限については、再生計画の一般的基準の適用を求めていないから、被告の主張する範囲で判断するのが相当である。」

「3 以上によれば、原告の請求は、平成28年8月1日限り、8万3903円の支払を求める限度で理由がある。

そして、被告が請求額を争っていること等に照らせば、現段階で、主文のとおりの判決をすべき将来給付の必要性も肯定できる。」

Ⅲ 評　釈

判旨に賛成する。

一　争点(1)（共益債権該当性）について
1　住宅資金貸付債権

　住宅資金貸付債権とは、住宅の建設もしくは購入に必要な資金又は住宅の改良に必要な資金の貸付けに係る分割払いの定めのある再生債権（いわゆる住宅ローン）であって、当該債権又は当該債権に係る債務の保証人（保証を業とする者に限る。以下「保証会社」という）の主たる債務者に対する求償権を担保するための抵当権が住宅に設定されているものをいう（民事再生法196条3号）。

　本来、住宅資金貸付債権の債権者は、当該債権を担保している抵当権を別除権として再生手続によらずに行使できるはずである（民事再生法53条2項参照）。しかし、このように取り扱うと当該債権は再生手続開始により個別弁済を禁止される結果（同85条1項）、期限の利益を喪失し、抵当権が実行されることによって再生債務者は住宅を失うという結果を余儀なくされ妥当でない。

　そこで、民事再生法は、経済的に破綻に瀕した再生債務者が住宅を維持したまま生活を立て直すことができるようにするため、再生債務者は、この住宅資金貸付債権について再生計画に弁済期限の繰延べ等を内容とする住宅資金特別条項を定めることができることとした（民事再生法198条、199条）。住宅資金特別条項を定めた再生計画の認可の決定が確定した場合、再生債務者が再生計画に基づく弁済を継続している限り、住宅等に設定されている抵当権は実行されず、自宅を保持したまま生活の再建を図ることが可能となる。

2　巻戻しの意義

　住宅資金貸付債権が既に保証人により全額代位弁済されている場合は、原則として住宅資金特別条項を定めることができない（民事再生法198条1項本文）。この趣旨は、保証人が保証債務を履行することにより代位取得（民法500条）した住宅資金貸付債権を対象として住宅資金特別条項による弁済の繰延べを行うことを認めた場合には、保証人の利益を不当に害するおそれがあるため住宅資

金特別条項の対象から除外する点にある[1]。

　もっとも、再生債務者が住宅を維持したまま生活の再建を可能にするとの制度趣旨を保証人が既に全額弁済した場面にも及ぼす必要があるといえる。そこで、民事再生法は、保証人が保証会社である場合に限り、住宅資金特別条項に係る保証債務の全部を履行した日から6か月を経過する日までの間に再生手続開始の申立てをしたときは、例外的に住宅資金特別条項を定めることができることとした（民事再生法198条2項）。したがって、再生債務者の個人的な関係に基づいて一回的に保証を引き受けた者（保証会社以外の者）が全額弁済した場合は住宅資金特別条項の対象から除外される。この趣旨は、保証人が再生債務者の親類、知人等である場合に、これらの者に対して不当な利益を与えないように配慮する点にある。また、住宅資金特別条項を定めることができる場合を当該保証債務の履行時から6か月以内に再生手続開始の申立てがなされたときに限った趣旨は、このような時期的な制限を設けず保証債務の履行を受けた住宅資金貸付債権者の債権は、その債務者との取引が終了したものとして経理上の処理をした後も、保証債務の履行の効果が覆される危険性を際限なく負担しなければならないとすれば法律関係が不安定となるため、かかる不都合を回避する点にある[2]。

　住宅資金特別条項を定めた再生計画の認可の決定が確定した場合には、保証会社が代位弁済した保証債務の履行はなかったものとみなされる（民事再生法204条1項）。その結果、保証会社の保証債務が復活し、当該保証債務が履行されたことによって保証会社が取得した求償権は遡及的に消滅し、民法500条の規定により保証会社が代位取得した住宅資金貸付債権は住宅資金貸付債権の債権者のもとに復帰し、保証会社が保証債務の履行として交付した金銭等につき、保証会社は従前の住宅資金貸付債権の債権者に対して不当利得返還請求権を取得することとなる。これを「巻戻し」という[3]。

---

1)　始関正光編『一問一答個人再生手続』（商事法務研究会・2001年）78頁。
2)　始関・前掲注1）86頁。
3)　才口千晴＝伊藤眞監修『新注釈民事再生法（下）〔第2版〕』（金融財政事情研究会・2010年）294頁。

3 巻戻しと競売手続

(1) 巻戻しを伴う場合、実務上、再生手続開始申立て前の時点で保証会社が住宅について抵当権実行として競売を申し立てており、既に競売手続が開始されていることも多い。既に開始されていた競売手続は、住宅資金特別条項を定めた再生計画認可の決定が確定すると取下げ又は取消し（民事執行法183条1項3号・2号）により終了する[4]。この場合に要した競売費用を再生手続上どのように扱うかが問題となったのが本件である。

(2) 抵当権の実行としての不動産競売は民事執行法に基づいて行われ（民事執行法180条1号以下）、この執行費用は、債務者負担となる（同194条準用、42条1項）。もっとも、競売手続が途中で取下げ又は取消しにより終了した場合は、競売費用は結局不要なものとなるため民事執行法42条1項の適用はないと解される[5]。また、民法は、弁済の費用は債務者の負担とする旨を規定するが（民法485条本文）、競売手続の場合、債務の履行としての弁済があったとはいえず、競売費用を弁済の費用と認めることはできないと解される。これは巻戻しの場合にも妥当する。したがって、競売費用に関する当事者の合意が存在しない限り、巻戻しの際の競売費用は債権者の負担となると解される。

(3) もっとも、実務では、住宅ローンの締結の際、又は巻戻しをする際に競売費用は債務者の負担とする旨の合意がされるのが通常である[6]。

このように競売費用を債務者の負担とする旨の合意が存在する場合における巻戻しの際の競売費用の法的性質について、次のとおり見解が対立している。

① 再生債権と解する見解

この見解は、競売費用の負担が保証委託契約や住宅資金貸付契約に基づく場合でも競売費用は住宅の建設又は購入に必要な資金等ではないことから住宅資

---

[4] 東京地裁破産再生実務研究会『破産・民事再生の実務民事再生 個人再生編〔第3版〕』（金融財政事情研究会・2014年）469頁。
[5] 鈴木忠一＝三ケ月章編『注解民事執行法(1)』（第一法規出版・1984年）722頁〔大橋寛明〕。
[6] 東京地裁破産再生実務研究会・前掲注4）469頁。

金貸付債権（民事再生法 196 条 3 号）には該当しないことを根拠とする[7]。この見解によれば、競売費用に関する請求権は、再生計画に従って権利変更された上で弁済されることになる。

② 再生債権と解するものの住宅資金貸付契約で競売費用を債務者負担とする合意が存在する場合には、住宅資金特別条項の中に取り込んで処理することは不可能とまではいえないとする見解

　この見解は、競売費用を再生債務者負担とする根拠を住宅資金貸付契約の締結における合意に求め、住宅資金特別条項の対象となる住宅資金貸付債権の定義中の民事再生法 196 条 3 号の「住宅の建設若しくは購入に必要な資金又は住宅の改良に必要な資金の貸付に係る……」の「係る」の部分に競売費用も含まれると読み込むことは不可能とまではいえないとする[8]。また、住宅資金特別条項の効力を規定する民事再生法 203 条 2 項が「住宅資金特別条項を定めた再生計画の認可の決定が確定したときは、……期限の利益喪失についての定めその他の住宅資金貸付契約における定めと同一の定めがされたものとみなす」と規定しており、付随する合意により債務者の負担とした費用関係も同一の定めがあったものと解釈することも不可能とまではいえないと主張する。この見解によれば、競売費用について住宅資金特別条項によって定めた場合はその定めに従い、住宅資金特別条項により定められなかった場合は前記①説と同様の処理とすることとなろう。

③ 共益債権と解する見解

　この見解は、民事再生法 119 条 5 号又は 7 号により共益債権に該当するとするものである。すなわち、競売費用に関する請求権は、再生手続開始決定後の巻戻しやリスケジュールなどによって発生するものであることから、「再生債務者財産に関し再生債務者等が再生手続開始後にした資金の借入れその他の行為によって生じた請求権」（民事再生法 119 条 5 号）又は「再生債務者のために支出すべきやむを得ない費用の請求権で、再生手続開始後に生じたもの（前各号

---

[7] 園尾隆司＝小林秀之編『条解民事再生法〔第 3 版〕』（弘文堂・2013 年）1076 頁〔山本和彦〕、大阪地方裁判所・大阪弁護士会個人再生手続運用研究会編『改正法対応事例解説　個人再生―大阪再生物語』（新日本法規出版・2006 年）263 頁。

[8] 西謙二＝中山孝雄ほか『破産・民事再生の実務（下）〔新版〕』（金融財政事情研究会・2008 年）472 頁〔松井洋〕。

に掲げるものを除く。)」に該当するとする[9]。この見解によれば、競売費用に関する請求権は随時弁済の対象となる（同121条1項）。

4 本判決の判断

(1) 本判決は、巻戻しの場合の本件手続費用に関する請求権は再生債権に該当すると述べ、被告の指摘する各共益債権の条項の該当性について個別に検討し、これを否定していることから、少なくとも前記③説を採用しない立場であることを明らかにしている。

(2) 本判決は、巻戻しの場合の本件手続費用に関する請求権が本件保証委託契約中の約定に基づき発生する債権であり、再生手続開始前の原因に基づいて生じた財産上の請求権に該当するとする。再生債権とは、再生債務者に対し再生手続開始前の原因に基づいて生じた財産上の請求権であって、共益債権又は一般優先債権に該当しないものをいう（民事再生法84条1項参照）。ここにいう「再生手続開始前の原因」の意義につき、一部具備説と全部具備説の見解の対立があるものの、現在の支配的見解といえる一部具備説によれば、再生債権の発生原因の全部が開始決定前に備わっている必要はなく、主たる発生原因が備わっていれば足りるとされる[10]（東京地判平成17年4月15日判時1912号70頁）。一部具備説の立場からは、本件手続費用に関する請求権についての主たる発生原因は、再生手続開始前に締結された本件保証委託契約中の約定に求めるのが合理的であるといえよう。よって、本件手続費用に関する請求権を再生債権とする本判決の見解に賛成する。

(3) 共益債権該当性についての検討
① 共益債権の意義
共益債権とは、原則として、再生手続開始後の原因に基づいて生じた請求権であって手続を遂行する上で要した費用及び再生債務者の業務の維持・継続の

---
9) 全国倒産処理弁護士ネットワーク編『個人再生の実務Q&A 100問』（金融財政事情研究会・2008年）191頁〔新宅正人〕参照。
10) 伊藤眞『破産法・民事再生法〔第3版〕』（有斐閣・2009年）844・261頁。

ために要した費用など、手続上の利害関係人の共同利益のためになされた行為により生じた請求権一般の総称をいう[11]。共益債権はその実質的根拠から再生手続の遂行に伴って生じる費用であり、再生債権者が共同で負担しなければならないものと特別の政策的考慮に基づいて共益債権とされているものの2種類があるとされる[12]。本件で共益債権該当性の検討の対象となっている民事再生法39条3項2号は前者に属するものと解されている[13]。

② 民事再生法 119 条 3 号該当性

民事再生法 119 条 3 号は、再生計画遂行に関する費用を共益債権と定めている。この趣旨は、再生計画遂行に関する費用は再生債権者や再生債務者の共同の利益のために必要な費用といえるという点にある。本件手続費用は、再生計画を定める前に申し立てられた本件競売手続のための費用であって再生計画とは無関係に発生していることからすれば、再生計画遂行に関する費用に該当しないとする本判決の判断は妥当であると考える。

③ 民事再生法 119 条 7 号該当性

民事再生法 119 条 7 号は、再生手続開始後に生じた再生債務者のために支出すべきやむを得ない費用を共益債権と定める。この趣旨は、かかる費用は再生手続の遂行に伴って生じる費用であり、再生債権者が共同で負担しなければならない費用といえるという点にある。本判決は、本件手続費用は原告の債権回収のために支出されたにすぎず再生手続開始前の債権に基づいて被告が負担する費用であり、再生債務者のために支出されたものとはいえないと判断している。本件手続費用は、本件競売手続という債権者の債権回収のための手続の中で支出されており再生債務者のために支出したものとはいえないこと、また再生手続開始前に支出した費用であって「再生手続開始後に生じた」との文言に反することからすれば、かかる判断は妥当であると考える。

④ 民事再生法 39 条 3 項 2 号の適用又は類推適用の可否

民事再生法は、再生手続開始により再生債権に基づく強制執行手続等が中止する旨を規定し（民事再生法39条1項）、中止した手続のために再生債務者に対

---

11) 園尾＝小林編・前掲注7) 611頁〔清水建夫＝増田智美〕。
12) 伊藤・前掲注10) 859頁。
13) 伊藤・前掲注10) 861頁。

して生じた債権及びその手続に関する再生債務者に対する費用請求権を共益債権とする旨を規定する（同39条3項）。しかし、本件競売手続は民事再生法39条1項により中止されたものではなく、住宅資金貸付債権に関する抵当権の実行手続の中止命令として民事再生法197条1項により中止されたものである。したがって、本件競売手続に民事再生法39条3項2号の適用はないとする本判決の判断は妥当である。

では、民事再生法39条3項2号の類推適用は認められるであろうか。この問題について、本判決は、住宅資金貸付債権に関する抵当権の実行手続の中止命令は、担保権実行としての競売手続の中止を意味することから破産手続開始等の他の倒産手続の中止に関する民事再生法39条と規定の趣旨が異なる点を挙げて、これを否定する。民事再生法39条が定める他の手続の中止等は、再生手続開始決定があった場合に他の倒産手続等を中止し、すでに進行した手続を失効させることにより事業の再建や個人の再生を目的とする再生手続の円滑な遂行を実現する制度である[14]。

これに対して、担保権の実行手続の中止命令を定めた民事再生法31条の趣旨は、担保権者は担保権を別除権として再生手続によらずに権利行使できる（民事再生法53条2項）が、何らの制約もなしに権利行使を認めると担保権の実行により再生債務者の再生が困難となり、ひいては、再生債権者の一般の利益に反する場合があり得ることから担保権の実行を中止することにより再生債務者に対し、担保権者との間で被担保債権の弁済方法等について合意（いわゆる別除権協定）による解決を図るための時間的猶予を与えることにある[15]。本件手続費用に係る請求権について、民事再生法39条3項2号の趣旨を類推し、共益費用を認めることはできないとした本判決の判断に賛成である。

5　住宅資金特別条項中に競売費用の支払について定めることの可否

本件は、本件手続費用の支払に関して住宅資金特別条項中に特に定めていない事案であった。本判決は、本件手続費用について、共益債権ではなく再生債

---

14) 才口千晴＝伊藤眞監修『新注釈民事再生法（上）〔第2版〕』（金融財政事情研究会・2010年）198頁〔深山卓也〕。
15) 才口＝伊藤監修・前掲注14）146頁〔三森仁〕。

権であると判断したにとどまり住宅資金特別条項で本件手続費用の支払に関して定めることができるかという点を特段判断していない。

この問題については、①住宅資金特別条項に競売費用を再生債務者の負担とする旨を定めることは認められないとする見解[16]と②住宅資金貸付契約で競売費用を債務者負担とする合意が存在する場合、住宅資金特別条項の中に取り込んで処理することは不可能とまではいえないとする見解[17]が対立する。

そもそも住宅資金特別条項は住宅資金貸付債権について変更の定めを認めることにより再生債務者が住宅を保持しながら生活の再建を可能とするための役割を担うものである。これに対して担保権者の競売費用はあくまでも自己の債権回収に要した費用であり、住宅資金貸付債権には該当しない。また、仮に住宅資金特別条項で競売費用の債務者負担を定めることを認めると、実務上、再生債務者が住宅資金特別条項にその旨の条項を定めることを求められる等して、再生債務者に過度な負担を負わせる契機となりかねず、かえって住宅資金特別条項の趣旨を没却しかねないといえよう。したがって、住宅資金特別条項に競売費用に関する定めを置くことは認められないと解すべきである[18]。

なお、東京地裁破産再生部は、住宅資金貸付契約で競売費用を債務者負担とする合意がある場合、競売費用を住宅資金特別条項の中に取り込んで処理することも不可能とまではいえないと解した上で[19]、個人再生事件全件について個人再生委員を選任しており個々の事案に応じて個人再生委員の意見を踏まえて、その取扱いを検討している[20]。

二　争点(2)（再生計画による権利変更の有無）について
1　問題の所在

本件では、本件手続費用に係る請求権が再生債権であるとして再生計画によ

---

16)　園尾＝小林編・前掲注7) 1076頁〔山本〕、大阪地方裁判所・大阪弁護士会個人再生手続運用研究会編・前掲注7) 263頁。
17)　西＝中山編・前掲注8) 472頁〔松井〕。
18)　大阪地方裁判所・大阪弁護士会個人再生手続運用研究会編・前掲注7) 263頁。
19)　鹿子木康＝島岡大雄編『個人再生の手引』（判例タイムズ社・2009年）345頁〔古谷慎吾〕。
20)　東京地裁破産再生実務研究会・前掲注4) 470頁。

る権利変更を受けるかが争点となった。原告は、厳格な債権調査を経ない個人再生手続では、一般的な権利変更は個人再生手続において効力が生じるにすぎず、訴訟手続においては全額を請求できると主張する。この問題は、個人再生手続における再生計画での権利変更の効力が個人再生手続において再生債権の届出をしていない債権者に対しても及ぶか、という点と関連する。

2 本判決の判断

本判決は、個人再生手続では、再生計画案の認可により再生計画に定められた一般的基準に従って変更すると規定していること、民事再生法232条2項の括弧書において非免責債権や再生手続開始前の罰金に同項の効力が及ばないと規定していることの反対解釈という点を挙げる。いずれの理由も合理的であるといえ、権利変更の効力は、個人再生手続において再生債権の届出をしていない債権者に対しても及ぶとする判断に賛成する。

その結果、再生債権の権利内容の変更及び支払時期は、再生計画に定められた一般的基準（民事再生法156条）に従うこととなる（同232条2項）。

本判決は、これを本件にあてはめて民事再生法232条3項但書が適用されず再生債権者に帰責性があって劣後化される場合には、民事再生法232条2項により、権利の内容のみならず、支払時期は再生計画の一般的基準の適用を受けると解するべきであるから、権利の内容及び支払時期についても再生計画の一般的基準によって定まると解するべきであると判断している。もっとも、結論としては、請求金額については本件再生計画に従った変更後の8万3903円と認定したものの、支払時期については、被告が支払時期について再生計画の一般的基準の適用を求めていないため本件再生計画の最後の弁済期の翌日である平成28年8月1日に一括請求できると判断した。これは、弁論主義の観点を重視したものと推察される。本件において被告が期限について再生計画の一般的基準の適用を求めなかった理由は定かではない。もっとも、仮に被告が期限について本件再生計画の最後の弁済期の翌日からの分割弁済の主張の可能性に気づいていなかった場合には、裁判所としては被告に対し適切な釈明権を行使すべきであったといえよう。

3 将来給付の判決

　原告は、本件競売費用に係る請求権を共益債権として再生手続以外の訴訟手続でその支払を求める現在給付の訴えを提起した。これに対し、本判決は、当該請求権は再生債権であるが、再生計画に従い、再生計画の最後の弁済期間の翌日の支払を求めることを認めた将来給付の判決（民事訴訟法135条）を下した。このように原告が現在給付の訴えを提起した場合に、将来給付の判決を下すことが処分権主義（同246条）に反しないかが問題となり得る。この点について最判平成23年3月1日（判時2114号52頁）は、届出のない再生債権である過払金返還請求権を再生手続以外の訴訟手続で請求した事案で、「本件の事案の性質、その審理の経過等に鑑みると、被上告人の請求は、審理の結果、本件債権の弁済期が到来していないと判断されるときは、その弁済期が到来した時点での給付を求める趣旨を含むものと解するのが合理的であり、また、本件においては、あらかじめその請求をする必要があると認められる」と判断した。

　本判決も、原告の意思を合理的に解釈すれば、現在給付の訴えには将来給付の訴えを含むと解されることから将来給付の訴えに変更することを要することなく将来給付の判決を下したものといえよう。

　また、将来給付の訴えは、あらかじめその請求をする必要がある場合に認められるところ、一般的に、義務者が、義務の存在や履行の時期・条件等を争う態度を示しており、原告の主張に沿った時期における即時の義務の履行が期待できないことが明らかな場合には、あらかじめその請求をする必要性が認められる（最判平成3年9月13日判時1405号51頁）。

　本判決は、被告が請求額を争っていること等から将来給付の必要性も肯定できると判示しており、結論として妥当である。

三　控訴審の判断

　本判決の控訴審（大阪高判平成25年6月19日金判1427号22頁）は、争点(1)及び争点(2)について本判決と同様の結論を採用し、控訴を棄却した。

1　控訴人（第1審原告）の補充主張

　控訴人は、控訴審において、以下のとおり本件手続費用は本件抵当権の被担

保債権であるという主張を補充している。

(1) 抵当権の実行に要する競売費用は、競売手続においては抵当不動産の売却代金から共益費用として優先的に弁済されるものであるところ、抵当権の実行が巻戻しのために中止され、取り消されるに至った場合にも被控訴人（第1審被告）が負担すべきものである。

(2) 競売費用を共益債権とせず、再生債権とした場合には被控訴人が任意にこれを支払うことができず、抵当権の実行により被控訴人自身が自宅を失い住宅資金特別条項を定めた意味がなくなってしまうことを考慮すると、競売費用は共益債権と認めるべきである。

2　控訴審の判断

控訴審は、仮に本件手続費用に係る請求権が本件抵当権の被担保債権であるとしても原判決が述べるとおり、民事再生法は共益債権の範囲を詳細に規定するところ、競売手続が巻戻しによって取消しになった場合の競売手続費用はいずれの要件にも該当しないことから共益債権と解することはできないと判示し、控訴人の請求を一部認容した第1審判決を相当として、控訴人の控訴を棄却した。控訴審は、以上の控訴人の補充主張に関する判断のほかは、第1審判決と同旨であり、結論として妥当である。

初出一覧

第1編 破産法実務の理論的課題
第1章 賃借人破産における原状回復請求権の法的性質
：「賃借人破産における原状回復請求権の法的性質」筑波ロー・ジャーナル7号（2010年）

第2章 ファイナンシャルアドバイザリー会社の法的責任に関する考察——否認権行使の対象となった事業譲渡の助言をしたFAに対する破産管財人からの損害賠償請求の可否
：判例評釈「否認権行使の対象となった事業譲渡の助言をしたファイナンシャルアドバイザリー会社に対する破産管財人からの損害賠償請求の可否（東京高判平26.1.23)」季刊 事業再生と債権管理145号（2014年）

第3章 破産管財人の情報提供努力義務
：「破産管財人の情報提供努力義務」「倒産と労働」実務研究会編『詳説 倒産と労働』（商事法務・2013年）

第4章 役員責任追及訴訟
：「役員責任追及訴訟（著者担当部分）」島岡大雄＝住友隆行＝岡伸浩＝小畑英一編『倒産と訴訟』（商事法務・2013年）

第5章 預り金の破産財団帰属をめぐる信託的構成に関する考察
：「預り金の破産財団帰属をめぐる信託的構成に関する考察」『現代型契約と倒産法』（商事法務・2015年）

第2編 濫用的会社分割をめぐる理論的課題
第6章 濫用的会社分割と民事再生手続
：「濫用的会社分割と民事再生手続」NBL922号（2010年）

第7章 濫用的会社分割と破産法上の否認権——詐害行為取消権との対比からの考察
：「濫用的会社分割と破産法上の否認権—詐害行為取消権との対比から」第一東京弁護士会総合法律研究所倒産法研究部会『会社分割と倒産法―正当な会社分割の活用を目指して（第一東京弁護士会総合法律研究所研究叢書④)』（清文社・2012年）

第 8 章　濫用的会社分割に関する改正提言
：「2014 年 3 月・東西倒産法改正シンポジウム『倒産実務の諸課題と倒産法改正』(第 3 部)『濫用的会社分割』基調報告」に基づき執筆
(同シンポジウムの著者の講演内容については、金融法務事情 1995 号 (2014 年) に掲載)

第 3 編　民事再生法実務の理論的課題
第 9 章　再生債務者の法的地位と第三者性——公平誠実義務に基づく財産拘束の視点から
：「再生債務者の法的地位と第三者性—公平誠実義務に基づく財産拘束の視点から」慶應法学 26 号 (2013 年)

第 10 章　別除権協定の効力をめぐる考察
：「牽連破産における別除権協定の帰趨」慶應法学 28 号 (2014 年) を加筆修正

第 11 章　小規模個人再生手続における巻戻しと競売費用の法的性質
：判例批評・判例時報 2226 号 (判例評論 667 号) (2014 年)

事項索引

あ行

明渡請求権 …………………………… 40
　——と原状回復請求権の関係 …… 39
預り金 ………………………………… 137
異議の訴え ……………… 90, 97, 101, 104
委託事務の処理の状況等の報告義務 … 166
一元説 ………………………………… 110
一部否認 ……………………………… 215
　——の理論 ………………………… 216
一括納付金 …………………………… 279
1個説 …………………………………… 40
一般承継 ……………… 193-195, 202, 203, 211
委任契約 ……………………………… 52
違法配当 ……………………………… 125
因果関係の割合的認定 ……………… 56
インセンティブ報酬 ………………… 80
受戻価格 ………………………… 275, 281
受戻合意に基づく請求権の法的性質 … 301

か行

外観法理 ……………………………… 271
会社分割 ……………………………… 194
会社分割無効の訴え ………………… 181
確信 …………………………………… 103
過失責任 ……………………………… 108
過失責任化 …………………………… 108
過失相殺 ………………………… 56, 121
監視義務 ……………………………… 129
規範的要件 …………………………… 114
客観説 ………………………………… 139

救済法理としての信託的構成 ……… 150
共益債権 ……………… 302, 305, 308, 314, 315
共益債権化 …………………………… 302
競業避止義務 ………………………… 134
競合行為の禁止 ……………………… 163
訓示規定 ………………………… 60, 61
経営判断の原則 ………………… 114, 121
継続的供給契約 ……………………… 260
競売費用 ……………………………… 314
原状回復 ……………………………… 183
原状回復請求権 ……………………… 21
限定説 ………………………………… 209
牽連破産 ……………………………… 276
更生手続における役員等責任査定制度 … 98
公平義務 ……………………………… 163
公平誠実義務 ………………… 91, 92, 94,
　186, 244, 247, 250, 253, 255, 258, 272, 273, 282
固定説 ………………………………… 277

さ行

債権者保護手続 ……………………… 179
最後配当 ……………………………… 280
財産評定 ……………………………… 281
再生計画 ………………………… 276, 283
　——案の不認可事由 ……………… 188
再生債権 ………………………… 305, 308, 313
再生債権説 ……………………… 302, 303
再生債務者の一般の利益 …………… 279
再生債務者の第三者性 ………… 251, 257
再生手続における役員責任査定制度 … 90
財団債権 ……………………………… 21

財団債権説 27, 29, 33
債務不履行 48
詐害行為取消権 182, 191, 196, 198, 203, 206
詐害性 204
査定決定に対する異議訴訟 83
——の請求の趣旨 102
時間外手当 80
事業譲渡 43
時効中断 87
執行停止 87, 95, 99
住宅資金貸付債権 305, 311, 314
受益者 205
——による他の受益者の氏名等の開示請求 167
——の帳簿等の閲覧等の請求 167
主観説 139
準委任契約 52
準自己破産 276, 277
小規模個人再生手続 305
承継会社等に対する債務の履行請求 231
情報提供努力義務 59
将来給付の判決 320
処分価格 281
所有権留保付売買 23
審尋 89, 97, 100
信託契約 154
——の成立要件 154
信託事務遂行義務 159
信託事務の処理の委託における第三者の選任及び監督に関する義務 165
信託的構成 150
信託の成立要件 152
信認義務 170
信頼の原則 119, 121
清算価値保障原則 188, 249, 255, 259, 262
責任制限規定 56
責任制限合意 47
折衷説 140

設立行為 202
善管注意義務 38, 53, 74, 85, 159
——違反行為 116
相殺制限 261
相対効 182, 206
相当因果関係 43, 54
双方未履行双務契約 260
即時抗告 87, 95, 99
即時売却価格 282
組織法上の行為 182, 196
訴訟物 40, 41
疎明 103

た行

第三者性 241, 258, 262, 263, 267, 273
担保価値維持義務 69
担保権実行の中止命令 279
担保権消滅許可 261
担保権消滅請求 279
忠実義務 160
帳簿作成・報告義務 166
帳簿等の作成、報告及び保存義務 167
DIP型倒産手続 91
DIPファイナンス 280
停止条件 39
倒産解除特約 22, 23
倒産隔離機能 137, 151
当事者性 267
当事者適格 303
特定価格 282
特定承継 193

な行

内部統制システム 132
——構築義務 132
二元説 112

任務懈怠責任……………………………… 108
任務懈怠と過失の関係 …………………… 110
年俸制 ……………………………………… 80

は行

配当異議訴訟 ……………………………… 277
破産債権 ……………………………………… 21
破産債権説 ……………………… 27, 30, 32
破産手続開始決定前の保全処分の申立て …… 86
破産手続における役員責任査定査定制度 …… 84
破産法 160 条説 …………………………… 226
破産法 161 条説 …………………………… 227
破産法 162 条説 …………………………… 229
非限定説 …………………………………… 209
ビジネス・ジャッジメント・ルール …… 116
否認権 ………………… 182, 207, 211, 217, 225
ファイナンス・リース契約 ………………… 24
不誠実な申立て …………………………… 184
不足額責任主義 …………………… 280, 287
復活説 ……………………………………… 277
不当利得 ……………………………… 49, 51
不法行為 …………………………………… 48
分別管理義務 ……………………………… 164
別除権
　──の受戻し ………………… 281, 302
　──不足額 ………… 281, 284, 286, 287
別除権協定 ………………… 275, 278, 283
　──の意義と必要性 ………………… 278
　──の内容 …………………………… 281
別除権者 …………………………………… 275
弁護士職務基本規程 ………………………… 93
弁護士倫理 …………………………………… 93
包括承継 ……………………………… 193, 194
包括的差押え ……………………………… 264
法令遵守義務 ……………………………… 52
保全処分 ………………………… 86, 94, 98

ま行

巻戻し ………………………………… 305, 311
無過失責任 ………………………………… 108
無記名定期預金 …………………………… 140

や行

役員責任査定
　──の申立て ………………………… 83
　──の申立ての趣旨 ………………… 102
役員責任査定制度 ………………………… 84
　更生手続における── ……………… 98
　再生手続における── ……………… 90
　破産手続における── ……………… 84
役員責任追及訴訟 ………………………… 83
役員責任追及の訴えの請求の趣旨 …… 102
役員等の会社に対する任務懈怠責任 …… 107
役員の損害賠償請求権の査定 ………… 188
用法遵守義務 ……………………………… 38
預金者の認定 ……………………………… 138

ら行

濫用的会社分割 ……………… 177, 196, 211, 220
利益供与 …………………………………… 128
利益相反行為の禁止 ……………………… 161

判例索引

最高裁・大審院

大判明治 42 年 6 月 8 日（刑録 15 輯 735 頁）	208
大連判明治 41 年 12 月 15 日（民録 14 輯 1276 頁）	269
大連判明治 44 年 3 月 24 日（民録 17 輯 117 頁）	183, 206
大判大正 4 年 7 月 12 日（民録 21 輯 1126 頁）	249
大判大正 7 年 10 月 28 日（民録 24 輯 2195 頁）	197, 199
大判大正 9 年 7 月 23 日（民録 26 輯 1171 頁）	271
大判大正 9 年 12 月 24 日（民録 26 輯 2024 頁）	208
大判大正 10 年 6 月 18 日（民録 27 輯 1168 頁）	237
最判昭和 30 年 10 月 11 日（判タ 53 号 37 頁）	208
最判昭和 35 年 2 月 2 日（民集 14 巻 1 号 36 頁）	272
最大判昭和 36 年 7 月 19 日（民集 15 巻 7 号 1875 頁）	208
最判昭和 39 年 1 月 24 日（集民 71 号 331 頁）	144
最判昭和 39 年 3 月 6 日（民集 18 巻 3 号 437 頁）	249
最判昭和 40 年 7 月 8 日（集民 79 号 703 頁）	221
最判昭和 42 年 3 月 14 日（判タ 206 号 99 頁）	197
最大判昭和 45 年 6 月 24 日（民集 24 巻 6 号 625 頁）	107
最判昭和 48 年 2 月 2 日（民集 27 巻 1 号 80 頁）	33
最判昭和 48 年 3 月 27 日（民集 27 巻 2 号 376 頁）	140
最判昭和 48 年 5 月 22 日（民集 27 巻 5 号 655 頁）	130
最判昭和 48 年 10 月 30 日（民集 27 巻 9 号 1289 頁）	23
最判昭和 50 年 10 月 24 日（民集 29 巻 9 号 1417 頁）	103
最判昭和 54 年 1 月 25 日（民集 33 巻 1 号 12 頁）	208
最判昭和 57 年 3 月 30 日（民集 36 巻 3 号 484 頁、金法 992 号 38 頁）	23, 25, 26, 141
最判平成 3 年 9 月 13 日（判時 1405 号 51 頁）	320
最判平成 11 年 11 月 24 日（民集 53 巻 8 号 1899 頁）	72
最判平成 12 年 7 月 7 日（民集 54 巻 6 号 1767 頁）	111, 123
最判平成 14 年 1 月 17 日（民集 56 巻 1 号 20 頁）	10, 154
最判平成 15 年 2 月 21 日（民集 57 巻 2 号 95 頁）	142, 146
最判平成 15 年 6 月 12 日（民集 57 巻 6 号 563 頁）	144
最判平成 15 年 6 月 12 日（民集 57 巻 6 号 595 頁）	139, 147, 150, 152, 171, 173

最判平成 17 年 11 月 8 日（判タ 1198 号 104 頁）……………………………… 209
最判平成 17 年 12 月 16 日（判時 1921 号 61 頁）……………………………… 38
最判平成 18 年 12 月 18 日（民集 60 巻 3964 頁）……………………………… 85
最判平成 18 年 12 月 21 日（民集 60 巻 10 号 3964 頁、判タ 1235 号 148 頁、金判 1258 号 8 頁）
　……………………………………………………………………………… 8, 64, 69
最判平成 20 年 6 月 10 日（集民 228 号 195 頁）……………………………… 221
最判平成 20 年 12 月 16 日（民集 62 巻 10 号 2561 頁）…………………… 24, 25
最判平成 22 年 6 月 4 日（判時 2092 号 93 頁）………………………………… 242
最判平成 22 年 7 月 12 日（判時 2096 号 145 頁）（日本アイ・ビー・エム会社分割事件）……… 194
最判平成 22 年 7 月 15 日（判時 2091 号 90 頁）……………………………… 121
最判平成 23 年 3 月 1 日（判時 2114 号 52 頁）…………………………… 310, 320
最判平成 24 年 10 月 12 日（民集 66 巻 10 号 3311 頁）…………… 193, 199, 221
最判平成 26 年 6 月 5 日（民集 68 巻 5 号 403 頁）………… 6, 16, 277, 291, 304

下級審

長崎地判昭和 36 年 12 月 27 日（下民集 12 巻 12 号 3245 頁）……………… 182
東京地判昭和 45 年 6 月 29 日（判時 615 号 38 頁）…………………………… 56
東京地判昭和 46 年 12 月 24 日（判時 659 号 85 頁）………………………… 182
札幌地判昭和 51 年 2 月 21 日（労民集 27 巻 1 号 89 頁）（ホーム企画センター事件）……… 81
札幌地判昭和 51 年 7 月 30 日（判タ 348 号 303 頁）………………………… 131
旭川地判昭和 54 年 12 月 11 日（判時 963 号 84 頁）………………………… 56
大阪高判昭和 55 年 1 月 30 日（下民集 31 巻 1 = 4 号 2 頁）………………… 66
東京地判昭和 55 年 4 月 22 日（判時 983 号 120 頁）………………………… 131
東京地判昭和 57 年 1 月 29 日（判時 1048 号 123 頁）………………………… 56
名古屋地判平成 2 年 2 月 28 日（金判 840 号 30 頁）………………………… 26
東京地判平成 2 年 7 月 24 日（判時 1364 号 57 頁）…………………………… 66
東京地判平成 2 年 9 月 28 日（判時 1386 号 141 頁）………………………… 122
広島高松江支判平成 6 年 3 月 30 日（TKC 文献番号 22007812）…………… 149
東京地判平成 7 年 10 月 26 日（判時 1549 号 125 頁）……………………… 131
福岡地判平成 8 年 1 月 30 日（判タ 944 号 247 頁）………………………… 122
東京地判平成 8 年 6 月 20 日（判時 1572 号 27 頁）………………………… 118
東京高判平成 9 年 10 月 16 日労判 726 号 63 頁（メデューム事件）………… 82
東京地判平成 10 年 12 月 8 日（金判 1072 号 48 頁）………………………… 26
大阪地判平成 12 年 9 月 20 日（判時 1721 号 3 頁）……………… 118, 119, 132
東京地決平成 12 年 12 月 8 日（金判 1111 号 40 頁）………………………… 102
仙台高判平成 14 年 3 月 28 日（判例集未登載）……………………………… 149

判例索引

東京地判平成 14 年 4 月 25 日（判タ 1098 号 84 頁） ………………………………… 119
東京地判平成 14 年 7 月 18 日（判時 1794 号 131 頁） ………………………………… 116
大阪地判平成 14 年 10 月 16 日（判タ 1134 号 248 頁） ……………………………… 118
東京地判平成 14 年 10 月 31 日（判時 1810 号 110 頁） ……………………………… 120
東京地判平成 15 年 5 月 22 日（判時 1835 号 126 頁） ………………………………… 117
東京高判平成 15 年 7 月 9 日（金法 1682 号 168 頁） ………………………………… 148
東京高決平成 15 年 7 月 25 日（金判 1173 号 9 頁） …………………………………… 188
東京地判平成 16 年 3 月 25 日（判時 1851 号 21 頁） ………………………………… 120
東京地判平成 16 年 9 月 28 日（判時 1886 号 111 頁） ………………………………… 115
東京地判平成 16 年 10 月 12 日（判時 1886 号 111 頁） ……………………………… 127
東京高判平成 16 年 10 月 19 日（金判 1258 号 41 頁、判時 1882 号 33 頁） ………… 35
東京高決平成 17 年 1 月 13 日（判タ 1200 号 291 頁） ………………………………… 185
大阪地判平成 17 年 3 月 10 日（ゴムノイナキ事件第 1 審判決） ……………………… 65
東京地判平成 17 年 4 月 15 日（判時 1912 号 70 頁） ………………………………… 315
東京地判平成 17 年 6 月 14 日（判時 1921 号 136 頁） ………………………………… 130
高松高決平成 17 年 10 月 25 日（金判 1249 号 37 頁） ………………………………… 186
大阪高判平成 17 年 12 月 1 日（労判 933 号 69 項）（ゴムノイナキ事件） ………… 64
東京地判平成 17 年 12 月 20 日（金法 1924 号 58 頁） ………………………… 192, 193
東京地判平成 18 年 2 月 15 日（金法 1801 号 61 頁） ………………………………… 294
東京高決平成 19 年 7 月 9 日（判タ 1263 号 347 頁） ………………………………… 184
東京高決平成 19 年 9 月 21 日（判タ 1268 号 326 頁） ………………………… 185, 186
東京地判平成 20 年 8 月 18 日（判時 2024 号 37 頁、判タ 1293 号 299 頁、金法 1855 号 48 頁）
 ………………………………………………………………………………………… 34, 69
東京地判平成 20 年 10 月 21 日（判タ 1296 号 302 頁） ……………………………… 298
東京地判平成 20 年 10 月 30 日（判時 2045 号 127 頁） ……………………………… 298
大阪地判平成 20 年 10 月 31 日（判時 2039 号 51 頁） …………………… 15, 241, 242
大阪高判平成 21 年 5 月 29 日（判例集未登載） …………………………… 15, 241, 245
大阪地判平成 21 年 8 月 26 日（金法 1916 号 113 頁） ………………… 192, 201, 202
福岡地判平成 21 年 11 月 27 日（金法 1911 号 84 頁） ……………… 192, 193, 204, 221
大阪高判平成 21 年 12 月 22 日（金法 1916 号 108 頁） ………………… 192, 193, 201
福岡地判平成 22 年 1 月 14 日（金法 1910 号 88 頁） …………………………… 192, 221
東京地判平成 22 年 5 月 27 日（金法 1902 号 144 頁、金判 1345 号 26 頁） ……… 192, 198, 204, 213
大阪地判平成 22 年 7 月 15 日（労判 1014 号 35 頁）（医療法人大生会事件） …… 67, 70
福岡地判平成 22 年 9 月 30 日（判タ 1341 号 200 頁、金法 1911 号 71 頁） …… 217, 221, 223
東京高判平成 22 年 10 月 27 日（金法 1910 号 77 頁） ………………………… 192, 198
東京地決平成 22 年 11 月 30 日（金判 1368 号 54 頁） ………………………… 46, 57
東京高判平成 23 年 1 月 26 日（金法 1920 号 100 頁） ……………………………… 220
福岡地判平成 23 年 2 月 17 日（金法 1923 号 95 頁） ………………………………… 221

329

松山地判平成 23 年 3 月 1 日（金判 1398 号 60 頁）	16, 277, 286
名古屋地判平成 23 年 7 月 22 日（金判 1375 号 48 頁）	193, 199, 205
福岡高判平成 23 年 10 月 27 日（金法 1936 号 74 頁）	193
高松高判平成 24 年 1 月 20 日（金判 1398 号 50 頁）	16, 277, 289
東京地判平成 24 年 2 月 27 日（金法 1957 号 150 頁）	302, 303
大阪地判平成 25 年 1 月 18 日（判時 2204 号 52 頁）	6, 17, 305
大阪高判平成 25 年 6 月 19 日（金判 1427 号 22 頁）	320
東京地判平成 25 年 7 月 24 日（金法 1984 号 144 頁）	7, 43, 47, 57
東京高判平成 26 年 1 月 23 日（金法 1992 号 65 頁）	7, 43, 48

岡　　伸浩（おか のぶひろ）
慶應義塾大学大学院法務研究科教授、弁護士（岡綜合法律事務所代表）。
1963年東京都生まれ。慶應義塾高等学校を経て、慶應義塾大学法学部法律学科卒業。1990年司法試験合格。弁護士登録（第一東京弁護士会）、梶谷綜合法律事務所勤務、2000年筑波大学大学院経営・政策科学研究科修士課程修了、2006年同大学院ビジネス科学研究科博士課程単位修得退学。筑波大学大学院ビジネス科学研究科法曹専攻（法科大学院）教授を経て、現職。2010年度第一東京弁護士会監事、2013年・2014年度第一東京弁護士会総合法律研究所倒産法研究部会部会長、2015年度第一東京弁護士会総合法律研究所委員長。
実務では、企業法務（株主総会、コンプライアンス、企業危機管理、調査委員会、契約法その他会社法を中心とする企業関連法）、倒産法務（企業倒産、事業再生）、労働法務（主に使用者側）、民事・商事に関する訴訟（役員責任その他会社関係訴訟・名誉毀損訴訟・製造物責任訴訟等の特殊訴訟を含む訴訟実務）を中心に執務。
著書・論文に、「支払停止概念の再構成と判断構造」伊藤眞先生古稀祝賀論文集『民事手続の現代的使命』（有斐閣・2015年）所収、『民法講義録』（共編著・日本評論社・2015年）、『民事訴訟法判例インデックス』（共編著・商事法務・2015年）、『倒産債権』『実務に効く事業再生判例精選』（分担執筆・有斐閣・2014年）、『最新 企業活動と倒産法務』（共編著・清文社・2014年）、『平成25年 会社法改正法案の解説』（編著・中央経済社・2014年）、『倒産と訴訟』（共編著・商事法務・2013年）、「再生債務者の法的地位と第三者性―公平誠実義務に基づく財産拘束の視点から―」慶應法学26号（法科大学院開設10周年記念号・2013年）所収、『民事訴訟法の基礎〔第2版〕』（法学書院・2008年）ほか多数。

民事法実務の理論研究Ⅰ
倒産法実務の理論研究

2015年4月30日　初版第1刷発行

著　者―――岡　　伸浩
発行者―――坂上　　弘
発行所―――慶應義塾大学出版会株式会社
　　　　　〒108-8346　東京都港区三田2-19-30
　　　　　ＴＥＬ〔編集部〕03-3451-0931
　　　　　　　　〔営業部〕03-3451-3584〈ご注文〉
　　　　　　　　〔　〃　〕03-3451-6926
　　　　　ＦＡＸ〔営業部〕03-3451-3122
　　　　　振替 00190-8-155497
　　　　　http://www.keio-up.co.jp/
装　丁―――鈴木　　衛
印刷・製本――萩原印刷株式会社
カバー印刷――株式会社太平印刷社

©2015　Nobuhiro Oka
Printed in Japan　ISBN978-4-7664-2218-4